Les Confiseries

par

LES RÉDACTEURS DES ÉDITIONS TIME-LIFE

ÉDITIONS TIME-LIFE ● AMSTERDAM

TIME-LIFE BOOKS

DIRECTRICE DES PUBLICATIONS POUR L'EUROPE: Kit van Tulleken
Responsable de la conception artistique: Ed Skyner
Responsable du service photographique: Pamela Marke
Responsable de la documentation: Vanessa Kramer
Responsable de la révision des textes: Ilse Gray

CUISINER MIEUX
Secrétaire de rédaction de la collection: Gillian Boucher
Coordination: Liz Timothy

COMITÉ DE RÉDACTION POUR LES CONFISERIES
Secrétaire de rédaction: Norman Kolpas
Responsable de l'Anthologie: Josephine Bacon
Rédaction: Alexandra Carlier, Sally Crawford,
Jane Havell, Thom Henvey
Documentaliste: Margaret Hall
Maquette: Mary Staples
assistée de: Sally Curnock
Préparateurs de copie: Kathy Eason, Charles Boyle,
Aquila Kegan, Sally Rowland
Documentaliste pour l'Anthologie: Deborah Litton
assistée de: Debra Dick
Correctrice: Kate Cann
Service de la rédaction: Molly Sutherland

SERVICE DE FABRICATION DE LA COLLECTION
Responsable de la fabrication: Ellen Brush
Responsable de la qualité: Douglas Whitworth
Responsables de la coordination: Linda Mallett,
Helen Whitehorn
Iconographie: Steven Ayckbourn, Philip Garner
Département artistique: Julia West
Service de la rédaction: Theresa John, Lesley Kinahan,
Debra Lelliott, Sylvia Wilson

ÉDITION FRANÇAISE
Direction: Monique Poublan, Michèle Le Baube
Secrétariat de rédaction: Nouchka Pathé
avec la collaboration de: Laurence Giaume
Traduit de l'anglais par: C. Aubert et D. Bonan-Laufer

© 1981 TIME-LIFE Books B.V.
All rights reserved. Fourth French printing, 1984

No part of this book may be reproduced in any form or by
any electronic or mechanical means, including information
storage and retrieval devices or systems, without prior
written permission from the publisher, except that brief
passages may be quoted for review.

ISBN 2-7344-0058-8
TIME-LIFE is a trademark of Time Incorporated U.S.A.

Couverture: on choisit, ici, parmi d'autres
confiseries, un grain de raisin enrobé de fondant
neigeux et givré de sucre. Maintes friandises
peuvent ainsi être recouvertes de fondant,
de caramel ou tout simplement de chocolat,
comme le sont ici les massepains, les caramels,
les croquants aux noix et les fondants.

LE CONSEILLER PRINCIPAL
Richard Olney, d'origine américaine, vit et travaille en France
depuis 1951, où il fait autorité en matière de gastronomie. Il est
l'auteur de *The French Menu Cookbook* et de *Simple French
Food* pour lequel il a reçu un prix, il a également écrit de
nombreux articles pour des revues gastronomiques en France et
aux États-Unis, parmi lesquelles les célèbres *Cuisine et Vins de
France* et *La Revue du Vin de France*. Il a dirigé des cours de
cuisine en France et aux États-Unis et appartient à plusieurs
associations gastronomiques et œnologiques très renommées,
entre autres L'Académie Internationale du Vin, la Confrérie des
Chevaliers du Tastevin et la Commanderie du Bontemps de
Médoc et des Graves.

LES CONSEILLERS POUR LA PHOTO:
Richard Sax, qui a collaboré à l'illustration photographique de cet ouvrage, a diri
pendant deux ans les essais dans la cuisine de *The International Review of Food a
Wine*. Sa spécialisation, fondée sur des années d'expérience à New York et à Paris, p
particulièrement à l'hôtel Plaza-Athénée, l'a conduit à s'occuper d'un restaurant a
États-Unis. Il est également l'auteur de nombreux articles culinaires.
Pat Alburey est membre de l'Association of Home Economists de Grande-Bretagne.
longue expérience en matière culinaire comprend la préparation des plats
photographier, l'enseignement et la création de recettes. On lui doit la plupart des
séquences photographiques de cet ouvrage.

LE PHOTOGRAPHE:
Tom Belshaw est né près de Londres et a commencé à travailler dans le ciném
Possédant maintenant son propre studio à Londres, il s'est spécialisé dans les phot
culinaires et les natures mortes pour le compte de l'édition et de la publicité.

LES CONSEILLERS INTERNATIONAUX:
France: *Michel Lemonnier,* normand d'origine, a collaboré à *Cuisine et Vins de France*
à la *Revue du Vin de France* depuis 1960 et écrit régulièrement dans plusieu
publications gastronomiques. Cofondateur et vice-président de l'association Les Amiti
gastronomiques internationales, il est membre de la plupart des Confréries et Académi
viti-vinicoles de France, et surtout de l'Académie Internationale du Vin où il fut le parro
de Richard Olney. Il partage sa vie entre la France et le Maroc. **Grande-Bretagne:** *Ja
Grigson* diplômée de l'université de Cambridge, a grandi dans le Nord de l'Angleterr
Depuis la parution de son livre *Charcuterie and French Pork Cookery*, en 1967, elle
publié un certain nombre d'ouvrages culinaires, parmi lequels *Good Things, English Fo
et *Jane Grigson's Fruit Book*. Elle est correspondante de la rubrique gastronomique
supplément en couleurs de l'*Observer* de Londres depuis 1968. *Alan Davidson* e
l'auteur de *Fish and Fish Dishes of Laos, Mediterranean Seafood* et *North Atlan
Seafood*. Il est le fondateur de *Prospect Books*, publications érudites sur la gastronom
et l'art culinaire et de l'*Oxford Symposia* consacré à l'histoire de la gastronomi
Allemagne fédérale: *Jochen Kuchenbecker* a une formation de chef cuisinier, mais
travaillé pendant dix ans comme photographe culinaire dans plusieurs pays europée
avant d'ouvrir son propre restaurant à Hambourg. *Anne Brakemeier,* qui vit également
Hamburg, a écrit des articles sur la cuisine dans de nombreux périodiques allemand
Elle est coauteur de trois livres de cuisine. **Italie:** *Massimo Alberini* partage son tem
entre Milan et Venise. C'est un écrivain gastronomique très connu et un journaliste c
s'intéresse particulièrement à l'histoire de la cuisine. Il a écrit 18 ouvrages dont *40(
Anni a Tavola, 100 Ricette Storiche* et *La Tavola all' Italiana*. **Pays-Bas:** *Hugh Jans* vit
Amsterdam où il traduit des livres et des articles de cuisine depuis plus de vingt-cinq an
Il a écrit plusieurs ouvrages parmi lesquels *Bistro Koken, Koken in een Kasserol* et *V
Nederlands Kookboek*. Ses recettes sont publiées dans plusieurs magazines néerlanda
États-Unis: *Carol Cutler* vit à Washington D.C. et est l'auteur de *The Six-Minute Souf
and Other Culinary Delights* qui fut primé. *Judith Olney* a reçu sa formation culinaire
Angleterre et en France. Elle est l'auteur de deux livres de cuisine. *Robert Schoffner*
depuis 1975 rédacteur gastronomique à la revue *Washingtonian*.

Une aide précieuse a été apportée par les membres du personnel des Éditions Time-Li
dont les noms suivent: *Maria Vincenza Aloisi, Joséphine du Brusle* (Paris); *Janny Hoving
(Amsterdam); *Elizabeth Kraemer* (Bonn); *Ann Natanson* (Rome); *Bona Schmid* (Milan).

TABLE DES MATIÈRES

Au régal des gourmands

es sucreries se mangent par plaisir. Qu'il s'agisse de calmer une
ointe d'appétit, de récompenser un enfant sage ou de couronner
n bon repas, elles représentent toujours un délice que l'on
octroie. Et quel régal en perspective pour les yeux et le palais
ue d'évoquer les sucettes fruitées et translucides, les truffes au
hocolat fondantes à souhait, les délicates guimauves ou les
roquantes bouchées !

Mais le plaisir est bien plus grand encore lorsqu'on se met
oi-même à l'œuvre pour confectionner des friandises à l'occasion
e Noël, par exemple, ou tout simplement pour pallier la froideur
'une journée d'hiver. Les savoureux ingrédients qui les compo-
ent et le plaisir de lécher les fonds de casserole transforment
ur préparation en un véritable divertissement.

Cela ne signifie pas pour autant que la confiserie représente
ne activité secondaire de l'art culinaire. Si certaines friandises
omme les pâtes non cuites de la page 56 ou les boules aux fruits
ecs et au miel de la page 50 se réussissent sans peine, d'autres,
n revanche, exigent minutie et dextérité. Ainsi, pour les
onbons de sucre cuit, il faut porter les sirops à la bonne
empérature et les travailler avec le plus grand soin. En outre, si
technique d'enrobage avec du sirop de sucre, du fondant ou du
hocolat fondus ne présente aucune difficulté, elle requiert
éanmoins une certaine pratique pour obtenir de bons résultats
ans trop de gâchis.

Cet ouvrage offre un guide détaillé à l'usage des amateurs de
onfiseries. Les chapitres d'introduction comportent des explica-
ons sur les ingrédients de base (le sucre, les fruits secs et le
hocolat), les arômes et les colorants ainsi que sur la manière de
hemiser les moules destinés à recevoir les friandises.

Le livre se divise ensuite en quatre chapitres où, pour trois
'entre eux, le sucre joue le rôle principal. Le premier présente
s bonbons préparés avec un sirop de sucre cuit (caramels durs
mous, fondants crémeux et sucettes). Le deuxième est
onsacré aux fruits et à la façon de les confire en les saturant de
ucre ou à la préparation des pâtes de fruits fermes ou des gelées
ansparentes. Le troisième traite des pâtes de base en confise-
e, chocolatées ou non, et présente deux friandises classiques : le
assepain et les truffes au chocolat. Enfin, dans le quatrième
hapitre, vous apprendrez les techniques de l'enrobage et du
oulage, que l'on peut appliquer aux ingrédients et aux confise-
es illustrés dans les chapitres précédents. Grâce à l'ensei-
nement que vous aurez tiré de toutes ces démonstrations, vous
erez en mesure de réussir n'importe laquelle des 249 recettes de
Anthologie qui commence à la page 87 ainsi que de réaliser
uantité de spécialités de votre invention.

Origines des édulcorants

Les confiseries sont, par définition, des aliments sucrés. Pour
leur réalisation, on a recours, en règle générale, au sucre blanc
raffiné, mais il existe bien d'autres édulcorants dotés d'une
saveur plus prononcée comme le miel, la mélasse, le sirop
d'érable ou la cassonade. Le sucre blanc provient principalement,
dans les pays tropicaux, de la canne à sucre et, sous les climats
tempérés, de la betterave sucrière.

La canne à sucre possède une sève sucrée que l'on extrait de la
tige par broyage. Pour épurer le jus recueilli, on le fait chauffer
avec du lait de chaux. A la suite d'un certain nombre de
traitements supplémentaires, commencent à se former dans le
liquide des cristaux de sucre que l'on sépare alors par centrifuga-
tion. On obtient de la sorte des granulés roux de sucre brut, de
texture très grossière, un sirop épais presque noir appelé
mélasse et d'autres résidus.

Le sucre brut est alors prêt à être raffiné, c'est-à-dire
débarrassé de tous les corps étrangers. On commence par le
laver puis le centrifuger pour en éliminer le plus possible les
impuretés. A ce stade, il se présente sous la forme de gros
cristaux de sucre roux que l'on peut conditionner pour les vendre
dans le commerce. Traité puis filtré, il perd progressivement sa
couleur brune et son goût résiduel pour se transformer en une
semoule blanche et pure. La taille des cristaux est variable : ceux
du sucre cristallisé sont gros ou moyens tandis que ceux du sucre
semoule sont particulièrement menus. On peut également les
moudre très finement pour obtenir du sucre glace ou les mouler
en morceaux après les avoir humidifiés.

Le traitement et le raffinage du sucre blanc donnent maints
sous-produits, notamment la mélasse. Les résidus recueillis
pendant la cristallisation peuvent à leur tour être transformés
en sucres roux ou jaunes et en divers sirops de couleur plus ou
moins pâle.

En revanche, la betterave sucrière emmagasine le sucre dans
sa racine. Pour en extraire le jus, on la coupe en morceaux que
l'on trempe dans de l'eau chaude. Le sucre ainsi obtenu subit
ensuite les mêmes transformations que le sucre de canne. Seul le
sucre de betterave blanc est vendu pour la consommation, tandis
que les sous-produits sont destinés au bétail.

Les procédés d'extraction et d'évaporation du jus de la canne
à sucre étaient connus en Inde trois millénaires avant J.-C. De là,
la culture de cette plante et la fabrication du sucre s'étendirent
au Sud-Est asiatique, aux pays arabes et finalement à l'Europe.
Les premières raffineries apparurent en Perse au VIIe siècle
après J.-C. et, dès le VIIIe siècle, on cultivait la canne et

fabriquait du sucre en Espagne et dans le Sud de la France. En 1493, lors de son deuxième voyage aux Amériques, Christophe Colomb emporta des graines de canne à sucre à Saint-Domingue, dans les Antilles : peu de temps après, l'industrie de la canne était née et la production prenait tout son essor. Mais ce n'est qu'au XVIe siècle, au moment où les procédés de raffinage furent commercialisés, que l'on commença vraiment à confectionner de véritables confiseries.

Certes, dans le Sud de l'Europe, la betterave se cultivait déjà depuis fort longtemps, mais seulement à titre de légume ou d'aliment pour le bétail. Il fallut attendre l'année 1747 pour qu'un chimiste allemand, Andreas Marggraf, réussît à démontrer que certaines variétés de betteraves contenaient du sucre. La première fabrique sucrière fut inaugurée en 1802 à Cunern, en Silésie. En France, Napoléon remit en 1811 sa croix de la Légion d'honneur personnelle à Benjamin Delessert pour être parvenu à cristalliser le sucre de betterave.

Le miel fut sans doute le tout premier édulcorant utilisé par nos ancêtres. A l'âge de pierre, il était fort recherché par les premiers hommes, qui dérobaient celui des abeilles sauvages : dans la grotte d'Arana, dans la province de Valence en Espagne, par exemple, une peinture préhistorique représente des abeilles menaçantes bourdonnant autour d'une silhouette qui avance prudemment la main vers leur ruche. Deux mille cinq cents ans avant J.-C., les Égyptiens avaient certainement découvert la façon de domestiquer les abeilles, comme le démontre l'existence d'un bas-relief du temple de Neuserre, à Abu Sir, où l'on voit des apiculteurs en train d'enfumer un essaim puis de recueillir le miel des alvéoles. A l'époque classique, le miel était devenu un produit si courant de l'Antiquité que l'historien romain Pline décrivait le sucre comme « une sorte de miel ».

De nos jours, le miel demeure l'ingrédient principal de maintes confiseries orientales. Partout ailleurs, il remplit plus particulièrement une fonction aromatique ; ainsi, il confère une douceur accrue au nougat *(page 42)*, et aux caramels *(page 32)*. Comme sa force et sa saveur varient selon les fleurs butinées par les abeilles, tenez compte de sa provenance pour préparer une friandise donnée. Les miels de bruyère, de fleurs d'oranger, de romarin, de pin, d'acacia et de lavande, sont parmi les plus parfumés. Le miel fameux du mont Hymette, en Grèce, doit son arôme particulier au thym.

L'érable du Canada fournit aussi une essence sucrée. Au printemps, à la montée de la sève, on en incise l'écorce pour la recueillir. Bien qu'elle ne contienne que 3 % environ de sucre, la sève, une fois concentrée par évaporation, donne un sirop ambré ou un sucre brun pâle de saveur douce.

D'autres substances sucrantes plus courantes mais non moins précieuses sont dérivées du maïs, dont l'amidon, après un traitement particulier, produit divers sucres et sirops, notamment le glucose liquide.

Tous les édulcorants mentionnés précédemment ont à peu près la même formule chimique. Le sucre blanc ordinaire ou saccharose, avec une pureté de 99,8 %, est le produit le plus pur couramment vendu dans le commerce. Il se compose de glucose et de fructose. Le fructose, qui donne sa douceur au miel, est le plus sucré des deux. Le glucose liquide contient une forte proportion de glucose, mais il ne s'agit pas pour autant de glucose pur. Le sucre d'érable, comme le sucre de canne non raffiné, renferme principalement du saccharose.

Les mystérieuses propriétés du sucre

Il est surprenant de constater que les innombrables textures rencontrées en confiserie dérivent toutes d'une seule et même substance, le sucre. En effet, tout l'art du confiseur repose sur le travail d'un sirop, c'est-à-dire un mélange de sucre et d'eau. Si l'on utilise suffisamment d'eau pour dissoudre entièrement le sucre, le résultat reste bien entendu liquide, mais si l'on fait bouillir le liquide assez longtemps pour parvenir à l'évaporation presque totale de l'eau qu'il contient, il se solidifie à température ambiante. Selon la quantité d'eau qui reste en fin de cuisson, on obtient des textures très variées.

Tout sirop a tendance à retrouver sa forme cristalline originale et à former des grumeaux de sucre. Cette prédisposition requiert la plus grande vigilance de la part du confiseur. Certaines friandises comme les sucettes doivent être transparentes comme du verre et dépourvues de cristaux. D'autres comme le fondant se composent d'une masse de sucre cristallisée mais il est essentiel que les cristaux soient minuscules. Aussi, pour empêcher la formation de cristaux irréguliers dans un sirop, on le fait généralement bouillir avec une substance anti-cristallisante.

Le rôle de cette substance est simple : ses molécules viennent s'interposer entre celles du sucre et ne leur permettent pas de se juxtaposer. On dit alors que la cristallisation est « inhibée ». Le glucose liquide ou le miel assurent correctement cette fonction mais pas le saccharose. Utilisés en petites quantités, ils favorisent la formation de cristaux très fins ; en forte concentration, ils sont susceptibles de prévenir complètement le grainage. Les corps gras comme le beurre ou le beurre de cacao possèdent également un pouvoir anti-cristallisant, l'inhibition provenant de l'épaississement du sirop. Quant aux acides comme le jus de citron ou l'acide tartrique, ils agissent indirectement en décomposant le saccharose en glucose et en fructose (mélange qui constitue ce que l'on appelle le « sucre inverti »). C'est en grande partie grâce à l'action des substances anti-cristallisantes que vous pourrez obtenir des sucettes translucides et croquantes ou des caramels mous bien homogènes.

Le chocolat : l'ingrédient par excellence

Pour beaucoup, le chocolat représente le raffinement suprême en confiserie. Onctueux, riche et parfumé, il est irremplaçable pour les enrobages, les sujets moulés et autres gourmandises. Il peut paraître surprenant que ce merveilleux ingrédient de base dérive de petites fèves dures et particulièrement amères.

Les fèves croissent dans leurs cabosses sur le cacaoyer, arbre originaire des régions équatoriales d'Amérique. Après la récolte, on les laisse fermenter pendant plusieurs jours afin d'en atténuer l'amertume et de leur faire prendre une couleur marron clair. Ensuite, on les nettoie, on les fait sécher et on les torréfie, ce qui leur confère une couleur plus foncée et exalte leur arôme. Enfin, on les réduit par broyage en une pâte épaisse et grasse.

Si parfumée que soit à ce stade la pâte de cacao, elle ne possède pas encore l'onctuosité nécessaire à la préparation de

onfiseries. Pour obtenir du chocolat, on l'additionne de beurre
e cacao extrait d'autres fèves par pression (les résidus bruns
ébarrassés de leur beurre fournissent, une fois moulus, le cacao
n poudre) et on sucre le tout — la quantité de sucre utilisé peut
eprésenter de 40 à 60% du poids total. On ajoute parfois du lait
our adoucir le mélange que l'on passe ensuite à travers une série
e rouleaux qui broient les particules très finement.

Pour affiner davantage la pâte et la rendre onctueuse, on la
et dans une cuve chauffée dans laquelle un rouleau la malaxe
vec un mouvement de va-et-vient. Au bout de plusieurs jours de
e traitement, les particules polies par le frottement s'affinent
eu à peu. Après le refroidissement et le moulage, on obtient un
nocolat parfaitement onctueux, prêt à être consommé tel quel
u utilisé en confiserie.

En Amérique du Sud, la culture du cacaoyer par les Mayas,
s Toltèques et les Aztèques remonte à plus de trois mille ans.
s utilisaient les fèves comme monnaie et consommaient le
nocolat sous la forme d'une boisson épaisse légèrement amère,
omposée de fèves de cacao décortiquées, d'eau, de maïs et
épices de toutes sortes.

En 1502, lors de son quatrième voyage, Christophe Colomb
pporta des fèves en Espagne, mais ce fut son compatriote
ernán Cortés qui en reconnut la valeur commerciale. En 1519, il
t l'occasion de goûter un breuvage chocolaté à la cour de
mpereur aztèque Montezuma, et il fit envoyer en Espagne non
eulement des fèves mais également des recettes concernant leur

réparation. Les Espagnols y ajoutèrent du sucre et, bientôt,
ette boisson devint très recherchée. Pendant longtemps — près
un siècle affirment certains —, ils réussirent à garder secrets
s modes de culture de la plante et la préparation du chocolat.
et aliment fut néanmoins introduit en Italie au cours de la
remière décennie du XVIIe siècle et son usage se répandit en
rance après le mariage de l'infante Marie-Thérèse avec Louis
IV, en 1660. A cette époque, le chocolat gagna progressive-
ent la faveur des classes aisées en Angleterre — Samuel Pepys
n fait mention dans son *Journal* en 1664 — et les établissements
ervant cette boisson devinrent bientôt des lieux de rencontre
ès en vogue dans toute l'Europe. Jusqu'à la fin du XVIIe siècle,
chocolat demeura une denrée de luxe mais, au début du siècle
uivant, le développement de son exploitation rendit son prix
ordable. Toutefois, la mise au point des procédés de fabrica-
on du chocolat à croquer date du XIXe siècle seulement. De nos

jours, le chocolat se vend sous les formes les plus variées: depuis
le cacao en poudre et les simples tablettes, jusqu'aux chocolats
assortis offrant une grande variété de parfums.

Les ustensiles à prévoir

Même si la confiserie occupe une place à part dans l'art culinaire,
il n'est pas absolument nécessaire de posséder, pour la réaliser,
un matériel compliqué. Il suffit d'être habile de ses mains et de
travailler dans une pièce fraîche et sèche; un excès d'humidité,
en effet, pourrait gâcher la préparation de maintes friandises à
base de sucre cuit.

Néanmoins, pour bien les réussir, certains ustensiles et
accessoires se révèlent indispensables. Tout d'abord, il vous faut
un plan de travail lisse et froid — un marbre ou la plaque de votre
four — pour travailler les masses de sucre bouillantes ainsi que
des casseroles profondes et de bonne qualité pour cuire les
sirops. Il est préférable d'utiliser des récipients à fond épais, en
cuivre non étamé, en inox ou en aluminium, qui assurent une
cuisson uniforme et résistent bien à la chaleur. Pour mesurer
avec précision la température des sirops, achetez un bon thermomètre pourvu de graduations faciles à lire. Les magasins bien
fournis en articles de cuisine vendent d'autres accessoires spécia-
lisés mais, dans la plupart des cas, vous parviendrez à vous
débrouiller avec le matériel que vous avez sous la main. Ainsi,
pour plonger, par exemple, le cœur fragile d'un fourré dans le
chocolat, les confiseurs se servent d'une fourchette à tremper
(pages 74 à 77). Chez vous, vous pouvez tout simplement utiliser
une fourchette de table ou vous fabriquer une fourchette terminée par un anneau en recourbant un fil métallique. De même,
pour le coulage dans l'amidon des fourrés liquides *(pages 80 à 83)*,
vous obtiendrez des résultats dignes d'un professionnel avec une
lèchefrite, de la pâte à modeler, un entonnoir et une cuillère en
bois. Un jeu de quatre règles métalliques *(page 19)* vous facili-
tera la tâche pour faire durcir les pâtes mais un moule peut se
révéler tout aussi efficace.

Les confiseries et la santé

Il fut un temps où l'on attribuait aux confiseries des vertus
médicinales. Jadis, la guimauve, préparée avec des extraits de la
plante du même nom, était vendue chez les apothicaires comme
remède propre à soigner les maux de poitrine. En Irlande, le
caramel au miel traditionnel appelé Yellow-Man *(recette page
96)* avait la réputation de guérir toutes les maladies. Au XIXe
siècle, le gastronome Jean-Anthelme Brillat-Savarin faisait
observer que «les personnes qui font usage du chocolat sont
celles qui jouissent d'une santé plus constamment égale, et qui
sont le moins sujettes à une foule de petits maux qui nuisent au
bonheur de la vie».

De nos jours, il en va tout autrement. On considère qu'il vaut
mieux s'abstenir de consommer trop de sucreries. Toutefois,
pourquoi se refuser ce plaisir si l'on sait faire preuve de
modération? En outre, si vous confectionnez vous-même vos
propres friandises, vous aurez l'avantage de pouvoir sélectionner
vos ingrédients. En utilisant des produits de premier choix,
traités comme il se doit, vous obtiendrez de savoureuses gourmandises, saines et agréables à l'œil.

La cuisson du sucre

Le sucre cuit avec de l'eau et transformé en sirops ou en caramel est le point de départ d'une multitude de confiseries. Lorsqu'on fait bouillir ce mélange (ci-dessous), l'eau s'évapore et la concentration de sucre augmente progressivement. Le point d'ébullition est d'autant plus élevé que la teneur en sucre est grande: on peut donc évaluer la concentration du sirop en mesurant la température avec un thermomètre spécial (encadré page de droite, en haut à droite). Le fait d'interrompre l'ébullition à différents stades permet d'obtenir des sirops plus ou moins riches en eau. Lorsqu'il n'en reste plus, le sucre fondu se transforme en caramel.

Plus un sirop est pauvre en humidité, plus il durcit en refroidissant: le degré de cuisson détermine donc directement la texture finale d'une confiserie. Un sirop cuit à une température relativement basse donne des bonbons tendres comme les caramels mous; en revanche, cuit à une température élevée, il produit des friandises dures comme les sucettes. Les tests des pages 10-11 permettent de vérifier la consistance d'un sirop refroidi.

Puisque la concentration finale est subordonnée à l'évaporation de l'eau, les proportions de départ importent peu. On prévoit en général 15 cl d'eau environ par livre de sucre, quantité suffisante pour dissoudre le sucre facilement; le sirop obtenu n'étant pas trop liquide, il n'exige qu'une cuisson assez brève pour atteindre la température désirée. Pour préparer du caramel, vous pouvez laisser bouillir le sirop jusqu'à évaporation complète de l'eau ou, plus simplement, faire fondre du sucre tel quel (encadré ci-contre).

Comme l'eau bouillante peut dissoudre plus de sucre que si elle est à basse température, un sirop devient sursaturé en refroidissant et l'excès de sucre cristallise: on dit qu'il graine.

Dans certains cas, cette cristallisation ne doit pas avoir lieu; dans d'autres, elle s'impose. Ainsi, les bonbons lisses et durs comme le sucre d'orge s'obtiennent avec un sirop limpide dépourvu de cristaux. Pour préparer des friandises tendres et opaques comme le fondant, il faut au contraire que la masse de sucre présente des cristaux en suspension.

Il existe deux façons de prévenir la cristallisation. L'une consiste à prolonger l'ébullition jusqu'à ce qu'il reste très peu d'eau. En refroidissant, le sirop concentré devient si visqueux que les molécules ne peuvent pas se juxtaposer, ce qui inhibe la cristallisation. L'autre réside dans l'emploi d'une substance anti-cristallisante (page 6). Les matières lactiques solides et les graisses, par exemple, retardent la cristallisation en épaississant le sirop. Les sucres autres que le saccharose — constituant du sucre blanc — assurent la même fonction ou forment, tout au plus, de fins cristaux. Les acides comme le jus de citron ou la crème de tartre produisent un effet similaire car ils décomposent le saccharose en divers autres sucres. Le produit anti-cristallisant le plus efficace et le plus employé est le glucose liquide ou en poudre (opération 1, ci-dessous).

Pour qu'un sirop graine naturellement, il faut le battre. Si vous voulez qu'il forme de gros cristaux, pour préparer un bonbon à texture grossière et granuleuse comme le fudge, commencez à le battre pendant qu'il est encore chaud. En revanche, pour obtenir la texture fine du fondant, laissez le refroidir avant de le battre.

1 **Ajouter du glucose.** Chauffez un thermomètre à sirop dans de l'eau chaude (encadré page de droite, en haut). Mettez le volume d'eau froide et le poids de sucre cristallisé nécessaires dans une casserole à fond épais. Pour inhiber la cristallisation, ajoutez un anti-cristallisant, ici du glucose liquide.

2 **Dissoudre le sucre.** Remuez le sirop sur feu moyen jusqu'à ce que le sucre soit dissous (ci-dessus), sinon il risquerait de cristalliser; si le mélange commence à bouillir avant que le sucre ne soit fondu, retirez-le du feu. Continuez à remuer. Dès que le sirop a un peu refroidi, remettez-le sur le feu.

3 **Enlever les cristaux.** Remuez doucement le sirop afin qu'il ne gicle pas sur les parois de la casserole en cristallisant. Pour enlever les gouttes, essuyez les parois avec un pinceau trempé dans de l'eau chaude ou mettez un couvercle afin que la vapeur dissolve les cristaux.

Caramel cuit à sec

Faire fondre du sucre sans eau. Mettez du sucre sur feu doux — en intercalant, si besoin est, un diffuseur de chaleur — avec un peu de jus de citron pour le parfumer et inhiber la cristallisation. Remuez-le constamment jusqu'à ce qu'il ait fondu. Ajoutez-en et remuez jusqu'à ce qu'il soit dissous et que le caramel soit limpide. Ajoutez-en jusqu'à obtention de la quantité désirée.

Le thermomètre à sirop

Chauffer le thermomètre à sirop. Pour qu'il ne risque pas de se briser si vous le plongez dans un liquide bouillant, mettez-le auparavant dans de l'eau chaude. Après emploi, remettez-le aussitôt dans l'eau chaude pour dissoudre le sucre collé sur le bulbe.

4 **Faire bouillir le sirop.** Dès que le sirop est parfaitement limpide, cessez de remuer. Placez un thermomètre préalablement chauffé dans la casserole et portez le sirop à ébullition *(ci-dessus)*. Réglez la température de façon à obtenir une ébullition légère et régulière.

5 **Arrêter la cuisson.** Remplissez une terrine d'eau froide. Dès que le sirop a atteint la température requise *(pages 10-11)*, enlevez le thermomètre. Retirez la casserole du feu et plongez le fond immédiatement dans l'eau pour la refroidir rapidement et arrêter la cuisson *(ci-dessus)*.

6 **Vérifier la consistance.** Avec une cuillère, prélevez un peu de sirop et plongez-le dans de l'eau glacée pour le refroidir rapidement. En testant cette petite quantité avec les doigts *(pages 10-11)*, vous saurez quelle consistance aura le sirop en durcissant. S'il n'est pas assez dur, remettez-le sur le feu et continuez la cuisson. □

Comment vérifier la consistance d'un sirop

La consistance d'un sirop de sucre une fois refroidi varie selon la température de cuisson *(page 8)*. A mesure qu'on le porte à des températures progressivement plus élevées, il passe par différents stades dont les tests correspondants sont illustrés ci-contre et page de droite pour un sirop de sucre ordinaire.

Les ingrédients ajoutés à un sirop en modifient la cuisson. Certains, comme le miel, le font bouillir à une température plus élevée, d'autres, comme le lait ou les corps gras, à une température plus basse. A chaque stade correspond une gamme de températures indiquée sur le tableau.

Les chiffres concernent la plupart des sirops; mais comme certains ingrédients utilisés en grande quantité influent sur la cuisson, des températures supérieures ou inférieures à celles données pourront convenir. Il faut donc toujours vérifier la consistance d'un sirop.

Tableau des degrés de cuisson

Utiliser un thermomètre à sirop.
Ce tableau donne une gamme de températures pour chacun des principaux stades de la cuisson du sucre. Avant d'utiliser un thermomètre, vérifiez-en la précision. Mettez-le dans de l'eau et portez-la à ébullition: il doit marquer 100°C. S'il indique un chiffre supérieur ou inférieur, tenez compte de la différence pour vos mesures.

°C

180

170 — Caramel clair à foncé
160-177°C

160

150 — Grand cassé
149-154°C
Caramels durs, sucettes

Petit cassé
132-143°C
Berlingots
— 140

130

Grand boulé
121-130°C
Nougat, guimauve

Moyen boulé
118-121°C
Caramels mous
— 120

Petit boulé
112-116°C
Fondant, fudge

Filet
106-113°C
— 110

100

Le filet : 106-113°C

Un fin filament. Plongez la casserole dans de l'eau froide pour arrêter la cuisson du sirop *(page 9)*. Prenez-en un peu avec une cuillère et versez-le sur une assiette. S'il forme un fil mince *(ci-dessus)*, il a atteint le stade du filet. S'il est trop liquide, remettez-le sur le feu et vérifiez à nouveau la consistance.

Le petit cassé : 132-143°C

Des fils élastiques. Arrêtez la cuisson. Mettez un peu de sirop dans de l'eau glacée, sortez-le et étirez-le délicatement entre les doigts. Si le sirop se détache en fils durs mais élastiques *(ci-dessus)*, il a atteint le stade du petit cassé. Il ne colle alors presque plus.

Le petit boulé : 112-116°C

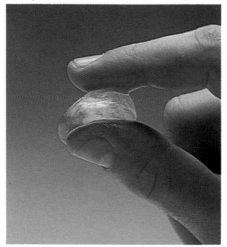

Une boule qui s'aplatit rapidement. Plongez la casserole dans de l'eau froide. Mettez un peu de sirop dans un saladier d'eau glacée. Dans l'eau, faites-en une boule. Sortez-la : si elle garde sa forme sous l'eau mais s'aplatit rapidement entre vos doigts, le sirop est au petit boulé. A ce stade, il est encore très collant.

Le moyen boulé : 118-121°C

Une boule malléable. Plongez la casserole dans de l'eau froide. Mettez un peu de sirop dans de l'eau glacée. Faites-en une boule. Sortez-la. Si le sirop est au moyen boulé, il est ferme mais malléable et colle encore. Bien qu'il garde sa forme plus longtemps qu'au petit boulé, il la perd vite à température ambiante.

Le grand boulé : 121-130°C

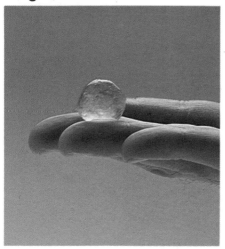

Une boule rigide. Plongez la casserole dans de l'eau froide. Mettez un peu de sirop dans de l'eau glacée. Si le sirop a atteint le grand boulé, vous pouvez facilement en faire une boule. Sortez-la de l'eau. Elle doit garder sa forme et résister à la pression. Elle est encore collante.

Le grand cassé : 149-154°C

Des fils cassants. Plongez la casserole dans de l'eau froide et mettez un peu de sirop dans de l'eau glacée. Retirez le sirop solidifié de l'eau et courbez-le. S'il se casse net comme du verre *(ci-dessus)*, il a atteint le grand cassé. Il tire sur le jaune et ne colle plus du tout.

Le caramel clair : 160-170°C

Un liquide couleur miel. Plongez la casserole dans de l'eau froide pour arrêter la cuisson. Prenez une cuillerée de liquide et versez-la sur une assiette blanche. Si le sucre fondu a atteint le stade du caramel clair, il doit avoir la couleur dorée du miel.

Le caramel foncé : 165-177°C

Un liquide ambré. Comme pour le caramel clair, versez un peu de liquide sur une assiette. S'il a une teinte ambrée tirant sur le rouge, il est au stade du caramel foncé. Ne prolongez pas la cuisson au-delà sinon le caramel deviendrait amer.

Les fruits secs

Les noix, noisettes, pistaches et autres fruits secs à coquille occupent une place de choix en confiserie. Ces fruits sont utilisés tels quels, ou bien grillés, voire torréfiés — ce qui met particulièrement en valeur l'arôme de l'amande. Une noisette entière simplement enrobée de chocolat *(page 74)* constitue une délicieuse friandise, et il suffit de mélanger quelques cacahuètes, grillées ou non, à du caramel pour obtenir un nougat croquant, le *brittle* anglais *(page 31)*.

Hachées plus ou moins finement, toutes ces amandes donnent un *fudge (page 38)* ou un *nougat (page 42)* de texture variée et servent aussi à enrober les boules de fondant *(page 36)*. On peut également, après les avoir râpées, les incorporer à un fourré *(page 72)* ou les piler puis les mélanger à du sucre et des œufs pour préparer diverses pâtes, la plus connue étant la pâte d'amandes *(pages 56 à 63)*.

Les noix doivent toujours être décortiquées et mondées pour être débarrassées de la pellicule brune et amère qui recouvre les cerneaux. La noix de coco nécessite un traitement particulier *(page de droite, en bas)*. La plupart des autres fruits secs, quant à eux, se décortiquent facilement à la main ou avec un casse-noix, mais doivent être blanchis ou grillés pour pouvoir être mondés.

Ainsi, la peau relativement lâche de l'amande ou de la pistache s'enlève facilement une fois le fruit blanchi *(ci-contre, en haut)*: l'eau bouillante pénètre les fibres poreuses de la peau qui, ramollie, se détache du fruit. Mais en refroidissant elle durcit à nouveau, d'où la nécessité d'agir promptement. Les fruits dont la pellicule adhère plus à l'amande — comme la noix d'Amérique et la noisette — doivent être passés au four à chaleur modérée jusqu'à ce que la pellicule se dessèche et s'émiette *(page de droite, en haut)*.

Les fruits sont ensuite utilisés entiers ou coupés en deux, ou encore hachés avec un couteau *(ci-contre, en bas)*, pilés au mortier ou broyés au mixeur. Celui-ci les réduit en une poudre fine, presque sèche, qui convient à la plupart des confiseries. Avec le mortier, on obtient une pâte plus collante; lorsqu'on broie des amandes ou des noix, riches en huile, il est recommandé d'ajouter du blanc d'œuf pour que l'huile ne se sépare pas de la pulpe.

Les amandes

1 Blanchir les amandes. Mettez une petite quantité de fruits décortiqués, ici des amandes, dans une casserole d'eau bouillante. Faites-les blanchir 2 minutes. Éteignez le feu et sortez-les avec une écumoire; vous pouvez aussi éloigner la casserole du feu et égoutter les amandes dans une passoire.

2 Monder les amandes. Laissez les amandes refroidir légèrement. Avec les doigts, appuyez sur chaque amande afin de la faire glisser hors de la pellicule. Laissez-les sécher complètement avant de les conserver dans un bocal hermétique. Elles se gardent au frais pendant plusieurs mois.

Les pistaches

Hacher menu les pistaches. Mettez-les sur un plan de travail. Posez la lame d'un gros couteau dessus, en plaçant votre main libre sur la pointe de la lame de sorte qu'elle repose sur le plan de travail. Faites basculer le couteau de haut en bas en le déplaçant en arc de cercle et en travaillant vite.

Broyer avec un mixeur

Broyer les amandes. Versez un peu de fruits refroidis et mondés, ici des amandes, dans le mixeur. Mettez l'appareil en marche puis arrêtez-le, d'abord toutes les 4 secondes, ensuite moins souvent. Si des amandes collent aux parois du bol, raclez-les. Réduisez-les ensuite en poudre.

Les noisettes

1 **Griller les noisettes.** Étalez-les sur une plaque à four et mettez-les au four préchauffé à 170°C (3 au thermostat). Laissez-les griller 10 minutes environ. Mettez une serviette sur le plan de travail et étalez les noisettes sur la moitié du linge *(ci-dessus)*.

2 **Monder les noisettes.** Repliez l'autre moitié de la serviette sur les noisettes grillées *(ci-dessus)*. Avec les paumes, faites-les rouler dans le linge ; au bout de 1 à 2 minutes, elles auront presque toutes perdu leur pellicule.

3 **Finir d'enlever les pellicules.** Frottez les noisettes non pelées ou à demi pelées entre vos doigts de façon que la pellicule s'émiette. Si la pellicule reste intacte, réservez-les à des applications pour lesquelles l'aspect n'est pas essentiel. Conservez les noisettes dans un bocal hermétique.

Préparer une noix de coco

1 **Extraire le liquide.** Avec un grand couteau, coupez la touffe fibreuse qui coiffe la noix de coco. A l'aide d'une brochette, percez les trois cavités à la pointe du fruit *(ci-dessus)*. Retournez la noix de coco au-dessus d'un bol pour en recueillir le liquide laiteux.

2 **Ouvrir la coque.** Avec un maillet ou le dos d'un couperet, tapez d'un coup sec sur la coque au tiers de la hauteur en partant de la base *(ci-dessus)*. Le fruit se fendra suivant une cassure naturelle. Tapez jusqu'à ce que la coque s'ouvre complètement en deux.

3 **Râper la pulpe.** Avec un couteau, divisez la pulpe blanche en morceaux qui se détacheront facilement de la coque. Sortez-les et débarrassez-les de la pellicule brune qui les enveloppe. Râpez la pulpe de la noix de coco *(ci-dessus)* ou hachez-la finement.

Le guide des arômes et des colorants

Bon nombre de bonbons de sucre cuit, depuis les sucettes juqu'au fondant, doivent leur caractère aux arômes qu'on y incorpore en petites quantités. De même, d'autres friandises comme les caramels et le massepain tirent leur saveur des ingrédients qui les composent mais aussi, souvent, des parfums qu'on leur ajoute. Certains arômes teintent les préparations, mais si vous en utilisez un qui est incolore, vous pouvez lui adjoindre un colorant. L'usage veut que l'on en associe certains à une couleur précise (la menthe et le vert, par exemple), mais ceci n'a absolument rien d'obligatoire.

Hormis la cochenille, substance rouge écarlate tirée d'un insecte, presque tous les arômes et les colorants naturels proviennent de végétaux: fleurs, gousses, feuilles, tiges et racines. On peut préparer facilement certains arômes chez soi comme le café ou les jus de fruits ainsi que deux colorants à base de plantes. Les épinards, pilés et pressés pour en recueillir le jus que l'on chauffe ensuite *(encadré page de droite, à gauche)*, donnent un beau vert franc tandis que le safran dissous dans de l'eau prend une teinte jaune d'or *(encadré page de droite, en haut à droite)*. Comme il en faut très peu pour colorer une confiserie, ils ne communiquent pas leur saveur.

La plupart des arômes et des colorants vendus dans le commerce sont présentés sous forme liquide, facile à incorporer aux préparations. Les premiers se divisent en trois catégories: les arômes naturels, les arômes identiques aux naturels et les arômes de synthèse, tantôt dénommés « essence » ou « extrait », tantôt simplement « arôme ». D'une façon générale, les deux premiers termes indiquent que le produit provient d'une substance naturelle; le dernier est un terme neutre qui ne donne aucune précision quant à l'origine. En général, les produits naturels sont plus onéreux que les autres.

Quant aux colorants, ils peuvent être d'origine naturelle ou artificielle. Le choix de couleurs est souvent limité, mais vous pouvez en mélanger plusieurs pour obtenir des teintes plus nuancées.

Ces produits étant forts, quelques gouttes suffisent pour parfumer ou colorer une friandise; en outre, la réussite de celle-ci dépendant de la consistance, une préparation trop diluée ne permettrait pas d'obtenir le résultat escompté.

Certaines recettes précisent parfois qu'il faut utiliser un arôme dilué pour remplacer l'eau. Ainsi, pour aromatiser des sucettes on peut faire dissoudre le sucre dans du jus de fruits et porter le tout à ébullition afin d'obtenir un sirop cuit au grand cassé. Toutefois, il vaut mieux ajouter les arômes et les colorants après cuisson, car souvent l'action prolongée de la chaleur les dénature.

Il faut conserver au réfrigérateur les arômes et les colorants préparés chez soi et les utiliser dans les trois jours. Ceux du commerce devront être rangés dans un endroit sombre car la lumière les décolore et en réduit l'efficacité. Le contenu d'un flacon entamé se détériore peu à peu, aussi vaut-il mieux acheter la plus petite taille et le fermer hermétiquement pour réduire l'évaporation.

La liste des arômes naturels qui suit vous permettra de varier vos confiseries de maintes façons.

Les arômes à base de fruits

On peut utiliser le jus passé des fraises, des framboises ou des agrumes comme les oranges pour préparer des gelées transparentes *(page 52)* et des bonbons de sucre cuit *(pages 22 à 25)*. On obtiendra un parfum plus concentré avec le zeste des agrumes que l'on râpe simplement en veillant à ne pas entamer la peau blanche qui est amère.

Les épices et les aromates

La vanille s'emploie beaucoup en confiserie. Elle se marie particulièrement bien avec les caramels *(page 38)*, mais aussi avec les confiseries aux fruits, aux amandes, aux noix ou aux noisettes. Les gousses de vanille, qui ne sont pas comestibles, embaument rapidement un bocal de sucre *(encadré page de droite, en bas à droite)*; le sucre vanillé ainsi obtenu remplace très souvent la vanille elle-même. On peut aussi en faire bouillir une gousse dans du lait ou du sirop et la retirer dès que la cuisson est achevée, ou utiliser de l'extrait de vanille. Pour que la gousse de vanille

exhale son parfum au maximum, fendez en deux dans le sens de la longueur.

Parmi les épices parfois utilisées da[ns] les confiseries, notamment celles a[ux] fruits *(Chapitre 2)*, on compte la cannel[le,] le gingembre, les clous de girofle, le qu[a]tre-épices, la muscade et le macis, [qui] peuvent toutes être ajoutées après av[oir] été réduites en poudre.

La plante que l'on emploie le plus co[u]ramment est la menthe, poivrée ou ver[te.] Chez soi, il est impossible de préparer u[ne] essence concentrée avec les feuilles fr[aî]ches mais on peut s'en procurer faci[le]ment dans le commerce. Elle sert souve[nt] à aromatiser les fondants et autres bo[n]bons de sucre cuit.

Le café et le chocolat

Le café est délicieux avec les caramels, l[es] fondants ou les pâtes présentées à la pa[ge] 56, ainsi qu'avec n'importe quelle fria[n]dise au chocolat. Pour préparer du ca[fé] destiné à parfumer, triplez les propo[r]tions normalement utilisées pour le mê[me] volume d'eau: vous obtiendrez un ca[fé] trois fois plus corsé. Sinon, filtrez-le co[m]me à l'ordinaire mais recueillez seuleme[nt] les premières gouttes, toujours plus fo[r]tes que le reste.

Le chocolat, l'un des principaux ingr[é]dients employés en confiserie après [le] sucre *(page 16)*, utilisé en petites quan[ti]tés, sert aussi à aromatiser des bonbo[ns.]

Les alcools

Grâce à leur parfum concentré, les eau[x] de-vie et les liqueurs sont parfaites po[ur] aromatiser des confiseries à la derniè[re] minute. Le rhum et le cognac se marie[nt] bien avec le chocolat et les liqueurs [à] l'orange ou à l'abricot rehaussent [la] saveur des confiseries aux fruits.

Les eaux de fleurs

L'eau de rose et l'eau de fleur d'orang[er] s'obtiennent par distillation des fleu[rs] elles-mêmes: il s'agit de solutions prép[a]rées avec les huiles essentielles qu'el[les] contiennent. Odorantes et raffinées, el[les] conviennent bien aux confiseries délicat[es] telles que les guimauves de la page 40. O[n] s'en sert également pour parfumer le no[u]gat et les pâtes de fruits et elles so[nt] idéales pour préparer les fleurs confite[s.]

Colorer avec des épinards

1 **Réduire les épinards en purée.** Équeutez les épinards. Lavez-les plusieurs fois et épongez-les. Mettez-les dans un mortier et écrasez-les avec un pilon *(ci-dessus, à gauche)* jusqu'à ce qu'ils forment une pommade *(ci-dessus, à droite)*.

2 **Préparer une mousseline.** Pliez un morceau de mousseline en deux, de façon à obtenir un carré de 30 cm, au-dessus d'une terrine. Mettez les épinards au centre et repliez le linge.

3 **Extraire le jus.** Rassemblez les coins du linge et tordez-le pour comprimer les épinards et en recueillir le jus dans la terrine *(ci-dessus)*.

4 **Chauffer le jus d'épinards.** Versez le jus dans une casserole à fond épais et mettez-le sur feu doux. Au bout de 1 à 2 minutes, remuez-le pour séparer la pulpe du jus *(ci-dessus)*.

5 **Passer l'extrait.** Versez le tout dans un tamis fin placé sur une terrine. Utilisez la pulpe pour colorer les pâtes cuites comme le fondant.

Colorer avec du safran

Dissoudre le safran. Si vous utilisez du safran en stigmates, séchez-les sur une tôle à four très doux 10 minutes et réduisez-les en poudre dans un mortier. Mettez-en une pincée dans une assiette. Ajoutez une cuillerée à café d'eau froide et remuez jusqu'à ce que la poudre soit dissoute.

Préparer du sucre vanillé

Répartir l'arôme. Mettez du sucre semoule dans un bocal jusqu'au quart de sa hauteur et plantez-y une gousse de vanille. Remplissez le bocal de sucre et fermez-le bien. La vanille communiquera son parfum au sucre. Ajoutez du sucre au fur et à mesure de vos besoins : la gousse de vanille le parfumera pendant des mois.

Les divers apprêts du chocolat

Après le sucre, le chocolat est certainement le produit le plus utilisé en confiserie. Fondu, il peut être moulé et décoré ou encore servir à enrober d'autres friandises dont il rehausse la saveur. Simplement ramolli et aromatisé, il intervient dans la confection d'une multitude de pâtes et de crèmes onctueuses.

Obtenu à partir des fèves du cacaoyer après avoir subi diverses transformations, le chocolat se compose d'un mélange de cacao pur et de beurre de cacao que l'on sucre en général en cours de fabrication et auquel on incorpore parfois du lait ou des aromates. Il est d'autant plus parfumé et croquant qu'il renferme une quantité importante de beurre de cacao, matière grasse très dure.

Mais le beurre de cacao est, en fait, une substance instable composée de diverses graisses qui fondent et durcissent à des températures différentes. Pour qu'un chocolat qui en contient une forte proportion fonde et durcisse correctement, il doit subir un traitement spécial destiné à stabiliser ces graisses. Ce traitement qui consiste à le fondre, à le travailler puis à le durcir à plusieurs reprises ne peut bien entendu être appliqué chez soi. Pour cette raison (et aussi par souci d'économie), les fabricants remplacent souvent une partie du beurre de cacao que contient le chocolat par d'autres graisses végétales, plus molles, et obtiennent un produit fini plus tendre et moins parfumé.

Le chocolat le plus dur, dit « de couverture », est surtout utilisé par les confiseurs car il doit subir l'ensemble des opérations mentionnées plus haut.

Le chocolat « à croquer » vendu dans le commerce se place en seconde position; il renferme le plus souvent des graisses de remplacement mais, sous ses différentes formes, convient généralement à l'usage ménager. Le chocolat au lait, de composition différente, est plus tendre que le chocolat noir. Il existe également des variétés tendres destinées à la confiserie et à la pâtisserie : le chocolat noir ou au lait supérieur vendu en plaques de 500 g, par exemple. Le chocolat « à cuire », très tendre, gras et peu parfumé, ne s'emploie pas en confiserie.

Dans cet ouvrage, on a utilisé du chocolat « à croquer » et du chocolat noir su rieur. Le premier, qui se râpe facilem (encadré ci-contre), sert à aromatiser décorer. Il fond en donnant une p épaisse que l'on peut soit enrichir beurre ou de crème fraîche (pages 6 67), soit façonner telle quelle à la poc douille pour créer des motifs qui dur sent en séchant (ci-dessous).

Le chocolat à croquer fondu est t épais pour enrober les fourrés ou se p ter au moulage. Ces applications néce tent de préférence du chocolat noir su rieur, qui donne une pâte fluide et du en formant une couche fine et brillar Avant de le chauffer, fragmentez-le cadré page de droite, au centre): il fon plus facilement.

Le cacao en poudre, composé mêmes ingrédients que le chocolat n renfermant moins de beurre de cacao, un excellent produit d'enrobage sec p les friandises collantes comme les tru (page 66). Il a tendance à former grumeaux et, pour cette raison, doit ê tamisé avant l'emploi (encadré page droite, à droite).

Comment confectionner une poche à douille en papier

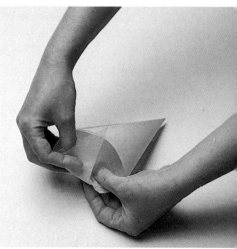

1 **Découper le papier.** Coupez un rectangle de papier sulfurisé de 20 cm sur 25, en diagonale : un seul triangle servira pour la poche. Tenez-le en plaçant l'angle droit en bas, à votre gauche. Prenez le coin inférieur droit dans la main gauche et le coin supérieur dans la main droite.

2 **Former un cône.** Amenez votre main droite derrière la gauche de sorte que le papier commence à former un cône sur les doigts de votre main gauche (ci-dessus). La pointe du cône doit se trouver à peu près au milieu du côté le plus long du triangle.

3 **Terminer la poche.** Le coin que vous tenez dans la main droite va dépasser en dessous du cône : repliez-le à l'intérieur. Faites deux petites déchirures dans les épaisseurs de papier, perpendiculairement à l'extrémité que vous venez de replier. Rabattez la languette de papier à l'intérieur.

Pour parfumer

Râper du chocolat à croquer. Mettez une plaque de chocolat à croquer au réfrigérateur pour qu'elle soit ferme et puisse se râper facilement. Cassez-la en petits morceaux que vous râperez finement au-dessus d'un plateau pour recueillir tout le chocolat.

Pour enrober et mouler

Fragmenter du chocolat noir supérieur. Avec un grand couteau pointu, coupez le chocolat en petits morceaux afin qu'il fonde uniformément. Le chocolat supérieur est assez tendre et se fragmente aisément *(ci-dessus)*.

Saupoudrer de cacao

Tamiser la poudre. Mettez le cacao dans une passoire fine au-dessus d'une terrine. Tapotez la passoire avec la main *(ci-dessus)* jusqu'à ce qu'elle ne contienne plus de cacao. Pour préparer une poudre d'enrobage plus sucrée, ajoutez du sucre glace au cacao et tamisez le mélange.

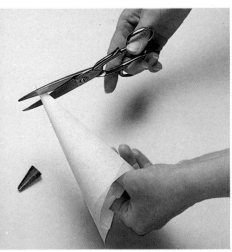

Poser une douille. Pour tracer des lignes fines *(page 76)*, coupez la pointe de la poche. Pour obtenir des motifs décoratifs, mettez une douille de la forme désirée, ici une étoile. Coupez la pointe du cône *(ci-dessus)*. Mettez la douille à l'intérieur de la poche et vérifiez qu'elle tient bien.

5 Remplir la poche à douille. Dans un bol posé sur une casserole d'eau chaude, faites fondre du chocolat en morceaux. Remuez-le de temps en temps. Afin de l'épaissir pour le façonner, ajoutez quelques gouttes d'eau froide. Mettez-le dans la poche *(ci-dessus)*, jusqu'aux deux tiers.

6 Façonner le chocolat. Rabattez le haut de la poche afin de la fermer. Façonnez le chocolat: ici on appuie doucement sur la poche et on la déplace un peu vers l'avant pour obtenir un cordon de coquilles qui chevauchent légèrement. Travaillez vite car le chocolat fondu durcit très rapidement.

Des ustensiles indispensables

Les confiseries qui doivent durcir sous la forme de feuilles épaisses nécessitent l'emploi d'un moule suffisamment spacieux pour contenir le volume entier de pâte que l'on a préparé. Dans la plupart des cas, un moule carré à bords droits de 20 cm de côté suffit. Pour confectionner des quantités importantes ou des friandises fines, on peut avoir besoin d'un moule rectangulaire de 20 cm sur 30.

Ceux et celles pour qui la confiserie maison n'a plus de secret n'hésiteront peut-être pas à investir dans l'achat de deux paires de règles à caramel. Ces règles graduées servent à délimiter un cadre de dimension variable destiné à mouler les préparations. En fer ou en inox et ayant 2,5 cm d'épaisseur environ sur 5 de large, elles mesurent en général respectivement 50 et 25 cm de long.

Les règles courtes se placent perpendiculairement aux règles longues et l'une d'elles peut glisser vers l'avant ou l'arrière pour former un rectangle de la dimension voulue.

Les confiseries étant collantes, il faut préparer les récipients à l'avance pour que le démoulage s'effectue sans difficulté. Cette préparation dépend du type de bonbons confectionnés. Si on les découpe à même le moule comme les caramels au beurre *(page 30)* ou les *fudges (page 38)*, il suffit de beurrer ou de huiler le récipient avec une huile végétale non parfumée comme l'huile d'amandes douces.

En revanche, les caramels *(page 32)*, de texture plus molle, se découpent plus facilement après le démoulage : une feuille de papier sulfurisé, huilée, dont on aura chemisé le moule, permet de démouler la plaque de caramel sans dommage ; cette feuille devra épouser parfaitement la forme du moule *(ci-contre, en haut)*. Si l'on se sert de règles, la feuille est posée à même le plan de travail *(encadré page de droite)* et huilée. La face interne des règles doit également être huilée.

Le récipient dont on se sert pour faire les bonbons de gelée *(page 52)* sera simplement humecté d'eau froide.

Certaines friandises comme la guimauve *(page 40)* restent légèrement humides une fois durcies. Le moule ou la face interne des règles doivent donc être saupoudrés de fécule de maïs et de sucre glace *(ci-contre, en bas à droite)*.

Chemiser un moule avec du papier

1 **Couper le papier.** Dans du papier sulfurisé ou paraffiné, découpez un rectangle dépassant le moule de 2,5 cm en largeur et en longueur. Posez le moule dessus, au centre. Avec des ciseaux, faites dans le papier une entaille en diagonale à chaque coin en coupant jusqu'à l'angle du moule.

2 **Plier le papier.** Placez-le dans le moule en pressant bien le long des parois. Pliez les coins en les faisant chevaucher et en glissant les pans sous la feuille. Si vous faites des bonbons mous et collants, enduisez légèrement le papier d'huile d'amandes douces ou de beurre fondu. Ne coupez pas le papier qui dépasse du moule.

Humecter un moule

Asperger d'eau froide. Prenez un moule assez grand pour contenir la quantité de gelée préparée. Remplissez un bol d'eau froide. Pour asperger légèrement et uniformément le moule, trempez vos doigts dans l'eau et secouez-les au-dessus du moule.

Saupoudrer de fécule

1 **Huiler le moule.** Avec un pinceau à pâtisserie ou les doigts, appliquez une mince couche d'huile d'amandes douces sur les parois et le fond du moule. Veillez à bien enduire les angles et l'ensemble des parois de sorte que la confiserie n'attache pas.

Les règles à caramel

1 **Disposer les règles.** Posez un rectangle de papier sulfurisé sur une plaque de marbre. Placez-y les deux grandes règles, parallèles l'une à l'autre. Faites glisser les deux règles courtes entre les règles longues et écartez-les en fonction de la quantité de pâte ou de sirop à faire prendre et de l'épaisseur désirée.

2 **Huiler les règles.** Avec un pinceau à pâtisserie, appliquez une huile non parfumée, ici de l'huile d'amandes douces, sur les faces internes des règles. Si vous ne savez pas encore où placer la règle courte, huilez entièrement les deux grandes règles. Huilez également la partie du papier délimitée par le cadre.

Saupoudrer de fécule de maïs. Dans un bol, mélangez une quantité égale de fécule de maïs et de sucre glace. Remplissez-en une passoire fine. Tapotez-la contre l'une de vos paumes pour saupoudrer généreusement du mélange le fond du moule.

3 **Secouer le moule.** Saisissez le moule avec les deux mains. Secouez-le dans tous les sens pour répartir le mélange sur le fond et les parois du moule.

4 **Retirer l'excédent de poudre.** Posez une feuille de papier sur le plan de travail. Retournez le moule et tapotez-en le fond pour faire tomber l'excédent de fécule et de sucre. Roulez le papier en entonnoir et versez le mélange dans un bocal pour le conserver.

1
Les bonbons de sucre cuit
Un choix inépuisable

Un sirop ordinaire fait de sucre et d'eau sert de base à une gamme variée de sucreries, du fondant neigeux aux guimauves légères en passant par le sucre d'orge translucide. Leur réussite dépend du degré de cuisson du sirop *(pages 10-11)* : cuit au moyen boulé, il donne, par exemple, des caramels tendres tandis qu'au grand cassé il se transforme en sucettes ou en sucres d'orge bien croquants.

La température de cuisson est l'un des aspects de cette transformation ; l'art de travailler le sirop pendant qu'il refroidit en est un autre, et les ingrédients qui le constituent jouent également un rôle important.

Parmi les bonbons de sucre cuit, les sucettes de la page 22 sont les plus simples à réaliser. Parfumé avec du jus de fruits et coulé en petites nappes, le sirop durcit rapidement en donnant des sucreries étincelantes. Les caramels présentés aux pages 30 ou 32, enrichis d'une quantité généreuse de crème fraîche, de miel ou de beurre, se font cuire brièvement avant d'être moulés en plaque.

Une simple manipulation peut métamorphoser un sirop cuit. Ainsi, la forme spiralée caractéristique du sucre d'orge *(page 24)* s'obtient en torsadant des morceaux de sirop cuit au grand cassé à un moment où celui-ci est encore malléable avant de durcir définitivement. Un sirop qui reste souple plus longtemps peut être tiré, plié et torsadé à plusieurs reprises afin de le rendre opaque *(pages 26 à 29)*.

Le fait de travailler abondamment une masse de sucre peut la faire cristalliser ou grainer et la rendre friable. Pour le sucre tiré, on retarde le grainage en cuisant le sirop à une température assez élevée — afin qu'il soit trop visqueux pour cristalliser spontanément — et en ajoutant une substance anti-cristallisante comme le glucose liquide. En revanche, pour le *fudge* ou le fondant, on provoque le grainage en battant la masse de sucre. Pour que cette opération soit efficace, on cuit le sirop à une température assez basse avec peu de glucose.

Les guimauves mousseuses de la page 40 doivent leur légèreté aux blancs d'œufs battus incorporés au mélange sirop-gélatine. On allège également le nougat de la page 42 avec du blanc d'œuf, mais on le met sous presse afin de le rendre compact.

vaillé à la spatule en décrivant des huit
d'être battu uniformément, un sirop cuit
petit boulé commence à grainer pour se
sformer en fondant *(page 34)*. Après
oir pétri puis laissé reposer, on peut
omatiser, le colorer et le modeler
maintes façons, ou bien l'utiliser pour
confection d'autres gourmandises.

Un sirop unique pour deux sortes de bonbons

Les bonbons de sucre cuit les plus faciles à réaliser s'obtiennent en faisant cuire un sirop au grand cassé *(pages 10-11)*, puis en le versant goutte à goutte sur une surface froide et huilée: la tôle du four ou, de préférence, une plaque de marbre. Le sirop se solidifie rapidement en formant des pastilles dures et translucides. L'application la plus connue de ce procédé de fabrication est illustrée par les sucettes présentées ici *(recette page 89)*. Tandis qu'elles se figent en refroidissant, on pique dans les gouttes de sirop un fin bâtonnet qui permettra de tenir le bonbon au moment de le consommer. Des gouttes plus petites sans bâtonnet font également de délicieux bonbons *(encadré ci-contre)*.

Le sirop cuit au grand cassé ne contenant pas plus de 2% d'humidité, les bonbons de sucre ne tardent pas à absorber celle du milieu ambiant. Il est donc recommandé de les préparer par temps sec.

Parfums et colorants sont affaire de goût *(page 14)*. Ici on utilise un jus de framboise pur et limpide que l'on obtient en chauffant les fruits pour en extraire le jus; on passe ensuite ce jus pour éliminer la pulpe qui troublerait le liquide, puis on le porte à ébullition avec du sucre: le sirop est le résultat de cette opération. Le jus d'autres fruits peut être traité de façon analogue. On peut également colorer, avant la cuisson, un sirop simplement composé de sucre et d'eau et le parfumer avant de le couler.

Qu'il soit à base de jus de fruits ou d'eau, un sirop se prépare toujours selon le même principe *(page 8)*. En ajoutant du glucose, on l'empêche de cristalliser. Par ailleurs, pour qu'il ne graine pas au moment où il atteint le point d'ébullition, on peut soit couvrir la casserole, soit enlever à l'aide d'un pinceau humide les cristaux qui se sont déposés sur les parois; on ne doit plus remuer un sirop une fois le sucre fondu.

Dès que les gouttes se sont solidifiées, les bonbons sont prêts à être consommés. Pour se conserver, ils doivent être emballés dans du papier non poreux. La cellophane offre l'avantage de ne pas dissimuler leurs couleurs, mais le papier paraffiné convient aussi. Les sucettes seront rangées dans un bocal ou une boîte.

1 **Préparer le jus de fruits.** Dans une casserole à fond épais, faites chauffer des fruits tendres, ici des framboises, à feu doux. Pour passer le jus, mettez les fruits dans une passoire fine posée sur une terrine *(ci-dessus)*. Laissez-les égoutter sans les presser et jetez la pulpe restée dans la passoire.

2 **Mélanger les ingrédients.** Mettez du sucre et du glucose dans une casserole et ajoutez le jus. Chauffez, en remuant sur feu modéré jusqu'à ce que le sucre soit dissous; pour dissoudre les cristaux et empêcher le sirop de grainer, couvrez la casserole ou passez un pinceau humide sur les parois.

Comment confectionner de grosses pastilles

Détacher les pastilles. Faites cuire un sirop aromatisé au grand cassé *(opérations 1 à 3, ci-dessus)*. Huilez un marbre. Avec une cuillère à café, versez-y de petites gouttes de sirop de 2,5 cm de diamètre environ. Laissez-les durcir. Dès qu'elles sont froides, détachez-les avec une spatule. Pour conserver les pastilles, enveloppez-les séparément dans de la cellophane.

Faire bouillir le sirop. Dès que le sucre est dissous, plongez un thermomètre à sirop dans la casserole. Sans remuer, portez le sirop à pleine ébullition et laissez-le bouillir de 143 à 149°C, au grand cassé. Pour arrêter la cuisson, plongez partiellement la casserole dans de l'eau froide.

4 **Couler le sirop.** Huilez un marbre. Versez 4 gouttes de sirop de la grosseur désirée, ici de 5 cm de diamètre. Alors que le sirop est encore mou, piquez un bâtonnet dans chaque goutte. Coulez à nouveau 4 gouttes et continuez ainsi en gardant un peu de sirop.

5 **Fixer les bâtonnets.** Afin que les bâtonnets soient bien encastrés dans les sucettes, versez quelques gouttes du sirop qui reste sur le bout du bâtonnet enfoncé dans le bonbon. Laissez refroidir et durcir.

Envelopper les sucettes. A l'aide d'une spatule en métal, décollez délicatement les sucettes de la surface huilée; prenez-les par les bâtonnets. Pour qu'elles ne deviennent pas collantes, enveloppez-les séparément dans un rectangle de cellophane *(ci-dessus et ci-contre).* □

Le sucre d'orge

Un sirop cuit au grand cassé et coulé sur un marbre pour qu'il refroidisse reste pendant un certain temps suffisamment malléable pour être plié, coupé et torsadé. Il durcit ensuite en conservant la forme qu'on lui a donnée: il peut s'agir de simples bâtons ou de formes plus sophistiquées, boucles ou torsades, par exemple. En procédant rapidement et avec dextérité, on peut ainsi obtenir des bonbons décoratifs, tels les sucres d'orge tordus en spirale présentés ici.

On ajoute parfois à ce sirop de sucre une petite quantité de décoction d'orge (d'où le nom attribué à cette friandise), ce qui donne aux bonbons un aspect laiteux et une saveur douceâtre *(recette page 88)*, que rehausse le goût acidulé du citron. Ici, on a simplement utilisé du sucre et de l'eau pure parfumés avec le jus et le zeste d'un citron *(recette page 88)*. Pour aviver la couleur du sucre d'orge, on ajoute au sirop une pincée de safran. D'autres arômes et colorants peuvent naturellement être employés *(page 14)*.

Dès que le sirop cuit au grand cassé est versé sur une surface froide, il commence à durcir. Alors qu'il est encore suffisamment chaud pour ne pas se rompre, on soulève deux des bords opposés de la feuille que l'on rapproche l'un de l'autre jusqu'au milieu. La double épaisseur ainsi obtenue permet de confectionner des bâtons plus gros.

Il faut ensuite couper et façonner la pâte sans plus tarder, avant qu'elle ne devienne trop cassante. Pour gagner du temps, faites-vous aider par quelqu'un qui tordra les bandes à mesure que vous les coupez. Si la feuille se solidifie avant que vous ayez fini de la découper, ne la considérez pas comme perdue pour autant. Une fois durcie, elle se casse facilement et, au lieu de bâtons, vous pouvez la détailler en morceaux irréguliers que vous consommerez tels quels.

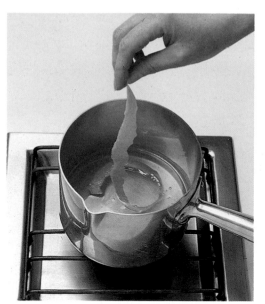

1 **Dissoudre le sucre.** Dans une casserole à fond épais, mettez du sucre, du glucose et de l'eau ; pour aviver la couleur, ajoutez du safran en poudre dissous dans de l'eau chaude *(page 15)*. Mettez le tout sur feu modéré et remuez jusqu'à ce que le sucre ait fondu. Ajoutez un zeste de citron finement paré *(ci-dessus)*.

2 **Ajouter du jus de citron.** Placez un thermomètre à sirop dans la casserole et faites bouillir le sirop jusqu'au petit boulé, à 116°C. Versez alors du jus de citron. Amenez le sirop jusqu'au grand cassé, 154°C environ. Plongez partiellement la casserole dans de l'eau froide pour arrêter la cuisson. Retirez le zeste de citron.

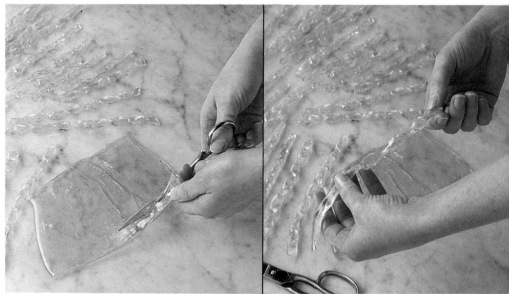

5 **Couper et torsader.** Dès que la feuille est pliée, prenez une spatule huilée pour la décoller du marbre. Avec des ciseaux de cuisine huilés, coupez-la transversalement en rubans de 1 cm de large environ *(à gauche)*. Les côtés non pliés de la feuille durcissent plus vite que le centre, aussi coupez alternativement d'un côté et de l'autre. Dès qu'un ruban est coupé, prenez-le par les deux bouts et tordez-le en spirale *(à droite)*.

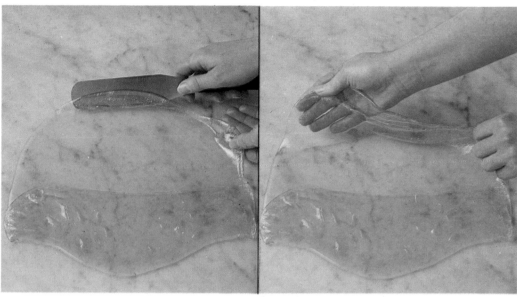

Verser le sirop. Huilez légèrement une plaque de marbre. Tenez la casserole contenant le sirop près du marbre et versez-le lentement; le sirop s'étalera en feuille mince *(ci-dessus)*.

4 **Plier la feuille de sirop.** Laissez-la refroidir quelques minutes jusqu'à ce qu'elle durcisse au bord et qu'une peau fine se forme à la surface. Huilez une spatule en métal pour que le sirop n'y adhère pas et détachez un côté de la feuille du marbre *(à gauche)*. Avec les mains, soulevez le sirop et repliez-le jusqu'au milieu de la feuille; veillez à le poser bien à plat pour qu'il ne plisse pas *(à droite)*. Pliez aussitôt l'autre côté de la même façon.

Présenter les sucres d'orge. Laissez-les durcir. Pour les offrir, disposez-les dans un bocal en verre qui en fera ressortir la couleur et la transparence *(ci-contre)*. Pour les conserver et les empêcher de coller les uns aux autres, mettez-les dans une boîte hermétique, enveloppés dans de la cellophane ou disposés en couches séparées par du papier sulfurisé ou paraffiné. □

Le travail du sucre tiré

Un sirop chaud étiré, plié et torsadé à plusieurs reprises se charge de minuscules bulles d'air qui lui donnent un aspect opaque et satiné et une texture plus aérée que celle des sucettes ou du sucre d'orge *(pages 22 à 25)*. Ici, on étire un sirop parfumé à l'essence de menthe poivrée en un étroit cordon que l'on coupe avec des ciseaux huilés pour obtenir des sortes de berlingots.

Pour confectionner des friandises en sucre tiré, on cuit le sirop au petit cassé, comme ici, ou au grand boulé, degré de cuisson qui donne un bonbon plus collant comme le roc d'Edimbourg *(recette page 102)*. Cuit à une température inférieure, le sirop donnerait une pâte visqueuse. Un sirop cuit au grand cassé — celui qui sert à faire les sucettes — est parfois conseillé pour le sucre tiré, mais il durcit tellement vite que ses possibilités d'étirage sont limitées.

Les manipulations répétées risquent de faire cristalliser la masse de sucre et de la rendre friable et crayeuse. Si ce procédé convient pour certains bonbons comme le roc d'Edimbourg, ce n'est pas le cas, en revanche, pour les berlingots, durs et brillants, qu'il faut confectionner de préférence par temps sec, en additionnant généreusement le sirop de glucose liquide. On peut aussi prévenir la formation de cristaux en faisant refroidir l'appareil uniformément : il suffit de le travailler avec une spatule afin que les bords ne refroidissent pas avant le centre.

Comme le sirop refroidit rapidement, il faut commencer à étirer la pâte dès que vous pouvez la toucher. Mais, faites attention de ne pas vous brûler : un sirop suffisamment froid à l'extérieur risque d'être brûlant à l'intérieur. Huilez-vous bien les mains pour qu'il ne colle pas et travaillez-le avec précaution.

On peut étirer, plier et torsader le sirop autant de fois que l'on désire jusqu'à ce qu'il durcisse. Le fait de le torsader permet de le maintenir en une masse compacte mais chasse une partie de l'air emprisonné pendant l'étirage. Aussi, moins vous le torsaderez, plus il restera d'air à l'intérieur.

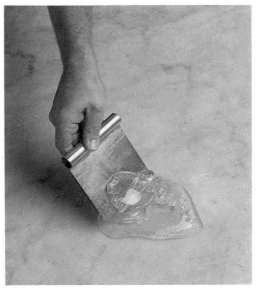

1 **Travailler le sirop.** Faites cuire un sirop de sucre au petit cassé *(pages 8 à 10)*. Ajoutez-y quelques gouttes d'essence de menthe poivrée. Versez-le rapidement en spirale sur un plan de travail huilé. Laissez-le refroidir 1 minute. Avec une spatule huilée, repliez les bords du sirop vers le centre.

2 **Étirer une première fois.** Continuez à travailler le sirop jusqu'à ce qu'il soit assez froid pour pouvoir être manipulé. Huilez-vous les mains pour qu'il ne colle pas. Soulevez-le avec la spatule et donnez-lui la forme d'un rouleau. Étirez-le entre vos mains : il sera encore très mou et s'incurvera au milieu.

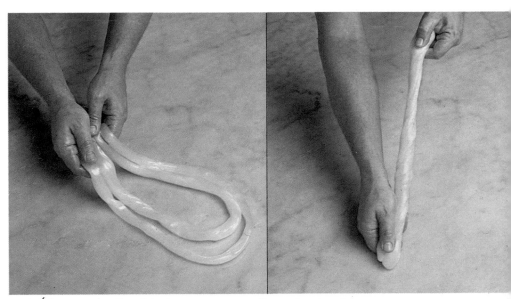

4 **Étirer une dernière fois.** Le sirop passera d'une teinte jaunâtre translucide à un blanc crémeux et opaque. (S'il durcit ou cristallise avant de devenir opaque, vous pouvez le rattraper en le faisant fondre à feu doux avec quelques cuillerées d'eau et de glucose liquide et en le portant à ébullition à la même température que précédemment.) Pour donner une forme régulière au cordon, pliez-le deux fois de suite sur lui-même *(à gauche)*. Torsadez délicatement les quatre « fils ». Étirez-les en les tordant pour obtenir un long cordon mince *(à droite)*.

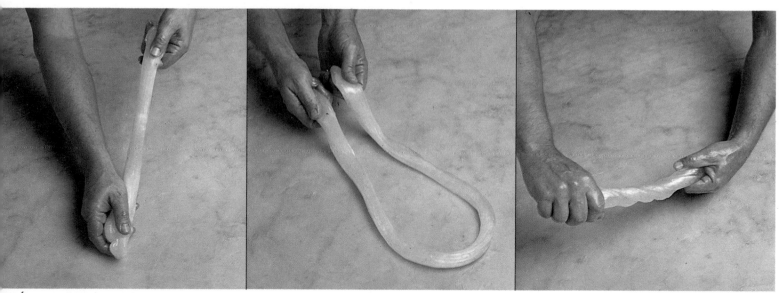

Étirer et torsader le sirop. Rassemblez à nouveau le sirop et continuez à l'étirer jusqu'à ce qu'il commence à durcir et garde sa forme lorsque vous l'étirez *(à gauche)*. Pliez-le en deux *(au centre)* et torsadez les deux moitiés ensemble. Étirez la torsade de sirop *(à droite)* afin d'obtenir un long cordon de 1 cm de diamètre environ. Continuez à plier, à tordre et à étirer le sirop tant qu'il est souple, pendant 20 minutes au maximum.

Couper et conserver les berlingots. Avec des ciseaux huilés, détaillez le cordon *(à gauche)*. Les ciseaux l'aplatissent au point de coupe, ce qui donne des berlingots. Afin qu'ils n'absorbent pas l'humidité de l'air, qui les ferait cristalliser, enveloppez-les dans du papier paraffiné ou rangez-les dans un bocal hermétique *(ci-contre)*. □

Sucre tiré bicolore

Étirés en cordons ou en feuilles puis tordus ensemble, deux sirops de couleur différente donnent des bonbons ornés de rayures *(recettes pages 100-101)*. Vous pouvez également obtenir ce contraste en tirant parti du changement de couleur qui s'opère dans le sirop une fois que vous l'avez travaillé *(page 26)*.

Ci-contre, les berlingots marron et jaune clair se composent d'un seul sirop préparé avec de la cassonade. On étire et on torsade la moitié de la masse de sucre jusqu'à ce qu'elle éclaircisse tandis que l'on se contente d'étirer l'autre moitié en un long cordon régulier, qui garde ainsi sa couleur brune. On obtient le même résultat bicolore en prenant un sirop coloré avec du jus de fruits ou un colorant.

Pour avoir deux couleurs bien distinctes, préparez deux sirops, un coloré et un nature. Étirez le second jusqu'à ce qu'il devienne opaque et nacré mais laissez l'autre transparent. Pour les boules panachées ci-dessous, on a enroulé du sirop nature autour d'un cordon de sirop à la framboise avant de les tordre ensemble et de les détailler.

Berlingots ambrés

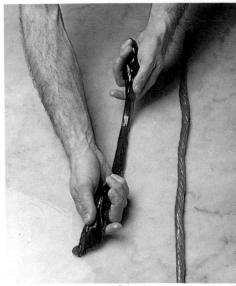

1 **Tourner le sirop.** Préparez un sirop avec de la cassonade et faites-le cuire au petit cassé *(pages 8 à 10)*. Versez-en deux nappes sur un plan de travail huilé. A mesure qu'il refroidit, tournez-en les bords de temps en temps avec une spatule huilée et repliez-les vers le centre. Huillez-vous bien les mains et formez un rouleau avec une nappe.

2 **Étirer le sirop.** Étirez et tordez le rouleau jusqu'à ce qu'il devienne opaque, brun crémeux et satiné. Pliez-le deux fois en deux pour obtenir quatre « fils ». Tordez-les ensemble en les tirant délicatement en un long cordon régulier. Façonnez l'autre nappe de sirop en rouleau et tirez-le en un cordon de la même grosseur.

Boules panachées

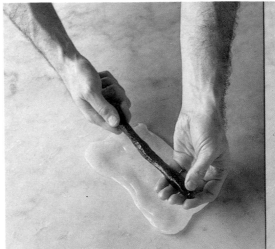

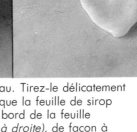

1 **Étirer le sirop nature.** Préparez un sirop avec de l'eau et un avec du jus de fruits, ici du jus de framboise, et faites-les cuire au petit cassé *(pages 8 à 10)*. Versez-les en deux nappes sur un plan de travail huilé. Repliez les bords du sirop coloré et laissez-le refroidir. Étirez l'autre jusqu'à ce qu'il devienne blanc, satiné et opaque ; donnez-lui une forme oblongue.

2 **Ajouter le sirop coloré.** Faites-en un rouleau. Tirez-le délicatement jusqu'à ce qu'il soit de la même longueur que la feuille de sirop nature *(ci-dessus, à gauche)*. Placez-le au bord de la feuille et enroulez celle-ci tout autour *(ci-dessus, à droite)*, de façon à enfermer le rouleau à l'intérieur.

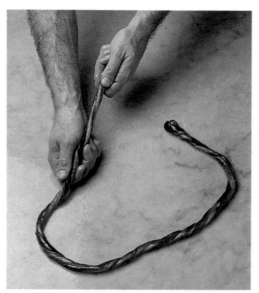

Torsader les deux cordons. Posez-les côte à côte. En commençant à une extrémité, torsadez-les ensemble sans serrer *(ci-dessus)*. Pliez le cordon obtenu en deux et tordez-le à nouveau pour former une torsade courte et épaisse où les couleurs alternent.

4 **Tirer la torsade.** Tirez la torsade délicatement mais fermement en commençant à une extrémité et en progressant vers l'autre; faites un léger mouvement de torsion pendant que vous tirez. Travaillez rapidement mais prudemment, jusqu'à obtention d'un long cordon mince et régulier.

5 **Détailler le sucre tiré.** Avec des ciseaux huilés, coupez un morceau du cordon. En tenant celui-ci dans la même position, tournez-le d'un demi-tour vers vous et coupez-le à nouveau afin d'obtenir des bonbons à face triangulaire. Rangez les berlingots dans un bocal. ☐

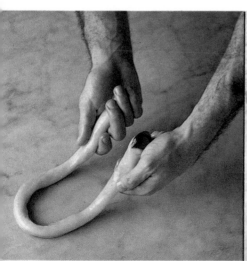

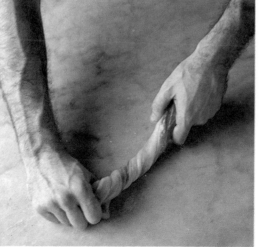

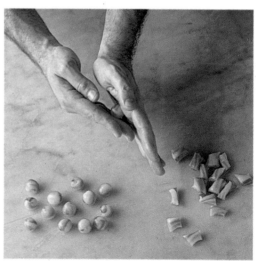

Étirer le rouleau. Étirez la masse de sucre en lui donnant la forme d'un cordon et pliez-la en deux *(ci-dessus, à gauche)*. Torsadez délicatement les deux « fils » ensemble. Étirez-les délicatement mais fermement *(ci-dessus, à droite)* pour obtenir un cordon de 45 cm environ, de la même grosseur sur toute la longueur, où le rouge et le blanc alternent.

4 **Façonner des boules.** Avec des ciseaux huilés, découpez des morceaux égaux. Enlevez les parties saillantes de chaque morceau avec les doigts et roulez-les dans vos mains. Chaque boule sera marbrée de rouge et de blanc. Enveloppez-les dans du papier paraffiné ou de la cellophane et rangez-les dans un bocal hermétique. ☐

Comment enrichir un sirop de sucre ordinaire

Caramels au beurre

Aux substances aromatiques et aux colorants qui entrent dans la confection d'un sirop de sucre ordinaire *(page 8)* peuvent s'ajouter d'autres produits qui communiquent aux friandises leur saveur particulière. Ainsi, si l'on incorpore à un sirop de sucre cuit au cassé une bonne quantité de beurre, on obtient un caramel onctueux *(recettes pages 89 et 90)*. En ajoutant des noisettes, des amandes ou, comme ici, des cacahuètes *(page de droite, en bas; recette page 167)*, on transforme un simple caramel en un nougat délicieusement croquant, le *brittle nut* anglais.

Le *butterscotch*, caramel au beurre également d'origine anglaise, présenté ici *(recette page 90)* est d'autant plus riche qu'il contient davantage de beurre. Ces confiseries sont toujours présentées sous la forme de carrés ou de rectangles de la taille d'une bouchée.

Pour obtenir de petits pavés aux contours bien nets, on verse le sirop cuit dans un moule beurré et, avec un couteau, et alors qu'elle est encore molle, on trace à la surface de la pâte de caramel des lignes perpendiculaires. Une fois durcie, la pâte se scinde le long de ces lignes.

Les fruits secs peuvent constituer plus de la moitié du poids d'un *brittle nut*. Les noisettes, amandes, noix de cajou, ou cacahuètes utilisées ici sont incorporées entières au caramel. Les noix, quant à elles, sont préalablement hachées. Les fruits doivent être mondés et passés au four (préchauffé à 180°C, 4 au thermostat) pendant 5 minutes avant d'être ajoutés au sirop bouillant qu'ils risquent de refroidir. Le sirop durcissant alors trop brutalement ne pourra plus être coulé en feuille mince.

Pour que la friandise soit croquante, il faut que la feuille soit aussi fine que possible. On obtient ce résultat en versant d'abord la préparation bouillante sur une surface froide. Dès que les bords du caramel sont suffisamment fermes pour être façonnés, on étire doucement la feuille. Une fois refroidi, le *brittle nut* est cassé en morceaux irréguliers.

1 Ajouter le beurre. Dans une casserole à fond épais contenant de l'eau froide, versez du sucre: ici on a utilisé de la cassonade en raison de sa saveur douce mais du sucre blanc conviendrait également. Ajoutez du beurre coupé en petits cubes *(ci-dessus)*. Mettez la casserole sur feu moyen.

2 Remuer le sirop. Avec une cuillère en bois, remuez constamment le sirop jusqu'à ce que le beurre et le sucre soient fondus *(ci-dessus)*. Mettez un thermomètre à sirop dans la casserole et faites bouillir le sirop à 143°C, jusqu'au petit cassé *(page 10)*. Plongez la casserole dans de l'eau froide.

6 Envelopper les caramels. Décollez le caramel du moule avec un couteau. Retournez le moule et, si besoin est, tapotez le fond pour détacher le caramel. Divisez le caramel en suivant les lignes prédécoupées. Dans du papier paraffiné, découpez des carrés et enveloppez les caramels en faisant des papillotes aux extrémités. Conservez-les dans une boîte hermétique. □

3 **Ajouter du jus de citron.** Selon le goût, acidulez le caramel avec une cuillerée à café de jus de citron *(ci-dessus)* ou quelques gouttes d'extrait de citron. Une écume va se former qui disparaîtra lorsque vous verserez le sirop. Ne remuez pas le mélange car vous le feriez cristalliser.

4 **Verser le caramel.** Préparez un moule beurré ou huilé *(page 18)* assez spacieux pour contenir le caramel en couche mince. Versez la préparation dans le moule *(ci-dessus)*. Elle doit être suffisamment liquide pour s'étaler uniformément.

5 **Prédécouper le caramel.** Laissez-le durcir légèrement: il doit être assez ferme pour ne pas couler lorsque vous inclinez le moule, mais encore chaud. Avec un couteau pointu, entaillez-le en bandes de 2,5 cm; faites de même dans l'autre sens pour obtenir des rectangles. Laissez le caramel durcir.

ougat croquant aux cacahuètes

Ajouter des cacahuètes au caramel. Épluchez des cacahuètes. Mondez-les *(page 12)* et faites-les chauffer au four. Faites cuire un sirop de sucre jusqu'au stade du caramel blond *(pages 8 à 11)*. Ajoutez les cacahuètes. Mélangez délicatement les ingrédients.

2 **Étirer la préparation.** Versez-la sur un marbre ou la tôle du four huilés. Étalez-la avec une spatule huilée. Avec vos mains enduites d'huile, prenez le bord du caramel d'un côté et tirez. Faites de même tout autour de la feuille jusqu'à ce qu'elle soit très mince.

3 **Diviser le nougat croquant.** Laissez-le refroidir jusqu'à ce qu'il soit dur. Cassez-le en morceaux en le soulevant et en frappant dessus d'un coup sec avec le dos d'une cuillère. Rangez les morceaux dans une boîte hermétique en les séparant par des feuilles de papier sulfurisé ou paraffiné. □

Les caramels au lait

Les caramels au lait, bonbons de sucre cuit enrichis de lait ou de crème fraîche, doivent leur saveur douce et leur couleur brune caractéristiques à une réaction entre les protéines du lait et le sucre, et à la caramélisation du lactose, sucre contenu dans les produits lactés. Le lactose caramélise à une température moins élevée que le sucre ordinaire — exactement au stade du grand boulé *(pages 10-11)*. Comme ils subissent une cuisson moins longue que la plupart des caramels au beurre, les caramels au lait restent moelleux. La consistance du produit fini dépend du degré de densité atteint par le sirop en cours de cuisson entre les étapes du petit et du grand boulé, et cette densité augmente avec le temps de cuisson. Pour obtenir un bonbon plus dur, on doit donc porter le sirop à une température plus élevée.

Le caramel au lait contenant une forte proportion de produits lactés, il faut le remuer de temps en temps pendant la cuisson pour qu'il n'attache pas ni ne brûle. Un sirop épais et crémeux ne graine pas ; toutefois, on doit lui ajouter une substance anti-cristallisante *(page 8)*. Ici, on a utilisé du miel *(recette page 97)*.

Le miel communique sa saveur propre aux caramels. Selon le goût, on peut aussi les parfumer avec une gousse de vanille, comme ici, ou bien ajouter en fin de cuisson une substance aromatique concentrée *(page 14)*, de l'essence de menthe poivrée, par exemple. Pour en varier la texture, on peut incorporer en fin de cuisson des noix, des amandes, des noisettes ou d'autres fruits secs hachés préalablement passés au four.

Moulé et refroidi, le caramel se découpe facilement. S'il est dur, on le détaille en bonbons de la grosseur d'une bouchée ; en revanche, s'il est mou et malléable, on peut le couper en morceaux plus gros. Enveloppez immédiatement les caramels dans de la cellophane ou du papier paraffiné afin qu'ils ne collent pas les uns aux autres. Rangés dans un endroit frais, ils se conserveront deux semaines.

1 **Préparer le sirop.** Mettez de la crème fraîche dans une casserole à fond épais avec du sucre semoule, du beurre et du miel. Parfumez avec la moitié d'une gousse de vanille fendue en deux. Mettez sur feu moyen. Remuez le tout jusqu'à ce que le beurre et le sucre aient fondu. Plongez un thermomètre à sirop dans la casserole.

2 **Vérifier la consistance.** Portez le sirop à 121°C, en remuant de temps en temps. Éteignez. Plongez une cuillerée de caramel dans un bol d'eau glacée. Tâtez-le pour en vérifier la consistance il doit être juste assez ferme pour être moulé *(page 11)*. Pour qu'il soit plus dur, faites-le bouillir davantage.

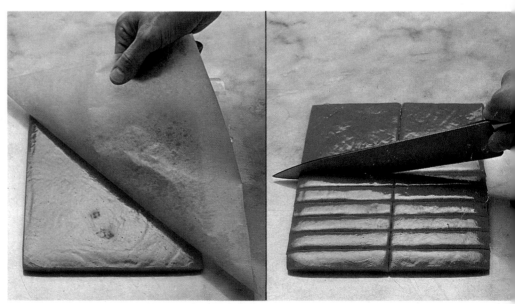

5 **Découper les bonbons.** Retirez le papier sulfurisé *(ci-dessus, à gauche)*. Trempez un morceau de papier absorbant dans de l'huile et passez-le sur la lame d'un grand couteau. Appuyez fortement sur le dos de la lame pour couper le caramel en deux dans le sens de la longueur ; en huilant la lame à chaque fois, détaillez la plaque de caramel en barres de 2,5 cm de large environ *(ci-dessus, à droite)*.

3 **Couler le caramel.** Plongez le fond de la casserole dans de l'eau froide pour arrêter la cuisson. Huilez une grande feuille de papier sulfurisé et posez-la sur un marbre. Avec des règles à caramel huilées *(page 19)*, faites un cadre rectangulaire sur le papier. Avec une fourchette, retirez la gousse de vanille. Versez le caramel *(ci-dessus)* à l'intérieur du cadre; si besoin est, déplacez une des petites règles pour agrandir le cadre.

4 **Démouler le caramel.** Laissez-le refroidir et durcir : comptez 2 heures environ. Retirez les règles *(ci-dessus)*; si besoin est, prenez un couteau pointu pour décoller le caramel du papier sulfurisé. Huilez une autre partie du plan de travail. En prenant les deux bords opposés du papier qui se trouve dessous, retournez la plaque de caramel sur la surface huilée.

5 **Envelopper les caramels.** Découpez de la cellophane en rectangles trois fois plus larges que les caramels et plus longs de 5 cm. Posez chaque bonbon au bord d'un rectangle *(ci-dessus)* et roulez-le pour l'envelopper. Faites des papillotes en tordant chaque extrémité du rectangle. Dressez les caramels sur une assiette *(ci-contre)*. □

Le fondant : du sucre en pâte aux multiples usages

Lorsqu'on cuit un sirop de sucre au petit boulé *(pages 10-11)* et qu'on le pétrit une fois refroidi, il se forme de minuscules cristaux qui peu à peu donnent à la pâte l'aspect d'une glace d'un blanc laiteux appelée fondant *(recette page 166)*. Riche et onctueux, le fondant est une confiserie à part entière mais il sert également de complément à une multitude de bonbons et de friandises fourrés.

Comme on le voit ici, le fondant peut être coloré et parfumé, puis moulé à la main en forme de bonbon *(page 36)*. Une autre façon de procéder consiste à le faire fondre, à y ajouter un liquide *(page 37)* puis à le verser dans des caissettes en papier dont il adoptera la forme. Le fondant moulé à la main sert souvent à fourrer des fruits séchés *(page 72)* ou des bonbons enrobés de chocolat *(page 74)*. Fondu, il peut être versé dans des caissettes en chocolat *(page 86)* ou encore servir à enrober d'autres friandises *(page 70)*.

Quelle que soit son utilisation, le fondant se confectionne toujours de la même façon. Il doit sa texture particulière aux diverses opérations qui président à sa préparation. La première consiste à ajouter du glucose liquide aux ingrédients du sirop. Le glucose régularise la cristallisation tandis que la pâte refroidit : le fondant obtenu n'est pas granuleux.

Pendant que le sirop refroidit, on le travaille avec une spatule en métal en ramenant les bords vers le centre afin que le durcissement se fasse de façon homogène. Dès que le sirop a acquis une consistance visqueuse et un aspect luisant, on le remue avec la spatule ou une cuillère en bois, en décrivant des huit *(opération 2)* pour obtenir un grainage uniforme.

Enfin, on pétrit le fondant pour le rendre lisse et on le laisse reposer au moins 12 heures, le temps qu'il « mûrisse » : sa structure cristalline se modifie lentement et il devient plus mou et plus malléable. Il est alors prêt à l'emploi mais peut être réservé pour une utilisation ultérieure ; bien qu'il se dessèche à l'air, il se conserve très longtemps au réfrigérateur dans un récipient hermétique.

1 **Faire refroidir le sirop.** Humectez un marbre avec de l'eau pour que le fondant ne colle pas. Faites cuire un sirop de sucre au petit boulé à 116°C *(pages 8 à 11)*. Plongez la casserole dans de l'eau froide et versez le sirop rapidement sur le marbre. Laissez-le refroidir quelques instants. Avec une spatule en métal humectée, soulevez-en les bords et ramenez-les vers le centre. Travaillez ainsi rapidement jusqu'à ce que le sirop soit brillant et visqueux.

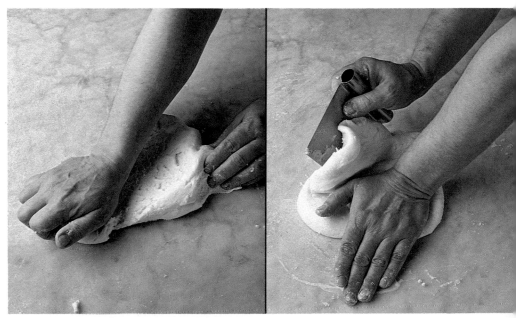

3 **Pétrir le fondant.** Mouillez-vous les mains pour que le fondant ne colle pas. Faites-en une boule ferme. Pétrissez-la en l'aplatissant avec votre paume *(ci-dessus, à gauche)* puis en la repliant sur elle-même. Répétez cette opération plusieurs fois. Si le fondant adhère au marbre, décollez-le avec une spatule en métal humectée *(ci-dessus, à droite)*. Continuez à pétrir jusqu'à ce que la pâte soit sans grumeaux et parfaitement lisse, de 5 à 10 minutes environ.

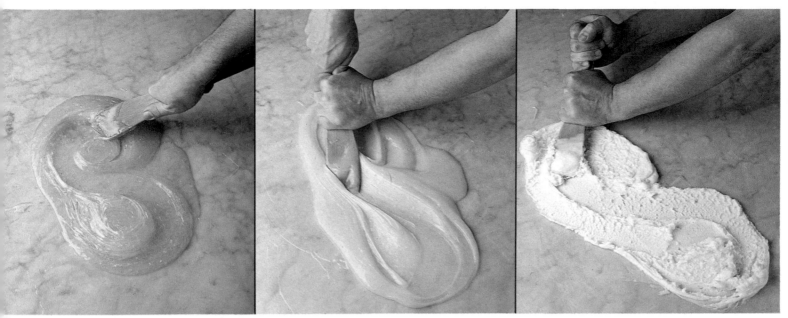

2 **Travailler le sirop.** Avec une spatule en bois humectée, travaillez le sirop de façon continue en décrivant des huit *(à gauche)*, le temps qu'il soit épais et opaque; un moment viendra où vous devrez manipuler la spatule avec les deux mains *(au centre)*. Continuez ainsi de 5 à 10 minutes, jusqu'à ce que le sirop soit blanc, friable et trop ferme pour être remué à la spatule *(à droite)*.

4 **Faire « mûrir » le fondant.** Humectez légèrement une assiette afin que le fondant n'y adhère pas; avec les mains, faites-en une boule que vous posez sur l'assiette. Couvrez le fondant avec un linge humide pour que la surface ne se dessèche pas. Laissez-le « mûrir » au frais ou au réfrigérateur pendant au moins 12 heures.

5 **Ajouter le colorant.** Saupoudrez le marbre de sucre glace et posez la boule de fondant dessus. Avec les mains, aplatissez-la. Avec un couteau ou une spatule en métal, faites des entailles dans le fondant et mettez-y un colorant concentré, ici de l'extrait d'épinards *(page 15)*.

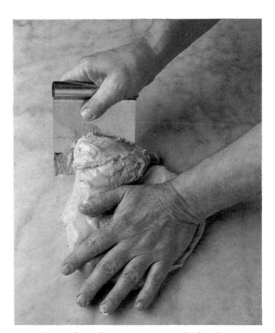

6 **Pétrir le colorant.** Arrosez le fondant de quelques gouttes d'une essence aromatisée, ici de l'essence de menthe poivrée. Saupoudrez-vous les mains de sucre glace pour que le fondant ne colle pas; pétrissez-le comme indiqué dans l'opération 3, jusqu'à ce que le colorant et l'arôme soient bien répartis dans la masse. ▶

7 **Modeler des boules de fondant.** Pilez des fruits secs, ici des amandes et des pistaches *(page 12)*. Étalez-les sur le marbre. Prélevez des noisettes de fondant et roulez-les une par une entre vos doigts en leur donnant la forme de petites boules régulières *(à gauche)*. Roulez délicatement les boules dans les amandes et les pistaches pour qu'elles en soient bien enrobées *(à droite)*.

8 **Servir les boules de fondant.** Laissez-les reposer au moins 1 heure sur les amandes et les pistaches afin qu'elles sèchent légèrement et durcissent. Mettez-les dans des caissettes en papier *(ci-dessus)*. Offrez-les dressées sur une assiette *(ci-contre)*. Pour les conserver, rangez-les dans une boîte hermétique entre des feuilles de papier paraffiné. □

Bonbons fondants au citron

1 **Faire fondre le fondant.** Mettez du fondant *(page 34, opérations 1 à 3)* dans une casserole munie d'un bec verseur. Dans une casserole plus grande, faites frémir de l'eau sur feu modéré. Placez-y la petite casserole au bain-marie : l'eau doit arriver à hauteur du fondant. Avec une spatule, remuez jusqu'à ce qu'il soit fondu.

2 **Colorer et aromatiser.** Ajoutez un colorant au fondant, ici une pincée de safran dissoute dans de l'eau *(page 15)*. Aromatisez-le, ici on utilise de l'essence de citron, et remuez bien. Si vous prenez du jus ou un coulis de fruits ou encore un alcool, qui diluera assez le fondant, il est inutile d'ajouter un autre liquide *(opération 3)*.

3 **Ajouter du liquide.** Incorporez de l'eau peu à peu, comme ici, ou du sirop de sucre léger *(page 8)*. Placez un thermomètre à sirop dans le récipient et remuez jusqu'à ce que le mélange atteigne 60°C ; retirez du feu. A ce stade, le fondant est assez fluide et s'amollira en refroidissant ; ne le chauffez pas davantage, car il durcirait trop.

4 **Verser le fondant.** Versez-le lentement au milieu des caissettes en papier *(ci-dessus)* car celles-ci ont tendance à basculer. Pour décorer, placez des moitiés de noix de pécan ou autres noix dans certains fondants alors qu'ils sont encore chauds. Laissez-les refroidir avant de les offrir *(ci-contre)* ; conservez-les dans des boîtes hermétiques.

Une spécialité du Nouveau Monde

Le *fudge*, sorte de bonbon fondant américain, se prépare, comme le fondant classique, avec un sirop de sucre cuit au petit
boulé, que l'on travaille ensuite sur le
marbre pour qu'il graine. Il diffère du
fondant de nos régions, dans la mesure où
il est enrichi de lait, de beurre ou de
crème fraîche. On peut le parfumer avant
la cuisson avec du café, du chocolat, du
sucré vanillé et du miel et en modifier la
texture en incorporant à la pâte, après
l'avoir malaxée, des noix, des noisettes,
des amandes ou des fruits confits.

Selon la préparation, on obtient des
bonbons fermes et grainés comme les
fudges au chocolat présentés ci-contre
(recette page 107) ou mous et onctueux
comme les *fudges* au lait et à la vanille
préparés ci-dessous *(recette page 107)*.

Pour confectionner un *fudge* dur, on
bat le sirop « à chaud », dès que la cuisson
est terminée; il se forme alors de gros
cristaux. Si l'on préfère un *fudge* mou, on
commence par laisser le sirop tiédir. Il se
produit une cristallisation fine et régulière, que l'on parfait ensuite en travaillant
le sirop refroidi.

Fudge au chocolat

1 **Ajouter le chocolat.** Dans une casserole
à fond épais, versez du sucre cristallisé
et du lait. Ajoutez du beurre et un
arôme, ici du chocolat noir haché
(page 17). Mettez le tout sur feu moyen.

2 **Faire bouillir le mélange.** Pour que le
sucre fonde uniformément et que les
ingrédients se mélangent, remuez avec
une cuillère en bois. Dès que le sucre,
le beurre et le chocolat ont fondu,
plongez un thermomètre à sirop dans
la casserole. Portez à ébullition et
faites cuire jusqu'au petit boulé,
à 116°C *(pages 10-11)*.

Fudge à la vanille

1 **Chauffer les ingrédients.** Dans une
casserole à fond épais, faites chauffer
du lait, du beurre et du sucre vanillé
(page 15) à feu doux, en remuant
constamment jusqu'à ce que le beurre
et le sucre aient fondu. Portez à
ébullition et faites cuire jusqu'au petit
boulé, à 114°C *(pages 10-11)*.

2 **Laisser refroidir et battre le sirop.** Éloignez la casserole du feu.
Pour arrêter la cuisson, plongez-la partiellement quelques instants
dans de l'eau froide. Laissez le mélange refroidir jusqu'à 50°C ;
à ce stade, il est visqueux et opaque. Avec une cuillère en bois,
et en inclinant la casserole, commencez à battre le sirop
(ci-dessus, à gauche). Continuez jusqu'à ce que la pâte épaississe
et éclaircisse *(ci-dessus, à droite)*.

Battre le sirop chaud. Pour arrêter la cuisson, éloignez la casserole du feu et plongez-la partiellement quelques instants dans de l'eau froide. Avec une cuillère en bois, commencez à battre le sirop. Pour que l'appareil soit plus compact et plus facile à battre, inclinez légèrement la casserole.

4 **Verser la préparation.** Continuez à battre le sirop quelques minutes encore pour qu'il graine et épaississe, et prenne un aspect plus clair et moins brillant. Avant qu'il ne soit trop ferme, versez-le rapidement dans un moule préalablement beurré *(ci-dessus)*.

5 **Présenter les fudges.** Mettez la préparation au frais de 1 à 2 heures. Dès qu'elle est dure, découpez-la en carrés de 2,5 cm avec un couteau huilé. A l'aide d'une spatule, empilez-les sur une assiette pour les offrir. Pour les conserver plusieurs semaines, rangez-les dans une boîte entre du papier sulfurisé ou paraffiné. □

Présenter les fudges. Beurrez légèrement un moule et versez-y la préparation. Laissez-la prendre au frais — une nuit, si besoin est. Coupez-la en petits carrés que vous sortirez du moule à l'aide d'une spatule. Dressez-les sur une assiette *(ci-contre)* ou conservez-les selon les indications données ci-dessus. □

La pâte de guimauve

En incorporant quelques blancs d'œufs montés en neige et un peu de gélatine à un sirop de sucre, on obtient une pâte légère et élastique dite pâte de guimauve — qui, malgré son nom, ne renferme pas de guimauve —, commercialisée en Angleterre sous l'appellation de *marshmallow* (*recette page 120*). Le sirop cuit au grand boulé (*pages 10-11*) transmet son goût sucré au mélange tandis que l'air contenu dans les blancs d'œufs le rend mousseux. La gélatine, entre autres, empêche le sirop de cristalliser et, en refroidissant, donne du corps à la pâte.

La première étape consiste à préparer la gélatine en poudre. En effet, elle a tendance à ne pas bien s'intégrer aux autres ingrédients et doit, de ce fait, être préalablement mise à tremper pour que les granulés ramollissent et gonflent. On lui ajoute alors quelques gouttes d'un arôme liquide, de l'eau de fleur d'oranger, comme ici, ou de l'eau de rose dont le parfum suave convient à ce genre de friandise. Après le trempage, on chauffe doucement la gélatine au-dessus d'une casserole d'eau bouillante pour la liquéfier et la mélanger ainsi facilement au sirop.

Pendant que le sirop achève de cuire, les blancs d'œufs sont montés en neige. Pour les soutenir, on utilise de préférence un bol en cuivre appelé « cul-de-poule ». Toutefois, un récipient en verre, en porcelaine ou en inox convient aussi. Dès que les blancs forment une neige ferme, on incorpore le sirop additionné de gélatine. On doit verser le sirop en un mince filet régulier, sans cesser de battre les blancs qui, sinon, s'affaisseraient sous le poids du liquide. Pour plus de facilité, vous pouvez travailler à deux.

Fouettée quelques instants de plus, la pâte s'affermit et épaissit et peut alors être moulée (*opérations 3 et 4*). Une fois prise et démoulée, elle est découpée en cubes avec un couteau et des ciseaux, comme ici, ou un emporte-pièce.

Les morceaux de guimauve seront présentés tels quels, simplement saupoudrés d'un mélange de sucre glace et de fécule de maïs pour qu'ils ne collent pas, ou bien enrobés de fondant fondu (*page 70*) ou de chocolat (*page 74*).

1 Ajouter la gélatine. Faites cuire un sirop de sucre contenant du glucose au grand boulé, à 127°C (*pages 10-11*). Faites tremper de la gélatine en poudre dans de l'eau froide et de l'eau de fleur d'oranger de 5 à 10 minutes. Placez-la au-dessus d'une casserole d'eau bouillante. Hors du feu, versez la gélatine dans le sirop.

2 Incorporer le sirop. Préparez un moule pour la pâte : huilez-le et saupoudrez-le de sucre glace et de fécule de maïs (*page 18*). Dans un « cul-de-poule », montez des blancs d'œufs en neige ferme. Sans cesser de fouetter, versez, ou faites verser par quelqu'un, le sirop en filet très mince au bord du récipient.

6 Découper des bandes. Huilez légèrement un grand couteau de cuisine. Appuyez sur la lame pour couper la pâte de guimauve en bandes de 2,5 cm de large environ. Pour qu'elle ne colle pas à la lame, essuyez celle-ci et huilez-la avant de recommencer à couper.

7 Détailler les bandes en cubes. Avec des ciseaux huilés, coupez chaque bande de pâte en cubes (*ci-dessus*). Saupoudrez les parties coupées de sucre glace et de fécule de maïs afin que les cubes ne s'agglutinent pas.

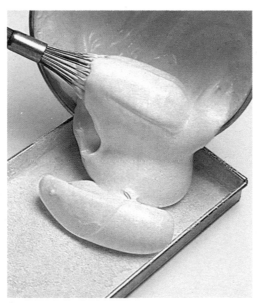

3 **Vérifier la consistance.** Continuez à battre la pâte jusqu'à ce qu'elle soit légère et mousseuse et commence à peine à épaissir : elle doit garder sa forme mais rester assez onctueuse pour couler facilement *(ci-dessus)*.

4 **Étaler la pâte de guimauve.** Sans attendre, étalez la pâte dans le moule préparé *(ci-dessus)*. Avec une palette, lissez-en la surface. Laissez-la ainsi plusieurs heures pour qu'elle prenne.

5 **Démouler la pâte.** Avec un petit couteau, décollez la pâte des bords du moule. Saupoudrez un plan de travail de sucre glace mélangé à de la fécule de maïs et retournez le moule dessus *(ci-dessus)*. Saupoudrez également le dessus et les côtés de la pâte de façon à l'enrober uniformément.

8 **Présenter les guimauves.** Mettez-les sur une grille *(ci-dessus)* et laissez-les sécher quelques heures. Offrez-les empilées sur une coupe *(ci-contre)*. Conservées dans une boîte en fer hermétique entre du papier sulfurisé ou paraffiné, elles se garderont pendant 2 semaines environ. □

Nougat blanc aux amandes et aux pistaches

Comme la pâte de guimauve *(page 40),* le nougat se compose principalement d'un sirop de sucre cuit au grand boulé et allégé avec des blancs d'œufs. Toutefois, la similitude s'arrête là car la texture dense de l'un ne ressemble en rien à la consistance mousseuse de l'autre. Le nougat doit sa dureté au fait que les blancs d'œufs, préalablement additionnés de sirop, ont cuit lentement. Ensuite, la pâte ainsi obtenue est mise sous presse pendant toute une nuit.

Le mélange sirop-blancs d'œufs sert à «cimenter» les fruits secs, tels que les amandes et les pistaches utilisées ici *(recette page 124),* que contient traditionnellement le nougat. Les fruits sont mondés et hachés à l'avance pour pouvoir être incorporés rapidement au caramel. De plus, ils sont passés au four afin de ne pas refroidir et de ne pas faire durcir prématurément le sirop.

La texture finale de la confiserie dépend de la composition du sirop. Un sirop ordinaire, à base de sucre et d'eau, cristallise quand on le travaille et donne un nougat sec et friable. Pour obtenir un nougat élastique, on ajoute du glucose ou du miel, ou les deux, comme ici.

Le glucose liquide est ajouté au sirop avant la cuisson. En revanche, comme le miel perd de sa saveur sous l'action de la chaleur, il est incorporé au tout dernier moment. Un sirop comprenant ces deux ingrédients devra cuire jusqu'au petit cassé alors que la cuisson se poursuivra jusqu'au grand boulé dans le cas contraire.

Dès que le degré de cuisson est atteint, le sirop est ajouté progressivement aux blancs d'œufs montés en neige: comme précédemment, il est recommandé de travailler à deux, l'un versant le sirop tandis que l'autre continue à fouetter les œufs, ou bien d'utiliser un batteur électrique. L'étape suivante consiste à battre la préparation au-dessus d'une casserole d'eau chaude. Pour que le nougat obtenu soit souple et élastique, il faut arrêter de battre dès que la masse épaissit, sinon elle risquerait de cristalliser.

Amandes et pistaches séchées au four doivent être ajoutées dès que le caramel a acquis la consistance voulue. Le nougat peut alors être mis sous presse en plaques minces. Pour le démouler facilement, on le place généralement entre deux feuilles de papier de riz comestibles.

1 Ajouter du miel. Faites un sirop de sucre avec du glucose liquide *(page 8).* Mettez du miel dans une petite casserole, au bain-marie. Dès que le sirop atteint 138°C, ajoutez le miel. Portez à 143°C. Éloignez la casserole du feu et plongez le fond dans de l'eau froide pour arrêter la cuisson.

2 Fouetter les blancs d'œufs. Pendant que le sirop cuit, fouettez des blancs en neige ferme dans une terrine allant au feu. Tandis que vous continuez à fouetter, faites verser lentement par quelqu'un le sirop dans les blancs, en filet mince au bord du récipient.

6 Mettre le nougat sous presse. Placez une feuille de papier de riz sur le nougat et le moule. Posez une planche sur l'ensemble et répartissez de gros poids *(ci-dessus)* ou des briques dessus. Laissez le nougat durcir toute une nuit.

7 Égaliser le nougat. Le lendemain, enlevez les poids et la planche et démoulez le nougat. Avec un couteau pointu, coupez le papier de riz qui dépasse et égalisez les bords de la plaque de nougat. Coupez-la en deux.

3 **Affermir le mélange.** Après avoir incorporé le sirop aux blancs, mettez la terrine au-dessus d'une casserole d'eau frémissante. Continuez à fouetter la masse jusqu'à ce qu'elle s'affermisse et épaississe. Elle doit tenir parfaitement sur le fouet *(ci-dessus)* mais aussi pouvoir être versée. Sortez la terrine de la casserole d'eau.

4 **Ajouter des fruits secs.** Ajoutez des amandes coupées en deux ou hachées et des pistaches hachées, préalablement séchées 5 minutes au four préchauffé à 180°C (4 au thermostat). Selon le goût, ajoutez un peu d'extrait de vanille ou un autre arôme. Incorporez les fruits en procédant délicatement mais assez rapidement.

5 **Couler la préparation.** Chemisez un moule préparé, ou des règles à caramel, de papier de riz *(pages 18-19)*. Avec une cuillère, transférez la préparation dans le moule ou dans le cadre métallique. Servez-vous d'une spatule en métal huilée pour l'étaler uniformément et en lisser la surface. Elle doit occuper complètement le moule.

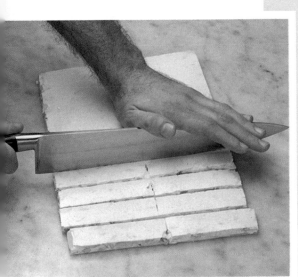

6 **Présenter le nougat.** Coupez-le à nouveau dans le sens de la longueur puis détaillez-le en barres de 2 cm de large environ *(ci-dessus)*. Vous pouvez les offrir immédiatement en les dressant sur une assiette *(ci-contre)* ou les envelopper dans de la cellophane et les conserver plusieurs semaines dans une boîte hermétique. □

2

Les confiseries aux fruits

Les parfums de la nature

nfire des fruits, écorces ou pétales
ux apprêts pour les fruits confits
tes à base de fruits frais ou séchés
ire prendre des gelées de fruits frais

Les fruits sont des gourmandises offertes par la nature et grâce à leur douceur et leurs belles formes colorées, il suffit d'un rien pour les transformer en délicieuses friandises. En fait, l'adjonction d'un parfum ou un excès de cuisson ne pourraient qu'en dénaturer la saveur délicate. La préparation doit rester simple : on adoucira et on accentuera la saveur des fruits avec du sucre. Utilisé en sirop, le sucre donne du corps aux friandises ; si on l'emploie en solution concentrée, il sert également d'agent de conservation.

Pour les fruits confits, le sucre remplit ces deux fonctions. Mis à macérer dans un sirop dont on renforce peu à peu la concentration, les fruits, en morceaux ou entiers, comme les abricots ci-contre, absorbent lentement le liquide. En séchant, le sucre durcit et, de ce fait, affermit la texture du fruit ; de plus, en raison de sa concentration élevée, il en assure la parfaite conservation.

Hormis les fruits déguisés *(Chapitre 4)*, on prépare peu de friandises avec des fruits entiers, mais maintes possibilités attrayantes sont possibles sous d'autres formes. Ainsi, cuite avec un sirop de sucre léger, une purée épaisse de fruits frais durcit en refroidissant pour devenir une pâte ferme que l'on détaille en bonbons. On obtient le même résultat avec des fruits séchés comme les dattes et les pruneaux, en les hachant finement et en les liant avec du miel.

Quant aux jus de fruits, extraits avec soin afin d'en préserver la limpidité, on doit leur ajouter de la gélatine pour qu'ils prennent ; on découpe la gelée obtenue en bonbons légers et rafraîchissants. Avec ces jus, on peut aussi aromatiser bon nombre de confiseries, des sucettes *(page 22)* au fondant. Si certains fruits conviennent mieux que d'autres pour préparer une friandise particulière, tous, en revanche, peuvent être utilisés d'une façon ou d'une autre. On confit les fruits fermes, qui supportent une longue macération dans un sirop, ou on les réduit en purée épaisse. Les agrumes ou les framboises, très juteux, se transforment en gelées transparentes. Même les écorces d'agrumes et les pétales de fleurs deviennent des sucreries *(page 49)* que l'on peut croquer telles quelles ou utiliser pour décorer d'autres bonbons.

iment enrobés de sucre semoule, des
ricots confits attendent d'être dégustés,
iers ou en tranches. On les a fait macérer
ns du sirop jusqu'à ce qu'ils soient saturés
sucre. Une fois séchés, les fruits conservent
r forme, leur couleur et leur saveur naturelles.

Les fruits confits : un délice retrouvé

Si l'on sature des fruits de sirop, le sucre remplace l'eau qu'ils contiennent et leur confère une texture assez ferme et un parfum concentré ; en outre, il assure leur conservation. Cette transformation, appelée cristallisation, doit s'effectuer par étapes. En effet, si l'on soumet brutalement les fruits à une forte concentration de sucre, ils réduisent de volume et durcissent ; en revanche, si on les laisse confire deux semaines dans une solution sucrée que l'on concentre régulièrement, ils gardent leur forme et leur tendreté. Après macération, on les fait sécher pour qu'ils se conservent bien.

Ici, on a confit de l'ananas mais les prunes, abricots, pêches, oranges, cerises, poires et pommes se préparent de la même façon. La chair tendre des fraises ou des framboises ne supporte pas une longue macération. Les fruits à confire doivent être mûrs mais fermes.

S'ils sont gros, comme les ananas et les oranges, on les pèle et on les détaille en morceaux faciles à déguster avec les doigts. Les autres fruits se confisent souvent entiers : on les pique alors avec une fourchette ou une aiguille afin que le sucre les pénètre uniformément.

On doit pocher rapidement tous les fruits dans de l'eau, de façon qu'ils absorbent bien le sucre. S'ils sont fermes, il faut compter 15 minutes de cuisson environ ; s'ils sont tendres comme les cerises, 4 minutes. On sucre ensuite l'eau de cuisson afin d'obtenir un sirop dans lequel on les immergera. On peut remplacer une partie du sucre par du glucose liquide : celui-ci est mieux absorbé par les fruits et les empêche de se ratatiner.

Presque tous les jours pendant dix jours, on égoutte les fruits et on concentre le sirop en le sucrant davantage, comme ici, ou en le faisant réduire avant d'y remettre les fruits à macérer. Au bout de quatre jours encore, on les sort et on les sèche. Il ne faut surtout pas hâter le séchage, sinon ils se ratatineraient. L'idéal est d'utiliser un four à gaz dont on aura simplement allumé la veilleuse, mais on peut aussi les mettre près d'un radiateur ou d'une fenêtre ensoleillée.

Une fois secs, les fruits confits peuvent être consommés tels quels, givrés ou bien glacés *(page 48)*.

1 Préparer l'ananas. Avec un couteau pointu, coupez le haut et la base du fruit. Rasez-le. Coupez l'ananas en travers en tranches de 1 cm d'épaisseur environ. Avec un petit emporte-pièce, enlevez le cœur fibreux de chaque tranche *(ci-dessus)*.

2 Cuire l'ananas. Pesez-le et mettez-le dans une casserole. Ajoutez 30 cl d'eau par livre de fruits. Mettez à feu modéré et faites cuire l'ananas 15 minutes environ. Posez une grille sur un plateau. Sortez les tranches avec une spatule trouée et faites-les égoutter sur la grille *(ci-dessus)*. Réservez le liquide.

6 Concentrer le sirop. Pesez 60 g de sucre pour 30 cl de sirop. Ajoutez-le au sirop *(ci-dessus)*. Mettez à feu moyen et portez à ébullition. Remettez les tranches d'ananas égouttées dans le plat et versez le sirop dessus. Couvrez le plat de papier sulfurisé et laissez reposer 24 heures.

7 Augmenter la concentration. Le lendemain et les quatre jours suivants, répétez les opérations 5 et 6. Le 8e jour, ajoutez 90 g de sucre pour 30 cl de sirop, portez à ébullition et nappez-en les fruits. Couvrez de papier sulfurisé et réservez 48 heures. Le 10e jour, ajoutez 90 g de sucre. Faites bouillir le sirop et nappez-en les fruits.

Préparer le sirop. Pour 30 cl de liquide de cuisson réservé, pesez 175 g de sucre ou 125 g de glucose liquide et 60 g de sucre. Mettez le sucre dans la casserole avec le liquide de cuisson ; ajoutez le glucose liquide si besoin est. Mettez à feu moyen et remuez le tout jusqu'à ce que le sucre ait fondu.

4 **Immerger l'ananas.** Mettez les tranches dans un grand plat en verre, en porcelaine ou en terre. Portez le sirop à ébullition, enlevez la casserole du feu et versez-le sur l'ananas. Posez une feuille de papier sulfurisé sur le sirop afin que les fruits baignent dans le liquide. Réservez 24 heures.

5 **Égoutter l'excédent de sirop.** Le lendemain, placez une grille sur un autre plateau. Retirez le papier sulfurisé qui recouvre les fruits. Avec une spatule trouée, sortez-les du sirop et transférez-les sur la grille pour qu'ils s'égouttent *(ci-dessus)*. Versez le sirop qui s'écoule dans une casserole.

Sécher les tranches d'ananas. Laissez-les macérer encore quatre jours. Le 14e jour, sortez-les du sirop avec une spatule trouée et placez-les sur une grille en inox posée sur un plateau *(ci-dessus)*. Faites-les sécher au moins 4 heures dans un four dont vous aurez seulement allumé la veilleuse, ou 3 jours environ dans un endroit chaud.

9 **Présenter l'ananas confit.** Les tranches d'ananas sont prêtes dès qu'elles ne sont plus collantes au toucher. Découpez-les en morceaux et servez-les dans une coupe en verre afin d'en faire ressortir la couleur. Pour les conserver, mettez-les dans une boîte entre des feuilles de papier sulfurisé et rangez-la dans un endroit sec. Elles se garderont longtemps. □

Fruits confits givrés

1 **Attendrir les fruits confits.** Dans une casserole, portez de l'eau à ébullition et retirez-la du feu. Mettez quelques morceaux de fruits confits, ici de l'ananas, dans une cuillère trouée et plongez-les quelques secondes dans l'eau chaude pour faire fondre le sucre.

2 **Enrober les fruits de sucre.** Remplissez une assiette de sucre semoule. Roulez deux ou trois morceaux d'ananas à la fois dans le sucre, de façon à les enrober uniformément. Chemisez un plateau de papier sulfurisé et faites sécher les fruits dessus.

3 **Présenter les fruits givrés.** Dès que l'enrobage de sucre est ferme et sec, ce qui donne l'aspect du givre, transférez les morceaux de fruits confits sur une assiette pour les offrir.

Fruits confits glacés

1 **Préparer les fruits confits.** Portez de l'eau à ébullition et retirez-la du feu. Dans une autre casserole, faites un sirop avec 15 cl d'eau et 500 g de sucre. Versez une partie du sirop dans un bol. Plongez les fruits confits, ici de l'ananas, dans l'eau, un par un, pendant 1 seconde.

2 **Plonger les fruits dans le sirop.** Tenez les fruits 1 seconde au-dessus de la casserole d'eau pour qu'ils s'égouttent. Plongez-les aussitôt dans le sirop *(ci-dessus)*. Faites-les égoutter sur une grille. Dès que le sirop commence à se troubler, remplacez-le en en prélevant dans celui qui reste dans la casserole.

3 **Présenter les fruits glacés.** Réservez les fruits jusqu'à ce que la surface soit sèche : ils sont alors prêts à être consommés. Le dernier enrobage de sirop leur donne un aspect particulièrement lisse et brillant.

art de la décoration

onfits dans du sucre, les pétales de
eurs et les écorces d'agrumes devien-
nt des garnitures pour maintes confise-
es. On peut aussi enrober les écorces de
ocolat pour confectionner de véritables
andises *(recette page 165)*. Pour les
eurs *(ci-contre)*, le procédé de conserva-
n diffère de celui qui permet d'obtenir
s fruits confits traditionnels.

Les roses, les violettes, les freesia et la
riété de géranium appelée « géranium
se » ont des pétales comestibles que l'on
nfit couramment. Les violettes s'utili-
nt entières; les fleurs plus grosses se
visent en pétales. On les badigeonne
bord avec une solution de gomme ara-
que (résine naturelle que l'on trouve en
armacie) pour les empêcher de se flé-
r, puis on les saupoudre de sucre et on
s fait sécher lentement.

Les écorces et les zestes se confisent
mme les fruits entiers *(page 46)*, c'est-
lire par macération prolongée dans du
op. Pour les attendrir et les adoucir, on
ut les blanchir avant de les cuire pen-
nt 3 heures dans du sirop. Ensuite on
fait sécher.

Des pétales ornementaux

1 Badigeonner les pétales. Dans un bol, mélangez 1 dose de gomme arabique en poudre et 2 doses d'eau de rose. Saupoudrez une assiette de sucre semoule. Effeuillez des fleurs, ici des roses, freesia et géraniums. Avec un pinceau souple, badigeonnez délicatement 3 ou 4 pétales avec la solution. Posez-les sur le sucre.

2 Saupoudrer de sucre. Saupoudrez tous les pétales de sucre semoule et mettez-les sur une grille. Laissez-les sécher de 2 à 4 heures dans un four à gaz dont vous aurez allumé la veilleuse, jusqu'à ce qu'ils soient cassants; retournez-les toutes les heures. Vous pouvez aussi les laisser 3 jours près d'un radiateur. □

s écorces confites aromatisantes

Peler les fruits. Coupez le haut et la base des fruits, ici des pamplemousses. Pelez-les en spirale. Ici, on prélève l'écorce avec un couteau pointu afin de ne pas détacher la peau blanche, mais vous pouvez aussi confire les deux.

2 Attendrir les écorces. Faites bouillir de l'eau. Pour adoucir les écorces, blanchissez-les 3 minutes environ. Plongez-les dans de l'eau froide. Répétez cette opération deux fois, en changeant l'eau à chaque fois. Égouttez bien les écorces.

3 Confire les écorces. Faites un sirop avec du sucre, du glucose et de l'eau *(page 47)*. Portez-le à ébullition et plongez-y les écorces. Baissez le feu et laissez frémir 3 heures. Posez les écorces sur une grille et mettez-les 3 heures dans un four dont vous aurez allumé la veilleuse. □

Des friandises en pâte de fruits...

... à la pomme

Fruits frais et fruits séchés peuvent se transformer en pâtes très parfumées, que l'on détaille sans difficulté. Les friandises ainsi obtenues se gardent très longtemps, à condition d'être rangées dans un récipient hermétique entre des feuilles de papier paraffiné. On prépare la pâte à base de fruits frais en faisant cuire à feu doux la pulpe sucrée et aromatisée des fruits, jusqu'à ce qu'elle soit assez épaisse pour devenir ferme en refroidissant *(ci-contre, en haut; recette page 156)*. Les fruits séchés doivent être hachés et incorporés à un sirop de sucre, du blanc d'œuf ou du miel *(ci-contre, en bas; recette page 148)*. Tous les fruits frais, surtout ceux qui sont très parfumés et à forte teneur en pectine, se prêtent à cette préparation, sauf les agrumes, trop riches en eau. Les pommes, qu'on utilise ici, les coings, les poires et les abricots demandent à être cuits au préalable pour pouvoir être réduits en purée. Les petits fruits à chair délicate comme les framboises et les fraises s'écrasent facilement crus.

Une fois transformée en purée, la pulpe des fruits est mise à cuire avec, en général, une quantité égale de sucre. Pendant la cuisson, les fruits perdent partiellement leur eau et la préparation acquiert une consistance épaisse. Le sucre, quant à lui, forme un sirop dense qui, en refroidissant, durcit et donne du corps à la pâte. Un autre procédé consiste à mélanger un sirop de sucre cuit au petit cassé ou au grand cassé à une purée de fruits épaisse que l'on laisse refroidir et durcir *(pages 153 à 155)*. La pâte obtenue peut être façonnée à la main ou détaillée en morceaux. La pâte de pommes préparée ici est simplement découpée en carrés.

On peut confectionner des pâtes de fruits avec un ou plusieurs fruits, et même ajouter des épices et des noix ou des amandes pilées. Les pâtes à base de fruits séchés présentées ici contiennent dans les mêmes proportions des dattes, des pruneaux et des abricots hachés. Un sirop de sucre épais *(page 8)*, de la mélasse ou du miel servent à lier la pâte. Pour obtenir un goût moins sucré, on remplacera le sirop par du blanc d'œuf battu.

Les pâtes de fruits séchés se façonnent aisément à la main en forme de boulettes. Ces boulettes sont ensuite roulées dans du sucre et mises à sécher toute une nuit.

1 **Préparer les fruits.** Lavez des pommes mûres et coupez-les en tranches dans une casserole à fond épais: la peau et le cœur sont riches en pectine, substance au pouvoir gélifiant élevé. Ajoutez un peu d'eau. Faites cuire les fruits à feu doux de 20 à 30 minutes, jusqu'à ce qu'ils soient tendres.

2 **Réduire les fruits en purée.** Éloignez la casserole du feu et laissez refroidir les fruits. Placez un tamis fin sur une terrine. Avec un pilon, pressez la pulpe des pommes à travers le tamis *(ci-dessus)*. Jetez la peau et les pépins.

... aux fruits séchés

1 **Dénoyauter les fruits.** Choisissez des fruits parfaitement sains, ici des dattes et des pruneaux. Pour les dénoyauter, fendez chaque fruit avec un petit couteau pointu, écartez la chair *(ci-dessus)* et retirez le noyau.

2 **Hacher les fruits.** Installez la grille moyenne ou celle à gros trous sur un hachoir. Hachez les fruits, y compris les fruits vendus dénoyautés comme les abricots utilisés ici *(ci-dessus)*.

3 **Cuire la purée de fruits.** Mettez-la dans une bassine à confitures et ajoutez un poids égal de sucre. Mettez à feu doux et faites cuire 40 minutes environ, en remuant constamment, jusqu'à ce que la purée soit si épaisse que lorsqu'on forme une traînée au fond de la bassine avec une cuillère, le mélange ne se referme pas.

4 **Faire sécher la pâte.** Éloignez la bassine du feu. Aromatisez la pâte avec des épices : clous de girofle broyés, cannelle ou muscade et un zeste de citron ou d'orange râpé. Beurrez légèrement un moule, versez-y la pâte *(ci-dessus)* et répartissez-la bien. Laissez-la sécher plusieurs heures.

5 **Découper et offrir les pâtes de fruits.** Avec un couteau pointu, découpez la pâte en carrés de 2 à 3 cm de côté. Saupoudrez un plateau de sucre glace. Transférez les pâtes de fruits sur le plateau et saupoudrez-les de sucre glace *(ci-dessus)*. Avant de les présenter, laissez-les sécher 1 heure environ. □

3 **Lier le mélange.** Mettez les fruits hachés dans une terrine. Ajoutez l'ingrédient destiné à lier le mélange, ici du miel, et mélangez intimement. Si la pâte est trop sèche, ajoutez du miel. Si elle est trop molle et collante, incorporez un ingrédient sec : du sucre, des noix ou amandes pilées, ou bien des fruits.

4 **Modeler les friandises.** Pour obtenir des boules, façonnez de petites noix de pâte entre vos paumes. Roulez chaque boule dans du sucre cristallisé *(ci-dessus)* et placez-les sur une grille.

5 **Présenter les pâtes de fruits.** Laissez les pâtes de fruits durcir et sécher légèrement toute une nuit. Mettez les friandises dans des caissettes en papier individuelles que vous dressez au fur et à mesure sur de petites assiettes. □

Des bonbons de gelée de fruits

En faisant chauffer du jus de fruits, du sucre et de la gélatine, puis en laissant à la préparation obtenue le temps de refroidir et de prendre, on peut confectionner de délicieux bonbons agréablement parfumés et translucides comme une gelée. Ce procédé s'applique indifféremment aux gelées à un seul ou plusieurs parfums, comme celles préparées ici, à l'orange et à la framboise (recette page 133). Dans ce cas, on verse la seconde gelée, chaude, sur la première que l'on aura laissé refroidir. La température de l'une fait fondre la surface de l'autre, de sorte que les deux gelées n'en forment plus qu'une.

Les fruits qui se prêtent le mieux à ce genre de préparation sont les cassis, les fraises et les framboises mais les agrumes, oranges et citrons en particulier, donnent un sirop limpide qui convient également. Les petits fruits seront mis à cuire à feu doux jusqu'à ce que le jus s'écoule puis passés au tamis (page 22). Les agrumes, quant à eux, seront pressés au presse-fruits et le jus passé ou utilisé tel quel, selon que l'on souhaite ou non obtenir une belle couleur ambrée.

Dès que le jus est prêt, on ajoute du sucre et du glucose que l'on fait fondre à feu doux pour que le parfum des fruits ne soit pas dénaturé. Le glucose joue ici un rôle différent de celui qui lui incombe dans la confection des sirops de sucre cuit. Additionné de gélatine, il donne à la gelée une texture élastique. La gélatine, que l'on ajoute au cours de l'étape suivante, sert à faire prendre la friandise.

La gelée peut être moulée en une seule plaque que l'on découpera une fois prise ou être versée dans de petits moules individuels. Pendant qu'elle refroidit, une pellicule se forme à la surface qui, en protégeant la gelée de l'humidité, lui permet de rester ferme. Dans le cas de gelées superposées, il faut veiller à ce que chaque couche soit prise avant d'ajouter la suivante, de façon à obtenir des couches bien distinctes.

Les bonbons de gelée de fruits doivent être conservés au frais et consommés rapidement. La pellicule qui les recouvre commence à durcir au bout de 24 heures environ; on peut les garder quelques jours de plus en les enrobant de sucre.

1 Préparer la première gelée. Mesurez la quantité nécessaire de gélatine pour le volume de jus de framboises : 30 g pour 15 cl. Faites-la ramollir dans de l'eau froide de 5 à 10 minutes. Mettez du sucre et du glucose liquide dans une casserole. Recueillez le jus des framboises et ajoutez-le.

2 Ajouter la gélatine. Mettez la casserole sur feu doux et remuez fréquemment avec une cuillère en bois, le temps que le sucre ait complètement fondu. Le récipient toujours sur le feu, ajoutez la moitié de la gélatine (ci-dessus).

5 Verser la seconde couche. Éloignez la casserole du feu et laissez refroidir la gelée quelques minutes. A ce stade, la première couche doit être assez ferme pour supporter la seconde : tâtez-la pour en vérifier la consistance. Versez la préparation à l'orange en filet mince et régulier. Laissez prendre au frais pendant au moins 6 heures.

6 Démouler la gelée. Pour décoller la gelée du moule, passez la pointe d'un petit couteau à l'intérieur du moule. Retournez-la sur une surface froide et plane : la gelée doit glisser facilement ; si elle colle, incurvez légèrement le moule pour la détacher complètement.

3 **Verser la première couche.** Remuez le contenu de la casserole jusqu'à ce que la gélatine soit dissoute et le liquide limpide ; un peu d'écume risque de se former à la surface, mais elle disparaîtra quand la gelée sera en train de prendre. Humectez un moule rectangulaire *(page 18)* et posez-le sur une surface froide. Éloignez la casserole du feu et versez le liquide chaud dans le moule *(ci-dessus)*. Ne touchez plus à la gelée pendant quelques heures, jusqu'à ce qu'elle commence à prendre.

4 **Préparer la seconde gelée.** Dans une petite casserole, mettez du sucre, du glucose liquide et le jus d'une orange pressée, ici non passé. Mettez sur feu doux et remuez le mélange fréquemment, le temps que le sucre fonde. Ajoutez le reste de gélatine. Continuez à remuer jusqu'à ce qu'elle soit dissoute et le liquide limpide.

7 **Découper des cubes de gelée.** Avec un grand couteau pointu, découpez la plaque de gelée en bandes de 2 cm de large environ que vous détaillez en cubes *(ci-dessus)*. Présentez les bonbons tels quels *(ci-contre)* ou bien saupoudrez-les de sucre. □

3
Les pâtes de base
Des gourmandises raffinées

Les pâtes les plus simples à confectionner chez soi sont celles à base d'amandes, de noix, de noisettes et de pistaches pilées ou de chocolat fondu. Quel que soit l'ingrédient choisi, il suffit de le mélanger avec un liquide ou un corps gras pour obtenir une friandise à la consistance onctueuse. Outre leur texture inégalable, ces pâtes offrent l'avantage de pouvoir être modelées de diverses façons.

Pour les pâtes d'amandes, on lie en général l'ingrédient de base avec des blancs d'œufs mais des jaunes ou des œufs entiers conviennent aussi. On peut soit les préparer en pétrissant simplement les amandes pilées avec du sucre et du blanc d'œuf, soit les faire cuire avec du sucre jusqu'à ce que le mélange épaississe et soit lisse; si besoin est, ajoutez du sucre pour le raffermir *(recette page 134)*. On peut encore remplacer le sucre par un sirop au petit boulé et cuire la pâte comme le massepain *(page 58)*, terme qui désigne les pâtes d'amandes cuites, bien qu'on l'applique parfois, à tort, aux pâtes non cuites.

Qu'elles soient à base d'amandes, de noix, de noisettes, etc., toutes ces pâtes, principalement celles que l'on cuit, se prêtent merveilleusement au modelage. On peut empiler des abaisses de massepain colorées et aromatisées, les coller avec du blanc d'œuf et les détailler en friandises rayées *(ci-contre)*. Coupées et rempilées, elles donnent des motifs en damier; enroulées, elles deviennent des tranches ornées de cercles multicolores *(page 60)*. Elles servent aussi à former des fruits, des légumes ou des animaux miniatures. Pour varier la texture et l'aspect de vos friandises, passez-les au four, glacez-les ou enrobez-les d'une couche brillante de cristaux de sucre *(page 62)*.

Pour une pâte chocolatée, on enrichit le chocolat fondu de beurre, de crème fraîche ou de lait et on moule la préparation en gourmandises. Ces pâtes molles fondent trop facilement pour pouvoir être modelées en sujets aussi délicats que les précédents. Toutefois, on peut les rouler à la main, comme les truffes, ou leur donner un aspect fantaisie en les façonnant à la poche à douille. Pour réussir un assortiment, on peut jouer avec les enrobages en utilisant du cacao en poudre, du sucre glace, des noisettes hachées et même de la pâte d'amandes.

...n découpe ici un long morceau de massepain ...x tons pastel en friandises individuelles ...ge 58). Pour les confectionner, on a ...pilé des abaisses de massepain, dont deux ...orées en rose, que l'on a collées avec du ...nc d'œuf pour obtenir des tranches rayées.

Pâte non cuite de noix, noisettes et amandes...

Les noix, les noisettes, les amandes et autres fruits secs finement pilés, sucrés et liés avec de l'œuf se transforment en une pâte tendre et lisse que l'on peut abaisser et découper en friandises. Une pâte confectionnée uniquement avec des amandes est, à tort, appelée massepain.

Outre ces fruits, on peut également utiliser des pistaches et des marrons. La pâte préparée ici se compose d'une quantité égale d'amandes et de noisettes *(recette page 167)*.

Utilisez toujours des fruits pelés *(page 12)*. S'il s'agit de marrons, faites-les cuire, d'abord partiellement pour en assouplir la coque et la peau, puis complètement pour en attendrir la chair et en accentuer la saveur. Incisez la face plate de chaque marron en croix, faites-les bouillir 10 minutes, pelez-les et terminez la cuisson à petit feu pendant 40 minutes.

L'étape suivante consiste à broyer finement les fruits ou, dans le cas des marrons, à les réduire en purée. On les mélange alors à un poids de sucre égal ou double, si l'on veut une friandise plus sucrée. Le sucre adoucit la pâte mais il en modifie aussi la texture. Le sucre glace utilisé ici donne une pâte lisse tandis que le sucre semoule ou cristallisé la rend plus granuleuse. La cassonade fonce et enrichit une pâte, mais elle convient mieux, par exemple, aux noix et aux marrons.

Après avoir ajouté le sucre, on lie la pâte avec des œufs selon le goût de chacun: les blancs utilisés seuls donnent une pâte légère et douce; les jaunes, une pâte plus dense et plus colorée; vous pouvez aussi prendre des œufs entiers.

Enfin, on pétrit la pâte puis on l'aromatise et on la colore, ici avec de l'écorce d'orange confite et une liqueur à l'orange. Les eaux-de-vie ou liqueurs ainsi que le cacao en poudre ou le café conviennent également, à condition de les utiliser avec modération pour ne pas masquer le parfum de la pâte.

Vous pouvez modeler la pâte ou bien, comme ici, l'étendre et la découper. Rangées entre des feuilles de papier paraffiné dans une boîte, les confiseries restent fraîches une semaine. La boule de pâte pétrie, enveloppée dans un film de plastique ou du papier d'aluminium, peut se conserver 2 mois au réfrigérateur.

1 **Mélanger les fruits secs et le sucre.** Pelez des amandes et broyez-les finement au mixeur *(page 12)*. Faites griller légèrement une petite quantité de noisettes, frottez-les pour enlever la peau et broyez-les. Dans une terrine, mélangez les amandes et les noisettes avec un poids égal de sucre glace tamisé *(ci-dessus)*.

2 **Ajouter du blanc d'œuf.** Dans un bol, battez des blancs d'œufs jusqu'à ce qu'ils commencent à peine à mousser. Par petites quantités, incorporez-les au contenu de la terrine *(ci-dessus)*, en ajoutant juste ce qu'il faut pour lier la préparation.

6 **Abaisser la pâte.** Avec les mains, incorporez l'écorce d'orange et la liqueur et pétrissez légèrement la pâte pour bien répartir les arômes. Si elle est trop molle, ajoutez du sucre glace. Saupoudrez un rouleau à pâtisserie de sucre glace pour qu'il ne colle pas et abaissez la pâte sur 5 mm d'épaisseur.

7 **Découper des formes.** Choisissez un petit emporte-pièce et saupoudrez-en les bords de sucre glace. Découpez l'abaisse en petites friandises que vous laissez sur le marbre. Après chaque coupe, saupoudrez l'emporte-pièce de sucre glace pour que les friandises soient bien nettes.

3 **Mélanger les ingrédients.** D'une main, travaillez délicatement le mélange. S'il est trop sec, ajoutez du blanc d'œuf : la quantité nécessaire dépend de la teneur en eau des amandes et des noisettes. Continuez à travailler le mélange jusqu'à ce qu'il forme une pâte épaisse.

4 **Rassembler la pâte.** Pétrissez-la légèrement jusqu'à ce qu'elle se détache proprement des parois de la terrine. Ne la travaillez pas trop : vous risqueriez de faire rendre trop d'huile aux amandes et aux noisettes et la masse deviendrait graisseuse. Avec les mains, rassemblez la pâte en boule (ci-dessus).

5 **Ajouter un arôme.** Saupoudrez une plaque de marbre d'un peu de sucre glace et posez la pâte dessus. Aplatissez-la légèrement avec les mains et arrosez-la avec 2 cuillerées à café de liqueur d'orange. Hachez de l'écorce d'orange confite (page 49) et répartissez-la sur la pâte (ci-dessus).

6 **Présenter les friandises.** Découpez de l'écorce d'orange confite en petits fragments et enfoncez-en un dans chaque friandise, sans trop appuyer (ci-dessus). Mettez les friandises sur une grille et laissez-les durcir 1 heure environ. Offrez-les le jour même (ci-contre) ou conservez-les 1 semaine dans une boîte en fer. □

Le massepain : une pâte d'amandes cuite

Le massepain se caractérise par une saveur douce et une texture lisse et ferme. A la différence de la pâte non cuite présentée page 56, la chaleur joue ici un rôle important. En effet, on commence par faire bouillir du sucre pour obtenir un sirop, on y ajoute des amandes et des œufs et on cuit la pâte rapidement (recette page 134). La cuisson en modifie la consistance : le massepain est beaucoup plus compact et malléable que la pâte de la page 56. En fait, c'est la pâte dont la consistance se prête le mieux au modelage de sujets miniatures, faciles à réaliser chez soi : fruits, légumes, animaux ou formes géométriques.

Commencez par mélanger les ingrédients hors du feu puis remuez le tout 3 minutes environ sur feu doux : les blancs d'œufs se coaguleront en donnant du corps à la pâte. Le massepain s'affermit davantage en refroidissant à mesure que le sirop durcit.

Après refroidissement, on pétrit le massepain pour le rendre lisse. A ce stade, on peut alors le colorer de diverses façons : il suffit de le diviser en portions et d'y incorporer un colorant. On peut aussi aromatiser certains morceaux ; toutefois, deux parfums suffisent pour une même friandise. Une fois pétri, le massepain peut être modelé. Si vous ne l'utilisez pas immédiatement, enveloppez-le dans un film de plastique, placez-le dans un sac ou une boîte en plastique et mettez-le au réfrigérateur : il se gardera longtemps.

Dans la préparation ci-contre, on empile des abaisses de massepain coloré, on les colle les unes aux autres avec du blanc d'œuf puis on les coupe pour obtenir des rectangles rayés. Deux motifs plus élaborés sont illustrés page 60. Pour l'un, on superpose deux abaisses de couleur différente, on les coupe et on les remet l'une sur l'autre avant de les couper à nouveau pour obtenir une sorte de damier. Pour l'autre, on enroule deux abaisses de massepain autour d'un cylindre coloré qui constituera le centre des tranches lorsqu'on détaillera le rouleau.

Avant de servir les massepains, laissez-les sécher et s'affermir légèrement. Conservés entre des feuilles de papier paraffiné dans une boîte en fer, ils se garderont 3 semaines.

1 **Ajouter les amandes pilées au sirop.** Blanchissez des amandes et pilez-les finement (page 12). Faites cuire un sirop de sucre au petit boulé (pages 8 à 11) et plongez le fond de la casserole dans de l'eau froide. Hors du feu, remuez le sirop 1 minute avec une cuillère en bois, jusqu'à ce qu'il se trouble. Ajoutez les amandes.

2 **Mélanger les ingrédients.** Avec la cuillère en bois, incorporez les amandes au sirop jusqu'à ce que le mélange soit homogène et forme une pâte molle (ci-dessus). Ajoutez des blancs d'œufs légèrement battus.

6 **Abaisser le massepain.** Colorez les autres morceaux et roulez-les en boules. Ici on a coloré une boule en vert avec de l'extrait d'épinards, une en jaune avec du safran et la dernière est restée nature. Saupoudrez un rouleau à pâtisserie de sucre glace et abaissez toutes les boules une par une en rectangles.

7 **Empiler les abaisses.** Afin qu'il colle, badigeonnez le rectangle au café de blancs d'œufs légèrement battus. Posez l'abaisse verte dessus (ci-dessus) et badigeonnez-la également de blancs d'œufs. Ajoutez l'abaisse non colorée, badigeonnez-la puis recouvrez-la de l'abaisse jaune. Faites adhérer toutes les abaisses au rouleau.

3 **Cuire le massepain.** Mettez la casserole sur feu doux et, avec la cuillère, mêlez intimement les blancs à la pâte *(ci-dessus)*. Continuez à remuer pendant quelques minutes, jusqu'à ce que la pâte épaississe. Enlevez la casserole du feu. Saupoudrez un plan de travail avec un peu de sucre glace.

4 **Pétrir le massepain.** Posez-le sur le plan de travail. Pour qu'il refroidisse, étalez-le avec les mains et tournez-le plusieurs fois. Saupoudrez vos doigts de sucre glace. Rassemblez le massepain en boule et pétrissez-le doucement *(opération 4, page 57)* 5 minutes, jusqu'à ce qu'il soit lisse et élastique.

5 **Colorer le massepain.** Préparez l'arôme et les colorants de votre choix *(page 14)*. Divisez le massepain en autant de morceaux que vous avez de colorants. Aplatissez les morceaux de pâte et colorez-les, ici avec du café noir fort. Pétrissez le massepain jusqu'à ce que la couleur soit uniforme puis faites-en une boule.

8 **Couper la pile.** Afin d'obtenir un rectangle bien net, égalisez les bords de la pile. Selon le goût, divisez les restes de pâte en petits morceaux et faites-en des boules multicolores. Avec un long couteau pointu, coupez le rectangle en bandes égales dans le sens de la longueur *(ci-dessus)*.

9 **Terminer les massepains.** Coupez la pile dans l'autre sens en tranches. Mettez-les sur un plateau garni de papier paraffiné. Laissez les massepains sécher à l'air libre quelques heures ou toute une nuit. Présentez-les dans une coupe *(ci-dessus)*. □

Damiers de massepain

1 **Assembler le massepain.** Divisez-le en deux morceaux égaux *(page 58)*. Colorez-en un, ici avec de l'extrait d'épinards *(page 15)*. Saupoudrez un plan de travail de sucre glace et abaissez chaque morceau en un rectangle de 5 mm d'épaisseur environ. Badigeonnez-en un de blanc d'œuf battu et posez le second dessus.

2 **Découper de larges bandes.** Saupoudrez un rouleau à pâtisserie de sucre glace et passez-le sur les abaisses de massepain. Égalisez les bords. Avec un grand couteau pointu, coupez le rectangle en trois bandes d'égale largeur *(ci-dessus)*.

3 **Empiler les bandes.** Badigeonnez le dessus des bandes de blanc d'œuf légèrement battu. Posez une autre bande dessus en la mettant bien bord à bord avec la première. Badigeonnez-en la surface de blanc d'œuf et ajoutez la dernière bande.

Tranches de massepain

1 **Assembler le massepain.** Préparez-le *(page 58)* et divisez-le en deux morceaux, l'un deux fois plus gros que l'autre. Saupoudrez un plan de travail de sucre glace. Colorez le gros morceau avec de la cochenille *(page 14)*, pétrissez-le et partagez-le en deux. Laissez l'autre morceau nature. Faites un rouleau de pâte colorée.

2 **Disposer le centre.** Abaissez les deux autres boules en un rectangle de la longueur du rouleau : l'abaisse rose doit être un peu plus mince et plus large que l'autre. Badigeonnez le massepain nature de blanc d'œuf et enroulez-le autour du rouleau ; coupez le morceau de pâte qui chevauche.

3 **Couper le rouleau.** Enroulez le massepain rose autour du rouleau et coupez la partie qui chevauche. Coupez les extrémités et détaillez le rouleau en tranches de 1 cm *(ci-dessus)*. Laissez-les de 1 à 2 heures sur un plateau garni de papier paraffiné. Dès qu'elles sont dures et légèrement sèches, dégustez-les ou rangez-les. □

4 **Couper des bandes étroites.** Saupoudrez le rouleau à pâtisserie de sucre glace et passez-le sur la pile. Avec le grand couteau pointu, coupez la pile de massepain dans le sens de la longueur en quatre bandes étroites.

5 **Alterner les couleurs.** Posez une des bandes à plat et badigeonnez-la de blanc d'œuf. Prenez-en une autre et faites coïncider les rayures non colorées avec les rayures vertes de la première bande. Badigeonnez-la de blanc d'œuf. Disposez les deux autres bandes en alternant les couleurs.

6 **Découper des damiers.** Passez le rouleau à pâtisserie sur la pile de massepain, sans trop appuyer. Pour détailler le massepain, découpez-le en tranches de 5 mm d'épaisseur.

7 **Présenter les massepains.** Garnissez un plateau de papier paraffiné. Mettez les tranches de massepain dessus et laissez-les sécher quelques heures ou toute une nuit. Pour offrir les massepains, transférez-les sur un plat en les disposant de façon à faire ressortir le motif en damier. □

Deux apprêts pour le massepain

La texture et l'aspect d'une pâte d'amandes varient en fonction de l'apprêt final qu'elle reçoit. Ainsi, des friandises trempées dans un sirop de sucre se parent d'un glaçage *(ci-contre)*; passées au four, elles deviennent croquantes *(ci-dessous; recette page 137)*. Ces deux apprêts conviennent à une pâte cuite ou non.

Le glaçage présente le double avantage d'être décoratif et d'empêcher la pâte de se dessécher, ce qui permet aux friandises de rester fraîches plus longtemps. Les confiseries destinées à être glacées au sirop devront être confectionnées 24 heures à l'avance pour ne pas risquer de se désagréger dans le liquide. L'enrobage de sucre sera d'autant plus épais qu'elles resteront immergées longtemps.

La texture des friandises cuites au four dépend de la température et du temps de cuisson. Un bref passage au four chaud les rend croquantes à l'extérieur mais laisse l'intérieur moelleux. Une cuisson prolongée à chaleur douce les dessèche complètement. Pour qu'elles restent croquantes, il faut les badigeonner de sucre glace à mi-cuisson.

Le glaçage : une fine pellicule de cristaux de sucre

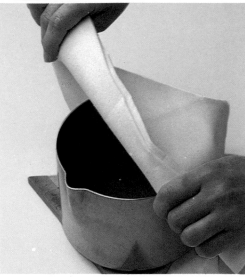

1 **Préparer un sirop.** Préparez suffisamment de sirop de sucre *(pages 8-11)* pour enrober les friandises. Portez-le à 105°C puis plongez le fond de la casserole dans de l'eau froide pour arrêter la cuisson. Couvrez la casserole avec une serviette *(ci-dessus)* ou du papier sulfurisé. Laissez le sirop refroidir pendant 6 heures environ.

2 **Verser le sirop.** Dressez les friandises, ici des massepains bicolores *(page 58)*, dans un plat. Recouvrez-les de sirop froid *(ci-dessus)* et séparez ceux qui glissent les uns vers les autres. Pour qu'ils restent immergés, posez une feuille de papier sulfurisé à la surface du sirop. Laissez reposer de 8 à 10 heures.

La cuisson au four : une texture bien croquante

1 **Découper des formes.** Faites une pâte de base, ici du massepain neutre *(page 58)*. Garnissez une tôle de papier sulfurisé. Sur un plan de travail saupoudré de sucre glace, abaissez la pâte sur une épaisseur de 5 mm. Avec un emporte-pièce, découpez-la et mettez les formes sur la tôle.

2 **Tourner les confiseries.** Placez les massepains au four préchauffé à 200°C (6 au thermostat). Au bout de 5 minutes, sortez la tôle du four ; laissez les massepains refroidir de 2 à 3 minutes, jusqu'à ce que la surface cesse d'être collante au toucher. Avec une petite spatule, retournez-les *(ci-dessus)*.

3 **Décorer les massepains.** Vous pouvez vous servir d'une fourchette pour tracer un motif à la surface des massepains. Tenez chaque friandise d'une main et piquez-la avec les dents de la fourchette ou, comme ici, tracez des lignes dessus.

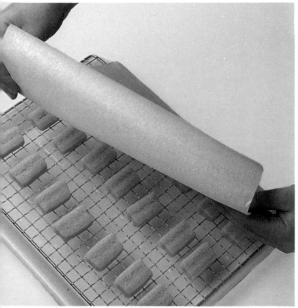

Servir les massepains. Placez une grille sur du papier sulfurisé. Avec une écumoire, transférez-y les massepains. Couvrez-les d'une feuille de papier; laissez-les quelques heures dans un lieu chaud et sec, en les retournant de temps en temps. Dès que la surface est sèche, offrez-les ou rangez-les dans une boîte en fer. □

Glacer les massepains. Mettez du sucre glace dans un bol. Avec une cuillère, incorporez suffisamment d'eau froide pour obtenir un glaçage assez fluide. Avec un pinceau, badigeonnez-en les massepains; remettez-les au four de 5 à 10 minutes, jusqu'à ce qu'ils soient légèrement dorés.

5 **Laisser refroidir et présenter les massepains.** Sortez-les du four et laissez-les refroidir légèrement. Avec une spatule, retirez-les de la tôle et mettez-les sur une grille pour qu'ils refroidissent complètement. Vous pouvez alors les consommer ou les conserver dans une boîte en fer entre des feuilles de papier paraffiné.□

Des chocolats au beurre

En mélangeant du chocolat fondu, du beurre ramolli et du sucre, on obtient, après refroidissement, une pâte épaisse malléable que l'on peut modeler à la main contrairement au chocolat, trop dur, ou, comme ici, verser dans des caissettes avec une poche à douille *(recette page 142)*.

La première étape de la préparation consiste à faire ramollir le beurre puis à lui ajouter un arôme et un édulcorant. Il est préférable de parfumer les pâtes chocolatées avec des ingrédients à la saveur prononcée, qui tranche avec celle du chocolat, et de la matière grasse. Le café fort, le xérès, le whisky, le cognac, les liqueurs et eaux-de-vie conviennent, mais tous ces liquides ne doivent être ajoutés qu'en petites quantités pour ne pas risquer de diluer la pâte. On peut aussi employer diverses essences: l'extrait de vanille ou de menthe poivrée, par exemple.

Si certains produits édulcorants, comme le miel et la cassonade, contribuent à parfumer la pâte, d'autres, tels le sucre semoule, le sucre glace, le fondant et le sirop de sucre, l'adoucissent simplement. En revanche, ils tendent tous à en modifier la texture: les sirops donnent à la pâte un aspect satiné; les sucres non raffinés, quant à eux, la rendent granuleuse.

La pâte se prépare avec n'importe quel chocolat, noir ou au lait, que l'on fait fondre en prenant toutefois quelques précautions. En effet, mis directement en contact avec la source de chaleur, même si celle-ci est réglée à la température la plus basse, le chocolat risque de brûler. Il est préférable de procéder lentement, en utilisant une casserole ou un bol posés sur une casserole d'eau chaude. On laisse ensuite refroidir le chocolat à température ambiante afin qu'il ne fasse pas fondre le beurre parfumé et sucré.

Alors que la pâte est encore relativement molle, on la façonne avec une poche à douille pour la présenter dans des caissettes *(page de droite, en bas)* ou on la dresse sous forme de petites noisettes sur un plateau huilé. On peut également la faire durcir au frais, avant de la façonner à la main en boulettes, ou encore lui faire prendre la forme d'une bûche que l'on découpera en tranches. Dès que les chocolats sont fermes, ils doivent être couverts et mis au réfrigérateur où ils se garderont au moins 15 jours.

1 Mélanger le beurre et le sucre. Mettez du beurre dans une terrine. Avec le dos d'une cuillère en bois, écrasez-le contre les parois et dès qu'il est assez malléable, battez-le pour le rendre lisse et crémeux. Peu à peu, incorporez du sucre, ici du sucre glace. Battez pour mêler le tout intimement.

2 Ajouter les arômes. Mesurez les arômes liquides dans une cuillère et versez-les dans la terrine. Ici on a utilisé du café noir fort puis du rhum. Remuez pour qu'ils s'intègrent bien au mélange.

5 Remuer la pâte. Ajoutez le chocolat au mélange beurre-sucre en remuant bien pour obtenir une pâte homogène. Continuez à remuer, le temps que la pâte soit épaisse et ferme.

6 Remplir une poche à douille. Fixez un embout sur une poche à douille et repliez le haut de la poche sur votre main. Mettez-y la pâte avec une cuillère, en la faisant descendre vers l'embout, jusqu'à ce qu'elle arrive au niveau de la pliure. Relevez le haut de la poche et repliez-le.

Faire fondre le chocolat. Mettez des morceaux de chocolat noir dans une petite casserole. Dans une casserole plus grande, portez de l'eau à ébullition puis éloignez-la du feu et mettez la petite casserole dessus. Remuez le chocolat pour qu'il fonde.

4 **Incorporer le chocolat.** Retirez la petite casserole et laissez le chocolat fondu refroidir et épaissir 5 minutes environ ; remuez-le de temps en temps, afin qu'il refroidisse uniformément. Versez-le dans la terrine contenant le beurre et le sucre *(ci-dessus)*.

7 **Façonner les chocolats.** Faites tomber la pâte dans des caissettes en aluminium jusqu'aux deux tiers. Ajoutez un tortillon de pâte sur les chocolats. Laissez-les durcir quelques heures à température ambiante ou mettez-les au réfrigérateur : dans ce cas remettez-les à température ambiante avant de les offrir. □

Les truffes : un régal pour le palais

En mélangeant de la crème fraîche à du chocolat fondu, on obtient une pâte d'une exquise finesse. Cette pâte roulée à la main en boulettes de la grosseur d'une noix donne les truffes *(recettes pages 142 à 146)*, ainsi désignées parce qu'elles ressemblent aux champignons si recherchés du même nom.

Pour préparer la pâte, on incorpore de la crème fraîche préalablement chauffée à du chocolat fondu, ou on fait fondre, à feu doux, du chocolat râpé dans la crème. Après refroidissement, on ajoute un arôme *(page 14)* puis on fouette la préparation pour la rendre mousseuse.

La pâte à truffes, assez molle, doit durcir au frais avant d'être façonnée. En outre, pour que les truffes ne fondent pas au contact des mains au moment du modelage, il faut les rouler dans de la poudre de cacao répandue sur un plateau à l'aide d'une cuillère ou d'une poche à douille.

Vous les enroberez ensuite, au choix, de chocolat râpé, de sucre glace, de noix, ou encore de chocolat fondu *(page 74)*. Les truffes se conservent au réfrigérateur mais doivent être consommées dans les quarante-huit heures.

1 **Faire fondre le chocolat.** Cassez du chocolat noir dans une terrine. Dans une casserole plus petite, portez de l'eau à ébullition puis éloignez-la du feu. Posez la terrine dessus et, avec une cuillère en bois, remuez de temps en temps jusqu'à ce que le chocolat soit lisse. Retirez la terrine.

2 **Ajouter la crème fraîche.** Faites tiédir de la crème fraîche à feu doux. Versez-la en filet mince dans le chocolat fondu, en remuant afin d'obtenir un mélange homogène. Laissez refroidir à température ambiante.

5 **Modeler les truffes.** Tamisez une couche épaisse de cacao en poudre sur un plateau. Sortez la pâte du réfrigérateur. Prélevez-en quelques cuillerées et, avec une autre cuillère, faites glisser les morceaux de pâte sur le cacao *(à gauche)*. Saupoudrez vos doigts de cacao et roulez chaque noix de pâte entre vos doigts pour former une boulette *(à droite)*.

Aromatiser la pâte. Ajoutez un arôme. Ici on a utilisé une cuillerée de cognac, mais vous pouvez prendre du rhum ou n'importe quelle liqueur. Avec la cuillère en bois, remuez délicatement pour bien incorporer l'arôme.

4 **Fouetter la pâte.** En maintenant la terrine d'une main, fouettez vigoureusement la pâte *(à gauche)* pour qu'elle devienne mousseuse, prenne une teinte plus claire et forme des crêtes molles si vous sortez le fouet de la préparation *(à droite)*: elle doit acquérir cette consistance au bout de 5 minutes environ. Retirez, si besoin est, la pâte qui adhère au fouet. Mettez la terrine au réfrigérateur. Laissez la pâte épaissir et durcir de 5 à 10 minutes pour pouvoir la modeler à la main.

Enrober les truffes. Dans des bols, mettez du chocolat râpé, des noisettes pilées et du sucre glace. D'une main, prenez les truffes une par une et, de l'autre, enrobez-les de l'ingrédient choisi *(ci-dessus)*. Mettez chaque truffe dans une caissette en papier plissé et dressez les caissettes sur un plat pour les présenter *(ci-contre)*. □

4

Enrobage et moulage
L'improvisation à l'honneur

caramel pour déguiser des fruits

d'enrober de chocolat

orations fantaisie

erposer des fourrés

enrobages variés

sujets moulés en chocolat

De délicieuses récompenses attendent ceux qui sauront utiliser avec art le sucre ou le chocolat fondus. Plongée dans le liquide chaud, n'importe quelle confiserie en ressort parée d'un enrobage fin et lisse qui, après durcissement, devient partie intégrante de la friandise elle-même. Outre le contraste de saveur et de texture, on obtient de cette manière des gourmandises très raffinées. L'enrobage sert aussi de protection. Ainsi, il empêche les caramels d'absorber l'humidité et forme une enveloppe résistante autour des fragiles parois de sucre qui enferment le fourré liquide d'un chocolat à liqueur *(page 80)*. Il peut également recouvrir un fourré composé de divers ingrédients.

Selon l'aspect et le parfum désirés, on choisira un sirop cuit au grand cassé, du caramel, du fondant ou du chocolat, ce dernier étant particulièrement précieux en raison des possibilités de décoration qu'il offre avant de durcir *(page 76)*. Quel que soit l'enrobage utilisé, la technique est la même. On fait fondre l'ingrédient jusqu'à ce qu'il soit parfaitement onctueux et, si besoin est, on le tient au chaud afin qu'il ne durcisse pas pendant l'enrobage. Les friandises doivent être sèches et suffisamment fermes pour ne pas se défaire dans le liquide chaud: si cela est nécessaire, préparez-les la veille pour qu'elles aient le temps de durcir. Procédez délicatement avec les mains pour enrober partiellement une friandise ou un fruit *(page 70)* ou une bouchée *(page 78)*. Sinon, utilisez une fourchette ordinaire ou, pour de meilleurs résultats, une fourchette à tremper spéciale — le modèle à dents droites ou celui terminé par un anneau —, qui permet d'immerger et de tourner les confiseries dans le liquide d'enrobage sans les abîmer.

Pour le moulage, le chocolat possède des propriétés incomparables. Coulé dans un moule, il se rétracte en séchant et se détache facilement des parois. Ainsi, deux formes moulées séparément peuvent ensuite être soudées avec du chocolat fondu pour donner, par exemple, l'œuf de Pâques présenté ci-contre. Une caissette en aluminium peut également faire office de moule miniature *(page 86)*: dans ce cas, le godet en chocolat obtenu est rempli d'un fourré tendre avant d'être scellé avec une couche de chocolat fondu.

met ici la dernière main à un œuf de
ues en chocolat *(page 84)* moulé en deux
es que l'on soude. La décoration tracée
poche à douille *(page 16)* sert à masquer
nture des deux moitiés de l'œuf, en
rvant le brillant de la coquille. Une fois
ré, l'œuf sèche sur du papier paraffiné.

Friandises glacées au fondant

Si le fondant permet de confectionner de délicieux bonbons *(pages 34 à 37)*, il sert aussi à enrober n'importe quelle autre confiserie ferme comme le massepain, les caramels ou les fruits confits. On peut même l'utiliser pour glacer un fourré en fondant *(ci-contre)* avec lequel il contrastera par la couleur et le parfum. Pour préparer les fruits déguisés ci-dessous, on a fait tremper des fruits frais dans du fondant avant de les givrer de sucre.

Pour que le fondant ait une consistance nappante, faites-le fondre doucement au-dessus d'un récipient d'eau chaude mais non bouillante, en le remuant constamment. S'il est trop épais pour former une couche uniforme, diluez-le avec un peu d'eau chaude ou un autre liquide *(page 37)*. En refroidissant, il s'affermit en prenant un aspect brillant. Veillez à ne pas le chauffer au-delà de 66°C, sinon il se craquellerait en durcissant.

Que l'on enrobe une friandise entièrement ou partiellement, il faut toujours vérifier qu'elle est parfaitement sèche avant de la tremper, sinon le fondant liquide n'adhérerait pas. Couvrir partiellement une confiserie est une opération

très simple : prenez-la avec les doigts d'un côté ou, s'il s'agit de cerises ou de fraises, par la queue, et plongez la partie à enrober dans le fondant. En revanche, un glaçage complet implique d'immerger entièrement les confiseries et de les retourner avec soin. Pour cela, afin de ne pas en marquer la surface, utilisez une fourchette ordinaire ou, mieux encore, une fourchette à tremper à dents droites. Ainsi, en tenant les friandises à la pointe des dents pour les sortir, vous pourrez les faire glisser sans peine de la fourchette. Si vous opérez avec une petite quantité de fondant, inclinez le récipient et tenez la fourchette presque parallèlement à la surface : le bonbon risque moins de tomber dans le fondant. Déposez ensuite les friandises enrobées sur du papier paraffiné en les poussant, si besoin est, avec la pointe d'une lame de couteau.

On peut servir les bonbons dès que le glaçage est ferme. Les boules de fondant se conserveront très longtemps si vous les rangez dans une boîte entre des feuilles de papier paraffiné ; les fruits déguisés, en revanche, devront être dégustés le jour même.

Boules de fondant aromatisé

1 **Confectionner des boules.** Pour les façonner, prenez de petits morceaux de fondant « mûri » *(page 36)* et roulez-les entre vos doigts *(ci-dessus)*. Posez les boules sur un plateau garni de papier paraffiné et laissez-les s'affermir une nuit à température ambiante. Si elles s'affaissent un peu, remodelez-les avant de les enrober.

Fruits frais déguisés

1 **Tremper les fruits.** Lavez du raisin, des cerises et des fraises, sans les équeuter, et épongez-les. Divisez des mandarines en quartiers en veillant à ne pas percer la membrane. Faites fondre du fondant au-dessus d'une casserole d'eau chaude. Prenez chaque fruit par la queue ou par une extrémité et trempez-les dans le fondant ; laissez le surplus s'égoutter *(ci-dessus)*.

Enrober les boules de fondant. Colorez et aromatisez du fondant fondu *(page 37),* ici de la cochenille et de l'extrait de vanille, et inclinez la terrine. Plongez les boules une par une dans le fondant, tournez-les avec une fourchette à tremper et sortez-les. Tapotez la fourchette contre la terrine et égouttez-la contre le bord. Déposez les boules sur du papier paraffiné. Dès que le fondant est ferme, au bout de 5 à 10 minutes, dressez les bonbons dans des caissettes en papier *(ci-contre).* □

Givrer de sucre. Dès que le fondant ne coule plus, plongez la pointe du fruit enrobé dans une terrine contenant du sucre. Déposez le fruit sur un plateau garni de papier paraffiné.

Présenter les fruits. Laissez le glaçage durcir complètement: comptez de 5 à 10 minutes. Disposez les fruits dans des caissettes en papier en laissant apparaître les queues et offrez-les. □

Les fruits déguisés

Les fruits secs et les fruits confits se marient bien avec des pâtes sucrées comme le fondant et le massepain; en outre, les délicats petits fours que l'on obtient prennent un bel aspect brillant lorsqu'on les enrobe de sucre cuit coloré. Deux préparations sont décrites ici: d'une part, il s'agit de dattes et de pruneaux dénoyautés, fourrés avec du fondant mêlé à de la noix de coco râpée avant d'être trempés dans un sirop cuit au grand cassé *(ci-contre, en haut)*; d'autre part, des cerneaux de noix sont fourrés avec du massepain aromatisé et coloré, puis enrobés de caramel blond *(ci-contre, en bas; recettes pages 158-159).*

Les fruits comme les dattes, les pruneaux et les cerises confites présentent, une fois dénoyautés, une cavité susceptible d'être fourrée. On ouvre les fruits sans noyau, la figue par exemple, pour garnir l'intérieur. Noix, noix de pécan et amandes entières ou fendues par moitié peuvent être introduites dans une pâte.

Les mélanges de fruits, les garnitures, les colorants et arômes varient à l'infini. Ici, on a parfumé le massepain à la liqueur d'orange, mais d'autres liqueurs ou eaux-de-vie comme le rhum et le cognac conviendraient également. L'utilisation d'un arôme liquide nécessitera peut-être que l'on affermisse la pâte en ajoutant du sucre glace ou un autre ingrédient sec. Pour la même raison, on pourra ajouter du sucre à la noix de coco fraîchement râpée. La noix de coco en poudre, en revanche, tend à dessécher la pâte, d'où la nécessité de mouiller avec de l'eau ou un autre liquide.

Pour préparer des fruits déguisés, vous devrez prendre quelques précautions: veillez à ce que l'extérieur des fruits soit parfaitement sec, sinon le sirop n'adhérerait pas. Ne préparez pas trop de sirop à la fois: à force d'être agité par les friandises que vous y plongez, il cristalliserait. Si, à un moment donné, il en reste insuffisamment au fond de la casserole, posez celle-ci, légèrement inclinée, sur un autre récipient. Servez-vous d'une fourchette huilée pour tourner les petits fours et les sortir.

Dès que le glaçage est dur, il absorbe vite l'humidité de l'air et devient poisseux: dégustez donc ces friandises dès qu'elles sont prêtes.

Pruneaux et dattes fourrés

1 **Préparer le fourré.** Mettez du fondant *(page 34)* dans une terrine. Ajoutez une poignée de noix de coco et pétrissez le tout *(ci-dessus)* jusqu'à ce que la noix de coco soit incorporée. Rassemblez la pâte en boule.

2 **Fourrer les fruits.** Dénoyautez des pruneaux et des dattes *(page 50).* Pour chaque fruit, prélevez un morceau de pâte légèrement plus gros que le noyau; roulez-le en forme d'olive. Ouvrez le fruit, introduisez-y la pâte. Redonnez-lui ensuite sa forme initiale.

Boules aux noix

1 **Préparer le fourré.** Choisissez des cerneaux de noix intacts. Colorez du massepain *(pages 14 et 58);* ici on a utilisé un colorant vert. Faites un creux dans la pâte et ajoutez un arôme, ici une cuillerée de liqueur à l'orange *(ci-dessus).* Pétrissez le massepain jusqu'à ce que l'arôme soit incorporé.

2 **Fourrer les noix.** Prélevez de petits morceaux de massepain et roulez-les entre vos mains en forme de boule. Prenez deux cerneaux de noix et collez-les de part et d'autre sur une boule de pâte. Continuez jusqu'à épuisement des cerneaux de noix.

Enrober les fruits. Huilez la tôle du four. Faites cuire un sirop de sucre au grand cassé *(pages 8 à 11)* et plongez rapidement le fond de la casserole dans de l'eau froide pour arrêter la cuisson. Posez-la sur un support. Plongez les fruits un par un dans le sirop et tournez-les avec une fourchette huilée pour les enrober. Sortez-les en égouttant la fourchette contre le bord de la casserole. Mettez-les sur la tôle du four.

4 **Présenter les fruits déguisés.** Laissez-les refroidir sur la tôle du four jusqu'à ce que l'enrobage de sirop ait durci. Dressez-les ensuite dans des caissettes en papier plissé *(ci-dessus)*. Vous pouvez déguster les fruits tels quels ou les conserver pendant 12 heures au maximum dans un endroit frais et sec. □

Caraméliser les bonbons. Préparez un caramel blond *(pages 8 à 11)*. Plongez le fond de la casserole dans de l'eau froide. Mettez-la sur un support. Trempez les boules aux noix une par une dans le caramel et mettez-les sur une tôle huilée. Laissez le caramel durcir, puis dressez les bonbons dans des caissettes en papier. □

L'effet satiné du chocolat

En confiserie, une opération classique consiste à enrober de chocolat fondu des fruits secs ou fourrés. Les confiseurs professionnels emploient un chocolat spécial dit «de couverture», très riche en beurre de cacao, dont l'utilisation nécessite une série d'opérations impossibles à réaliser chez soi. On peut, toutefois, obtenir de bons résultats à partir de chocolat au lait supérieur ou, comme ici, de chocolat noir supérieur: ils donnent une pâte fluide adaptée à l'enrobage, qui durcit rapidement en couche mince et satinée.

Comme le chocolat ne tient pas sur une surface humide ou collante, l'intérieur à enrober — ou fourré — doit être ferme et sec. S'il s'agit de fruits secs comme les noix ou les noisettes, il suffit de les monder *(page 12)*; les massepains *(page 58)*, les caramels *(page 32)* et les boules de fondant *(page 70)* présentés ici doivent être préparés la veille.

Si l'on ramollit simplement le chocolat à croquer à la chaleur pour le mélanger, par exemple, à de la crème fraîche *(page 66)*, en revanche, on doit chauffer le chocolat supérieur jusqu'à ce que tous les

corps gras qu'il contient aient fondu et qu'il soit parfaitement fluide. Toutefois, ne le laissez pas trop longtemps sur le feu, sinon il brûlerait et le goût et la texture en seraient alors altérés. Pour pallier cet inconvénient, on le fait fondre au-dessus d'une casserole d'eau chaude et on vérifie avec un thermomètre à sirop que la température ne dépasse jamais 49°C.

Dès que le chocolat est fluide, on le laisse refroidir légèrement pour qu'il épaississe. En effet, s'il est trop chaud, il coulera sur le fourré et ne formera pas une couche épaisse; mais s'il refroidit trop, le beurre de cacao risque d'apparaître à la surface sous forme de traînées blanchâtres. Dès que la bonne consistance est atteinte, on laisse le chocolat fondu sur la casserole d'eau chaude afin de le maintenir à une température plus ou moins constante pendant l'enrobage.

La façon d'enrober des fourrés avec une fourchette à tremper est identique à celle indiquée pour le fondant *(page 70)*. Selon le goût, décorez les chocolats avec les dents de la fourchette avant qu'ils ne durcissent *(page 76)*.

1 Faire fondre le chocolat. Coupez du chocolat noir supérieur en morceaux *(page 17)*. Faites bouillir de l'eau dans une casserole; retirez-la du feu. Mettez le chocolat dans une terrine et placez-le sur la casserole de façon qu'elle ne touche pas l'eau. Couvrez la terrine pour conserver la chaleur *(ci-dessus)*.

4 Enrober les fourrés. Placez les fourrés à proximité de la terrine de chocolat; chemisez un plateau de papier paraffiné et mettez-le de l'autre côté. Trempez les fourrés un par un dans le chocolat. Poussez-les légèrement avec la fourchette à tremper pour les immerger *(à gauche)* puis retournez-les. Sortez-les en tapotant la fourchette contre le bord de la terrine *(au centre)* pour éliminer l'excédent de chocolat. Afin que la fourchette ne goutte pas, passez-la contre le bord de la terrine *(à droite)*.

2 **Remuer le chocolat.** Soulevez le couvercle de temps en temps et, avec une cuillère en bois, remuez le chocolat *(ci-dessus)*. Dès qu'il ne contient plus de grumeaux, au bout de 10 à 15 minutes environ, retirez le couvercle. Remuez constamment le chocolat jusqu'à ce qu'il soit parfaitement onctueux.

3 **Vérifier la consistance.** La température optimum d'enrobage se situe entre 32 et 43°C. Vérifiez-la. Pour savoir si le chocolat est assez épais, prenez-en un peu entre le pouce et l'index: il doit se rétracter et durcir presque aussitôt. S'il reste liquide quelques secondes, laissez-le refroidir légèrement.

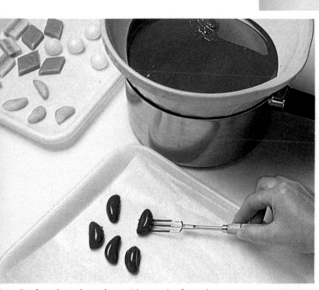

5 **Sécher les chocolats.** Placez la fourchette au-dessus du plateau. Inclinez-la légèrement de façon que le chocolat glisse le long des dents *(ci-dessus)*. Espacez bien les chocolats enrobés. Laissez-les sécher complètement avant de les présenter *(ci-contre)*. Conservez-les au frais dans des caissettes. □

Enrobages fantaisie

Décorer des chocolats enrobés permet d'en varier l'aspect et de leur donner un fini professionnel. Il peut s'agir d'une demi-noix, d'une fleur ou d'une écorce confite *(page 49)* enfoncée dans l'enrobage avant qu'il ne durcisse, mais aussi de motifs tracés dans le chocolat lui-même lorsqu'il est encore liquide, ou bien d'ornements ajoutés avec une poche à douille dès qu'il est sec.

On peut réaliser de très jolies décorations avec une fourchette à tremper. Ainsi, en appuyant les dents sur l'enrobage, on obtient un motif en relief comme les crêtes parallèles ci-dessous à gauche ou les ondulations page de droite, qui conviennent aux chocolats à bords droits. Pour les bonbons ronds *(ci-dessous, à droite)*, on enrobe les fourrés avec une fourchette terminée par un anneau et on l'utilise pour tracer des cercles. On peut également former une crête sur des friandises avec le doigt: cette méthode convient aux fourrés irréguliers comme les noix du Brésil *(en bas, à gauche)*. Pour décorer à la poche à douille, choisissez un chocolat de couleur contrastée afin que le motif ressorte. Faites un trou minuscule à la pointe de la poche pour obtenir des lignes fines *(ci-dessous, en bas à droite)*; sinon, épaississez le chocolat *(page 17)* et façonnez des coquilles avec une petite douille.

Décorer des chocolats à bords droits. Avec une fourchette à tremper, enrobez trois chocolats *(page 74)*; décorez-les avant d'en enrober trois autres. En tenant les dents de la fourchette parallèlement aux côtés de la friandise, posez-les sur le chocolat fondu. Soulevez légèrement la fourchette pour former des crêtes. Tirez-la vers vous en suivant le tracé obtenu.

Décorer des bonbons ronds. Avec une fourchette terminée par un anneau, enrobez trois bonbons *(page 74)*; retournez la fourchette et déposez-les un par un sur du papier paraffiné. Pour les décorer, posez l'anneau de la fourchette sur le chocolat et soulevez celle-ci légèrement pour obtenir une crête circulaire. Enlevez la fourchette verticalement.

Décorer des fourrés irréguliers. Avec une fourchette à tremper — à dents ou terminée par un anneau —, enrobez trois fourrés *(page 74)*. Pour les décorer, trempez votre index dans le chocolat fondu ayant servi à l'enrobage et passez-le délicatement le long des friandises; le chocolat liquide se déposera à la surface en formant une ligne en relief.

Décorer à la poche à douille. Enrobez des friandises de chocolat noir supérieur *(page 74)* et faites-les sécher sur du papier paraffiné. Faites fondre du chocolat au lait supérieur. Confectionnez une poche à douille en papier *(page 16)*, remplissez-la de chocolat fondu et coupez la pointe du cône. Tracez des zigzags sur les chocolats, en les faisant dépasser.

superposant deux ou trois fourrés
férents, on peut obtenir un mélange de
eurs et de textures original. Détaillé
bonbons, cet assemblage peut alors
e trempé dans du chocolat *(page 74)*.
Pour la base, prenez une confiserie
fisamment ferme pour pouvoir être
issée en feuilles : du massepain nature,
me ici *(page 58)*, du fondant *(page 34)*
une pâte aromatisée comme celle pré-
tée à la page 56. Recouvrez-la ensuite
ne couche épaisse et uniforme de pâte à
ffes *(page 66)* ou de pâte chocolatée au
rre *(page 64)*, trop molles pour servir
support à la friandise. Pour varier la
ture, vous pouvez intercaler un ingré-
nt croquant : des fragments d'amandes,
noisettes ou d'écorce confite ou, comme
de l'ananas confit.
Avant que l'enrobage ne durcisse,
orez les confiseries avec une fourchet-
à tremper *(ci-dessous, à droite)* ou
poudrez-les avec un ingrédient sec :
noix, des noisettes ou des amandes
ement hachées *(page 12)* ou encore du
colat râpé *(page 17)*.

1 Incruster de l'ananas confit. Coupez une tranche d'ananas confit *(page 46)* en petits morceaux. Parfumez avec quelques gouttes de kirsch. Saupoudrez un marbre et un rouleau à pâtisserie de sucre glace ; abaissez le massepain nature *(page 58)* en un rectangle de 5 mm d'épaisseur. Enfoncez-y bien l'ananas.

2 Étaler la pâte chocolatée. Préparez une pâte chocolatée ; ici on a utilisé une pâte à truffes *(page 66)*. Avec une spatule, étalez-la bien sur le massepain incrusté d'ananas, de façon à obtenir une couche uniforme. Laissez-la durcir 1 heure environ, jusqu'à ce qu'elle soit ferme au toucher.

3 Détailler la feuille. Avec un couteau pointu, coupez les couches superposées en morceaux de la même grosseur : des carrés, des triangles ou des losanges. Séparez-les et disposez-les sur un plateau afin que les surfaces coupées puissent durcir.

4 Enrober et décorer les friandises. Avec une fourchette à tremper, enrobez-les trois par trois *(page 74)*. Tenez les dents de la fourchette parallèlement aux côtés de la friandise et posez-les sur le chocolat fondu. Soulevez la fourchette en la déplaçant sur le côté pour obtenir des ondulations avec un décrochement. Présentez les friandises dès que le chocolat est dur. □

Jouer avec les enrobages et les fourrés

Des bouchées à la surface bosselée côtoyant des crottes lisses traditionnelles ressortent agréablement dans un assortiment de chocolats. Comme le chocolat fondu épouse la forme du fourré qu'il recouvre, il faut modeler celui-ci de façon irrégulière. A l'inverse, pour masquer l'aspect lisse de certaines confiseries, on les roule dans des fruits secs hachés ou des fragments de sirop durci; ci-contre, on enrobe des truffes avec du nougat croquant écrasé.

En revanche, pour préparer les bouchées ci-dessous, on a simplement lié des noisettes, des raisins secs et de l'écorce d'orange confite avec du chocolat fondu.

Dans les deux cas, on peut enrober les friandises de chocolat fondu selon la méthode habituelle *(page 74)*. Si vous voulez travailler davantage l'enrobage, plongez-les dans du chocolat qui commence à peine à durcir *(opération 4, ci-contre)*: il les couvrira irrégulièrement et vous pourrez le modeler en forme de crêtes.

Du nougat croquant pour des truffes

1 **Écraser du nougat croquant.** Préparez un nougat croquant *(page 31)* avec les fruits secs de votre choix, utilisés seuls ou en mélange, ici des noisettes. Mettez-en quelques morceaux dans un sac en plastique. Avec un rouleau à pâtisserie, écrasez-les en une poudre grossière *(ci-dessus)*. Étalez-la sur un plateau en une seule couche.

2 **Modeler les truffes.** Tamisez une couch de cacao en poudre sur un plateau. Préparez une pâte à truffes *(page 66)*. Prélevez des cuillerées à café de pâte et, avec une autre cuillère, faites-la glisser sur le cacao. Saupoudrez-vous les mains de cacao et roulez les morceaux de pâte en boules; posez les truffes sur le nougat croquant.

Un enrobage lisse pour des bouchées

1 **Réunir les ingrédients.** Faites fondre du chocolat à croquer jusqu'à ce qu'il soit lisse *(page 65)*. Retirez-le du feu. Mettez une quantité égale de noisettes légèrement grillées et de raisins secs dans une terrine. Hachez finement de l'écorce d'orange confite *(page 49)* et ajoutez-la au contenu de la terrine.

2 **Lier avec le chocolat.** Avec une cuillère en bois, transférez le chocolat fondu dans la terrine. Tenez celle-ci d'une main et remuez le tout intimement afin de bien incorporer le chocolat aux autres ingrédients.

3 **Façonner les bouchées.** Chemisez un plateau de papier paraffiné. Avec une cuillère à café, prélevez un peu de la préparation chocolatée et, avec une autre cuillère, déposez-la sur le papier paraffiné *(ci-dessus)*. Mettez au frais 1 heure environ, jusqu'à ce que les bouchées soient dures.

Rouler dans le nougat. Prenez-en un peu avec les doigts et enrobez-en les truffes, en y enfonçant les morceaux de nougat. Posez les truffes sur le plateau de nougat croquant et mettez-les au réfrigérateur. Sortez-les un peu avant de les utiliser afin que la surface revienne à température ambiante.

4 **Tremper dans du chocolat.** Chemisez un plateau de papier paraffiné. Faites fondre du chocolat noir supérieur *(page 74)*, comme ici. Retirez-le du feu et laissez-le refroidir légèrement. Plongez les truffes dans le chocolat et sortez-les ; étirez le chocolat en forme de crêtes avant qu'il ne durcisse. Laissez les truffes durcir sur le plateau et dressez-les dans des caissettes en papier. □

Enrober de chocolat. Chemisez un plateau de papier paraffiné. Faites fondre du chocolat *(page 74)*, ici du chocolat noir supérieur. Plongez-y les bouchées avec une fourchette à tremper *(ci-dessus)* et mettez-les à sécher sur le plateau. Présentez-les dans des caissettes en papier *(ci-contre)* ou bien conservez-les au frais. □

Technique du coulage dans l'amidon

Enfermer un liquide sirupeux à l'intérieur d'une enveloppe de chocolat est une des étonnantes réussites dont le confiseur a le secret. Il faut, en effet, laisser cristalliser une partie du sucre contenu dans le sirop de façon à obtenir une croûte qui retiendra le reste du liquide à l'intérieur. Ainsi protégé par cette paroi de sucre solidifié, le sirop peut alors être enrobé comme n'importe quel autre fourré.

Chez soi, la confection de ces fourrés liquides exige une préparation particulière. En effet, pour que la croûte ait une forme agréable, on les moule dans de la fécule de maïs préalablement séchée à four doux afin qu'elle n'absorbe pas le sirop. On la met dans un plateau et on y fait des impressions en creux à l'aide de formes collées sur une baguette (encadré ci-dessous). On remplit les cavités obtenues de sirop et on recouvre le tout de fécule. Celle-ci favorise la cristallisation du sucre pour deux raisons : d'une part, les fines particules qui la composent offrent une large surface contre laquelle les molécules de sucre viennent s'aligner

et, d'autre part, elles attirent un peu de l'humidité du sirop en le concentrant à un point où il cristallise très rapidement. Une fois formée, la paroi cristalline permet au fourré de rester liquide.

Il faut préparer le sirop avec le plus grand soin : seul un sirop assez léger cuit à 108 °C donne une croûte fine et régulière. S'il est trop concentré, il forme une coque épaisse et grumeleuse.

On l'aromatise, en général, avec une liqueur ou, comme ici, de l'eau-de-vie (recette page 163). On le laisse refroidir jusqu'à 49 °C : il devient alors « sursaturé » (page 8) et prêt à cristalliser.

Quand la croûte commence à se former, le haut est plus mince que les côtés et la base. Pour qu'elle ait une épaisseur uniforme, on tourne les fourrés dans la fécule. Il faut compter 24 heures pour obtenir une croûte de sucre uniforme et suffisamment résistante pour ne pas se briser. Dès que les fourrés sont parfaitement formés, on peut les enrober d'une couche de chocolat, comme ici, ou de deux ou trois couches.

1 **Remplir un plateau de fécule.** Étalez de la fécule sur 1 cm d'épaisseur dans plusieurs plateaux et mettez-les 1 heure environ à four très doux. Dans un plateau de 4 à 5 cm de profondeur, tamisez la fécule séchée et chaude jusqu'à ce qu'elle forme un monticule qui déborde du plateau.

Pour obtenir des impressions en creux uniformes

1 **Découper les formes.** Étendez de la pâte à modeler en un rectangle de 1 cm d'épaisseur. A l'aide d'un emporte-pièce, découpez des formes dans la pâte (ci-dessus). Comme elle se rétracte en séchant, prévoyez-les légèrement plus grosses que les fourrés que vous voulez confectionner.

2 **Lisser les formes.** Sortez-les du bloc de pâte à modeler et faites-les sécher selon les instructions du fabricant. Pour en lisser la surface, frottez-les légèrement avec du papier de verre.

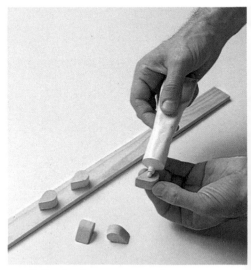

3 **Coller les formes sur une baguette.** Coupez une baguette en bois en la prévoyant plus large que les formes de 2,5 cm et plus longue que le plateau de 10 cm. Collez les formes dessus. Espacez-les de 2 cm, en laissant 5 cm à chaque extrémité de la baguette.

2 **Lisser la surface de la fécule.** Avec le côté plat de la baguette sur laquelle vous avez collé les formes *(page de gauche, en bas)*, lissez la surface de la fécule et mettez-la au même niveau que le bord du plateau en poussant la baguette en avant de façon à éliminer l'excédent de fécule de maïs *(ci-dessus)*.

3 **Faire des impressions en creux.** Enfoncez les formes collées sur la baguette dans la fécule, jusqu'à ce que les deux extrémités de la baguette reposent sur le bord du plateau. Soulevez-la doucement à la verticale. Avec un pinceau sec, enlevez la fécule de la baguette. Continuez à imprimer des creux en laissant 4 cm environ entre les rangées. Mettez le plateau dans un four réglé à la température la plus basse. Versez le reste de fécule de maïs dans un plat et enfournez-le.

4 **Faire un sirop aromatisé.** Faites fondre du sucre dans de l'eau sur feu moyen, en remuant de temps en temps. Dès qu'il est complètement dissous, mettez un thermomètre à sirop dans la casserole, augmentez le feu et portez le sirop à 108°C. Plongez le fond de la casserole dans de l'eau froide, enlevez le thermomètre et laissez refroidir 5 minutes. Ajoutez de l'eau-de-vie et mélangez en versant le tout dans une casserole propre puis en le remettant dans la première. Ne remuez pas le sirop.

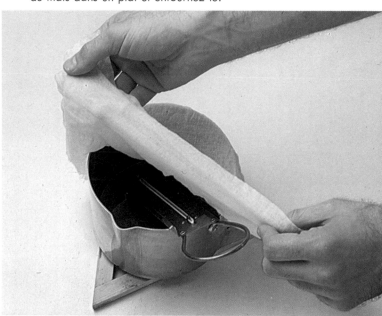

5 **Laisser refroidir le sirop.** Remettez le thermomètre dans la casserole. Laissez le sirop aromatisé refroidir jusqu'à 49°C. Afin que l'alcool qui s'évapore lors du refroidissement se recondense, placez un linge humide sur la casserole *(ci-dessus)*. Soulevez-le toutes les 2 à 3 minutes pour vérifier la température du liquide. ▶

6 **Mettre le sirop dans un entonnoir.** Pour verser le sirop correctement dans les cavités obtenues, prenez un entonnoir dont l'orifice est plus petit que les cavités et bouchez-le en insérant le manche d'une cuillère en bois dans le tube. Versez du sirop refroidi dans l'entonnoir jusqu'à mi-hauteur *(ci-dessus)*. Réservez le reste dans la casserole, en le recouvrant d'un linge.

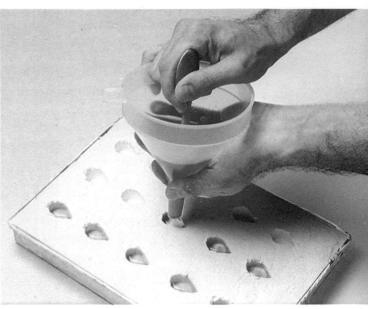

7 **Remplir les cavités.** Sortez le plateau de fécule du four et posez-le sur un plan de travail. Pour remplir une des cavités, centrez le tube de l'entonnoir au-dessus et soulevez légèrement la cuillère afin que le sirop goutte lentement dans la fécule. Dès que la cavité est pleine, arrêtez le débit du sirop en réintroduisant le manche de la cuillère dans le tube. Remplissez toutes les cavités.

10 **Sortir les fourrés.** Posez le plateau sur un plan de travail. Avec les doigts, sortez délicatement les fourrés un par un du plateau. Pour enlever l'excédent de fécule, frottez-lez avec un pinceau à pâtisserie à poils souples *(ci-dessus)* avant de les dresser sur une assiette. Si vous avez l'intention de réemployer la fécule, tamisez-la avant de la remettre au four.

11 **Enrober les fourrés de chocolat.** Recouvrez un plateau de papier paraffiné. Faites fondre du chocolat noir supérieur dans une terrine placée au-dessus d'une casserole d'eau chaude *(page 74)*. Plongez les fourrés un par un dans le chocolat et tournez-les avec une fourchette à tremper, ici avec un anneau. Sortez-les avec la fourchette ; pour enlever l'excédent de chocolat à la base du fourré, passez-le sur le bord de la terrine *(ci-dessus)*. Dressez les chocolats sur le plateau.

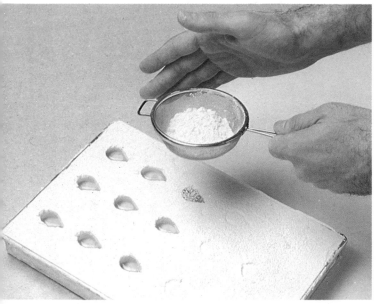

8 **Recouvrir de fécule de maïs.** Sortez le plat contenant le reste de fécule du four. Avec une passoire fine, tamisez doucement la fécule sur le plateau en une couche uniforme de 3 mm d'épaisseur, qui favorisera la cristallisation du sucre pour la formation du « couvercle » du fourré.

9 **Tourner les fourrés.** Afin que le sirop forme une croûte complète, laissez le plateau dans un endroit chaud au moins 6 heures. Pour que la paroi de sucre soit uniforme, tournez délicatement les fourrés avec une cuillère ou une fourchette *(ci-dessus)*. Remettez le plateau dans un endroit chaud encore 6 heures.

12 **Décorer et présenter les fourrés.** Dès que vous avez enrobé trois fourrés — avant que la surface ne durcisse —, décorez-les à votre goût. Ici, on effleure chaque chocolat avec l'anneau de la fourchette. Dès que la surface est ferme, présentez les chocolats sur une assiette *(ci-contre)*. □

Œuf de Pâques en chocolat

En coulant du chocolat fondu dans un moule en deux parties, puis en le laissant durcir, on peut réaliser des moulages parfaitement symétriques. Le chocolat ayant tendance à se rétracter en refroidissant, les formes se démoulent facilement et peuvent, en étant appliquées l'une contre l'autre, donner naissance à toutes sortes d'objets décoratifs. Les moules servent le plus souvent à confectionner les œufs de Pâques, comme celui qui est préparé ici; toutefois, d'autres moules existent qui permettent de fabriquer maints sujets, des animaux par exemple. On trouve des moules en métal et des moules en plastique, les plus pratiques étant ceux en plastique semi-transparent qui révèlent le moment où le chocolat s'est décollé des parois. Quel que soit le modèle choisi, il faut en polir l'intérieur avec soin avant de couler le chocolat: la surface du moulage sera d'autant plus satinée que l'intérieur du moule sera brillant.

Le chocolat doit être suffisamment ferme pour se démouler sans bavure. Il est conseillé d'utiliser un chocolat supérieur ou à croquer *(page 16)* de consistance dure. La quantité dépendra de la taille du moule. Une friandise volumineuse nécessitera, bien entendu, que l'enveloppe soit suffisamment épaisse pour résister au démoulage et aux manipulations. Toutefois, appliqué en une seule couche épaisse, le chocolat ne durcit pas uniformément: il est donc préférable de couler plusieurs couches minces. Pour l'œuf de Pâques de 20 cm représenté ici, on a coulé 350 g de chocolat en deux fois, mais, dans le cas d'un sujet de plus grand format, trois couches seront peut-être nécessaires. Le moule est retourné après chaque application; ainsi, le chocolat fondu glisse vers le bas et durcit en formant une bordure plate et résistante. Après démoulage, les deux moitiés sont réunies et éventuellement garnies de petits bonbons avant d'être soudées l'une à l'autre.

Pour décorer un œuf de Pâques, on met du chocolat à croquer fondu dans une poche à douille munie d'un embout étoilé *(opération 9, en bas)* que l'on applique tout autour de la soudure. Un chocolat de couleur contrastée fera ressortir le motif décoratif. Les sujets en chocolat moulé se conservent bien dans un endroit frais.

1 **Polir l'intérieur des moules.** Tenez chaque moitié des moules en métal ou en plastique par le bord et frottez l'intérieur avec un chiffon doux et sec, ici un morceau de mousseline, afin de lui donner un beau brillant.

2 **Couler le chocolat.** Chemisez un plateau de papier paraffiné. Faites fondre du chocolat *(page 74)*. Pour qu'il reste liquide, laissez-le sur une casserole d'eau chaude et remuez-le de temps en temps. Enduisez chaque demi-moule séparément. En le tenant dans votre paume, versez-y assez de chocolat pour l'enduire uniformément.

6 **Décoller les bords.** Dès que le chocolat est dur — au bout de 2 heures environ, parfois plus —, il se rétracte en se décollant du moule. Retournez celui-ci et, avec une spatule en plastique, raclez le chocolat durci sur le pourtour. Passez l'ongle du pouce entre la coquille et le moule afin de détacher les parties qui adhèrent.

7 **Démouler la coquille.** Pour la décoller du moule, appuyez d'un côté sur la bordure. Placez les doigts d'une main à l'intérieur de la coquille, faites-la basculer sur le bout de vos doigts et sortez-la du moule. Posez-la sur le papier paraffiné, sur le côté bombé.

3 **Enduire le moule.** Prenez le moule à deux mains par son bord extérieur. Inclinez-le légèrement et faites-le tourner de façon que le chocolat fondu s'étale sur toute la surface et enduise complètement l'intérieur *(ci-dessus)*.

4 **Retirer l'excédent de chocolat.** Inclinez le moule au-dessus de la terrine de chocolat afin que le chocolat s'égoutte. Mettez-le sur le plateau jusqu'à ce que le chocolat devienne ferme : pour cet œuf, il faut compter 20 minutes ; le temps varie selon l'épaisseur du chocolat et le milieu ambiant.

5 **Appliquer une seconde couche.** Décollez le moule garni de chocolat du papier paraffiné. Versez suffisamment de chocolat pour former une seconde couche *(ci-dessus)*. Faites tourner le moule de façon que le chocolat recouvre bien la première couche. Faites couler l'excédent dans la terrine. Retournez le moule sur le plateau.

8 **Assembler l'œuf.** Découpez deux rectangles de papier paraffiné. Remuez le chocolat fondu. Soulevez le papier paraffiné pour prendre une des coquilles. Avec une spatule, étalez du chocolat fondu sur la bordure *(ci-dessus)*. Soulevez l'autre coquille de la même façon. Appuyez bien sur les deux coquilles pour les souder.

9 **Décorer et présenter l'œuf.** Faites fondre du chocolat et mettez un embout étoilé sur une poche à douille *(page 16)*. Tenez l'œuf horizontalement avec du papier paraffiné ou faites-le rouler dans votre main. Avec la poche, décorez la jointure qui se trouve face à vous, puis l'autre. Tracez un socle sur l'extrémité arrondie et posez l'œuf sur du papier paraffiné. □

Framboises au chocolat

En utilisant le procédé de moulage exposé page 84, on peut confectionner de petits godets en chocolat dont on garnira l'intérieur, selon le goût. Le format réduit des friandises ne nécessite pas l'emploi de moules rigides : les caissettes à confiserie conviennent. Les caissettes en papier d'aluminium peuvent être laissées en place, mais les enlever, une fois le chocolat durci, ne présente pas de difficulté.

Un godet en chocolat peut recevoir un fourré fluide comme le fondant utilisé ici *(pages 34 à 37; recette page 162)* ou être garni d'une pâte de base chocolatée ou non de consistance crémeuse *(pages 56 et 66)*. On obtiendra des parfums et textures différents en ajoutant des noix, noisettes ou fruits confits, ou encore la moitié d'un petit fruit. On utilisera une cuillère pour verser les fourrés liquides et on laissera au fondant, qui doit préalablement fondre au bain-marie, le temps de refroidir un peu, sinon il ferait fondre le chocolat. Les fourrés crémeux peuvent être versés avec une cuillère ou une poche à douille; dans ce cas, ils adoptent, en durcissant, une forme décorative. On peut également coiffer la friandise avec du chocolat.

1 **Chemiser des caissettes en aluminium.** Faites fondre du chocolat *(page 74)* et remplissez-en une caissette jusqu'à mi-hauteur. Faites tourner la caissette pour qu'elle soit bien enduite et renversez-la au-dessus de la terrine pour éliminer l'excédent. Mettez les caissettes sur un plateau pour laisser au chocolat le temps de durcir : comptez de 2 à 5 minutes.

2 **Ajouter le fourré.** Faites fondre du fondant *(page 37)*. Égouttez des framboises à l'eau-de-vie et coupez-les en deux. Versez un peu de fondant dans le godet en chocolat. Posez une demi-framboise dessus. Pour enfermer le jus du fruit et obtenir une surface solide, couvrez la framboise de fondant.

3 **Napper de chocolat.** Dès que le fondant devient ferme, nappez-le de chocolat fondu *(ci-dessus)*. Inclinez le godet pour que la nappe de chocolat soit uniforme. Dégustez les framboises *(ci-contre)* ou rangez-les dans une boîte hermétique entre du papier paraffiné. On peut les conserver au frais pendant huit jours. □

Anthologie de recettes

s'inspirant des traditions culinaires de 29 pays, les rédacteurs
[l]es conseillers techniques de cet ouvrage ont sélectionné à
[l]e intention 246 recettes de confiserie de 128 auteurs, du
[gra]nd maître Nostradamus qui écrivit un ouvrage sur ce même
[suj]et en 1555, à l'époque où le sucre commençait à se répandre
[et à] devenir meilleur marché, à d'éminents spécialistes de cette
[bra]nche de l'art culinaire comme Menon, Michel Guérard et
[Pro]sper Montagné.

[C]ette Anthologie présente des recettes traditionnelles de
[car]amels au beurre anglais et gallois, de « divinités » et « penu-
[che]s » américains, de nougats français et de massepains d'Europe
[cen]trale, ainsi que des pâtes exotiques indiennes parfumées à la
[car]damome et des halvas du Moyen-Orient et des Balkans. Elle
[vou]s permettra de réaliser des confiseries simples et non cuites,
[à b]ase de sucre glace et de blancs d'œufs, ou des créations aussi
[sop]histiquées et délicieuses que les chocolats fourrés à la liqueur
[et l]es fruits fourrés déguisés.

[D]ans toute cette Anthologie, comme dans la première partie
[du] livre, les auteurs et les conseillers techniques ont arrêté leur
[cho]ix sur des recettes faciles: en suivant scrupuleusement leurs
[exp]lications, vous confectionnerez des chocolats et des sucreries
dignes de trôner dans la vitrine des confiseurs professionnels.

Bien des recettes anciennes ne donnant aucune indication de
quantités, de température ou de degré de cuisson du sucre, il
nous a semblé opportun d'ajouter ces précisions et de les
compléter en indiquant entre crochets les pages de référence
correspondantes de la première partie. Par ailleurs, il est
fortement recommandé d'utiliser systématiquement un thermomètre à sirop pour toutes les recettes qui exigent une cuisson de
sucre. L'index et le glossaire sur lesquels s'achève le présent
volume permettront au lecteur de comprendre le sens des termes
techniques et d'identifier les ingrédients peu courants.

Pour des raisons d'ordre pratique, nous avons regroupé les
recettes en suivant l'ordre des chapitres de la première partie,
sauf pour les pâtes de fruits mélangées avec d'autres variétés
de pâtes de base.

Les quantités exprimées en cuillerées doivent toujours s'en-
tendre cuillerées « rases ». Le beurre et l'huile utilisés pour
graisser les moules ou les plans de travail ne figurent pas dans la
liste des ingrédients qui ne précise pas non plus les quantités de
sucre glace et de fécule de maïs requises pour saupoudrer les
plans de travail ou les ustensiles.

Les bonbons de sucre cuit

Sucre d'orge

Barley Sugar

Pour préparer du sucre d'orge, reportez-vous aux explications données à la page 24. Pour cette recette, veillez bien à enlever la casserole du feu et à arrêter la cuisson dès que le sirop est au grand cassé, sinon il risquerait de se caraméliser. Comme l'appareil refroidit et durcit rapidement, il vaut mieux vous faire aider pour torsader les bandes afin que les dernières n'aient pas le temps de devenir trop fermes. Si l'appareil durcit trop vite et ne peut plus être torsadé, cassez-le en petits morceaux. Vous pouvez remplacer la crème de tartre par 1 cuillerée à soupe de glucose liquide.

Pour 500 g environ

Sucre cristallisé	500 g
Eau	15 cl
Citron, jus passé et zeste finement pelé en une seule lanière	½
Crème de tartre	1 pincée

Dans une casserole à fond épais, faites fondre le sucre dans l'eau. Ajoutez le zeste de citron et la crème de tartre. Laissez cuire au petit boulé *[pages 10-11]*. Ajoutez le jus de citron et laissez cuire le sirop au grand cassé *[pages 10-11]*. Arrêtez la cuisson en trempant le fond de la casserole dans de l'eau glacée et enlevez le zeste de citron. Étalez le sirop en couche fine sur un plan de travail froid et légèrement huilé. Laissez refroidir quelques minutes, puis ramenez les côtés sur le centre avec un couteau spatule. Huilez une paire de ciseaux et coupez le sucre d'orge en bandes. Torsadez rapidement ces bandes pendant qu'elles sont chaudes.

GOOD HOUSEKEEPING INSTITUTE (RÉDACTEUR)
GOOD HOUSEKEEPING'S PICTURE COOKERY

Sucre d'orge à l'ancienne

Old-Fashioned Barley Sugar

Vous pouvez diminuer la quantité de bouillon d'orge de moitié: vous réduirez ainsi la durée de cuisson du sucre.

Pour 1 kg environ

Sucre en morceaux	1 kg
Orge perlé	125 g
Citron, jus passé et moitié du zeste finement parée	1
Eau froide	125 cl

Beurrez un grand plat ou une plaque de marbre. Mettez l'orge et le zeste de citron dans une casserole. Versez l'eau froide, portez à ébullition, couvrez et laissez frémir 2 heures. Hors du feu, laissez reposer 30 minutes environ. Avec une louche, prélevez 60 cl du bouillon clair qui recouvre l'orge.

Versez ce bouillon dans une casserole, ajoutez le sucre et faites-le fondre à feu doux sans cesser de remuer. Cessez de remuer lorsque le sucre est dissous, versez le jus de citron et laissez encore cuire jusqu'au grand cassé *[pages 10-11]*. Versez ce sirop dans le plat ou sur la plaque de marbre. Dès qu'il commence à refroidir, découpez-le rapidement en bâtonnets que vous tordez en les tenant aux deux extrémités.

MAY BYRON (RÉDACTRICE)
PUDDINGS, PASTRIES AND SWEET DISHES

Bonbons au marrube

Horehound Candy

Le *marrube* a été prescrit pendant des générations pour soigner les congestions pulmonaires, du nez et des sinus. Il entrait souvent dans la composition du tabac à priser.

Le marrube *est une plante herbacée vivace à l'odeur musquée qui pousse à l'état sauvage dans les régions tempérées d'Europe, d'Asie et d'Amérique mais qu'on trouve également dans le Nord de l'Europe. Vous pourrez l'acheter séché chez les herboristes.*

Pour 850 g

Cassonade fine	850 g
Eau	35 cl
Feuilles de marrube frais (ou 30 g de marrube séché)	60 g
Glucose liquide	2 cuillerées à soupe

Beurrez un moule de 30 cm sur 20 et de 3 cm de profondeur. Dans une casserole en inox munie d'un couvercle, portez l'eau à ébullition. Baissez le feu, ajoutez le marrube, couvrez et laissez frémir 15 minutes. Hors du feu, laissez infuser heure. Passez cette décoction et jetez le marrube. Ajoutez le sucre et le glucose et faites cuire jusqu'au grand cassé, 149°C, *[pages 10-11]*. Versez le sirop obtenu dans le moule beurré. Quand il commence à durcir, divisez-le en carrés que vous détacherez quand ils seront froids.

DOROTHY HALL
THE BOOK OF HERBS

Pastilles transparentes aux fruits

Clear Fruit Drops

Pour faire ces pastilles et les transformer en sucettes, reportez-vous aux explications données à la page 22. Vous pouvez également confectionner des sucettes avec n'importe quel mélange à base de sucre cuit au grand cassé. Les arômes et les colorants sont présentés à la page 14 mais vous n'en aurez pas besoin si vous remplacez l'eau par du jus de fruits. Dans ce cas, faites cuire le sirop à quelques degrés de moins.

Pour 250 g	
Sucre cristallisé	250 g
Eau	6 cuillerées à soupe
Glucose liquide	2 cuillerées à café
Arôme et colorant alimentaire	

Beurrez ou huilez des petits moules, un grand moule plat ou une plaque de marbre. Faites fondre le sucre dans l'eau avec le glucose à feu modéré. Portez ce sirop à ébullition et laissez-le cuire jusqu'à ce que le thermomètre à sirop indique 147 ou 148°C. Ajoutez l'arôme et le colorant et laissez cuire jusqu'à ce que le thermomètre indique 149°C, ou au grand cassé *[pages 10-11]*.

Enlevez du feu et versez immédiatement le sirop dans les moules ou sur la plaque de marbre, par cuillerées. Si vous utilisez un moule plat, divisez tout de suite l'appareil en carrés que vous cassez dès qu'ils ont refroidi. Ces pastilles durcissent très rapidement.

D.F. HUTTON ET E.M. BODE
SIMPLE SWEETMAKING

Caramels au beurre

Butterscotch

Pour 500 g environ	
Cassonade en gros cristaux	500 g
Eau	15 cl
Beurre	60 g

Beurrez un moule de 15 cm de côté. Dans une casserole, portez l'eau à ébullition. Ajoutez la cassonade et le beurre et faites-les fondre à feu doux, sans cesser de remuer. Portez à ébullition, couvrez et laissez frémir 2 minutes. Découvrez et laissez encore bouillir, sans remuer, 12 minutes environ, jusqu'au grand cassé. Le thermomètre à sirop doit alors marquer 149°C environ *[pages 10-11]*.

Versez dans le moule. Quand le caramel est presque dur, divisez-le en carrés ou en barres avec un couteau beurré. Quand il a complètement durci, cassez-le et enveloppez les morceaux dans du papier paraffiné.

SONIA ALLISON
THE DAIRY BOOK OF HOME COOKERY

Caramels au beurre à l'ancienne

Old-Fashioned Butterscotch

Pour 500 g environ	
Sucre cristallisé	500 g
Crème fraîche épaisse	15 cl
Eau	15 cl
Crème de tartre	1 pincée
Beurre coupé en petits morceaux	90 g
Extrait de vanille	½ cuillerée à café

Beurrez un moule de 17 cm de côté et 4 cm de profondeur. Mélangez le sucre avec la crème fraîche, ajoutez la crème de tartre et laissez cuire à feu très doux jusqu'au petit boulé, 116°C *[pages 10-11]*. Incorporez le beurre et laissez cuire jusqu'au petit cassé, 138°C *[page 10]*. Ajoutez l'extrait de vanille et enlevez du feu.

Versez cet appareil dans le moule. Quand le caramel est presque froid, divisez-le en barres de 5 cm sur 2,5 ou en carrés de 2,5 cm de côté avec la pointe d'un couteau beurré ou huilé. Quand il est parfaitement froid et dur, cassez-le, enveloppez les morceaux dans du papier paraffiné et conservez-les dans une boîte en fer hermétiquement fermée.

SONIA AGNEW
SWEET-MAKING FOR EVERYWOMAN

Caramels au beurre et à la mélasse

Everton Toffee

Pour 500 g environ

Cassonade en gros cristaux	300 g
Eau	4 cuillerées à soupe
Mélasse raffinée	2 cuillerées à soupe
Mélasse	1 cuillerée à soupe
Beurre	100 g

Beurrez un moule de 15 cm de côté. Dans une casserole, faites chauffer tous les ingrédients à feu doux, sans cesser de remuer, jusqu'à ce que le beurre et la cassonade aient fondu. Portez à ébullition. Couvrez et laissez frémir 2 minutes. Découvrez et laissez encore bouillir, en remuant de temps en temps, de 10 à 15 minutes, jusqu'au grand cassé *[pages 10-11]*. Le thermomètre à sirop doit alors marquer 149°C environ. Faites durcir ce caramel dans le moule. Démoulez-le sur une planche et cassez-le en morceaux avec un petit marteau.

SONIA ALLISON
THE DAIRY BOOK OF HOME COOKERY

Caramels au beurre d'Everton

Everton Toffee

Pour faire des caramels au beurre, reportez-vous aux explications données à la page 30. Pour que l'évaporation ne fasse pas disparaître le goût du jus de citron, ajoutez-le seulement en fin de cuisson.

Pour 600 g environ

Sucre cristallisé	500 g
Beurre	125 g
Jus de citron passé	1 cuillerée à café
Eau	30 cl

Dans une casserole à fond épais, faites fondre le sucre avec le reste des ingrédients à feu modéré, de 10 à 15 minutes environ, sans cesser de remuer. Arrêtez de remuer et laissez cuire au petit cassé *[page 10]*. Trempez rapidement le fond de la casserole dans de l'eau froide. Versez cet appareil dans un moule beurré ou huilé de 30 cm sur 20 et de 3 cm de profondeur et laissez-le refroidir jusqu'à ce qu'il soit presque ferme au toucher. Avec un couteau très pointu, divisez le caramel obtenu en morceaux de 2,5 cm. Laissez-le complètement refroidir puis cassez les morceaux et enveloppez-les dans des carrés de papier paraffiné.

WINIFRED GRAHAM
CHOCOLATES AND CANDIES FOR PLEASURE AND PROFIT

Hopjes

Haags Hopje

Ces caramels durs typiquement hollandais, spécialité de La Haye, sont surtout fabriqués de façon industrielle, mais on peut également les préparer chez soi.

Les règles à caramel sont présentées à la page 19.

Pour 300 g environ

Sucre cristallisé	200 g
Mélasse raffinée	75 g
Café fort	8 cl
Beurre frais	50 g
Crème fraîche épaisse	4 cuillerées à soupe

Beurrez une plaque de pierre ou de marbre et disposez dessus quatre règles à caramel en formant un carré de 15 cm de côté. Dans une grande casserole, délayez le sucre avec la mélasse et le café et portez ce sirop à ébullition.

Ajoutez le beurre et la crème, en veillant à ce que la préparation ne déborde pas car l'ébullition la fera monter rapidement. Faites-la cuire au petit cassé, 137°C *[page 10]*, sans cesser de remuer.

Versez la préparation sur la plaque, entre les règles. Dès qu'elle commence à durcir, au bout de 15 à 20 minutes environ, divisez-la en carrés de 2 cm de côté. Quand le caramel sera refroidi, vous séparerez les carrés.

C.A.H. HAITSMA MULIER-VAN BEUSEKOM (RÉDACTEUR)
CULINAIRE ENCYCLOPÉDIE

Caramel suédois

Knäck

Pour 850 g environ

Sucre cristallisé	400 g
Crème fraîche épaisse	30 cl
Mélasse raffinée	30 cl
Chapelure tamisée	4 cuillerées à soupe
Amandes mondées et hachées menu	150 g

Beurrez un moule de 30 cm sur 20 et de 3 cm de profondeur. Dans une casserole, faites cuire le sucre avec la crème et la mélasse, sans cesser de remuer, de 15 à 20 minutes environ, jusqu'au grand boulé *[pages 10-11]*. Ajoutez la chapelure et laissez cuire encore 5 minutes, jusqu'au petit cassé. Incorporez les amandes et faites rapidement reprendre l'ébullition. Versez la masse dans des caissettes en papier.

INGE NORBERG (RÉDACTRICE)
GOOD FOOD FROM SWEDEN

Bonbons aux ferfels

Farfel Candy

Vous trouverez des ferfels dans les épiceries juives. On les prépare avec de la farine de froment obtenue en broyant du pain azyme qu'on lie avec de l'eau. On divise ensuite cette détrempe en petits morceaux que l'on fait rôtir ou sauter. On les sert habituellement dans des soupes.

Pour 1 kg environ

Sucre cristallisé	125 g
Miel	500 g
Ferfels	90 g
Noix ou amandes, noisettes, pistaches, etc., hachées	350 g

Faites fondre le miel et le sucre à feu doux. Portez à ébullition et laissez cuire jusqu'à obtention d'un sirop légèrement brun ou au petit cassé *[page 10]*. Incorporez les ferfels et les noix. Versez cette masse sur une plaque de marbre ou sur une planche humide. Trempez-vous les mains dans de l'eau glacée et aplatissez la masse en carré de 2 cm d'épaisseur environ. Laissez-la tiédir puis coupez-la en cinquante bonbons carrés ou en losanges avec un couteau pointu et humide.

SARA KASDAN
LOVE AND KISHKES

Caramel croquant au beurre

Toffee Butter Crunch

Pour monder et griller des amandes, reportez-vous aux explications données à la page 12.

Pour 1 kg environ

Sucre cristallisé	350 g
Amandes mondées	250 g
Beurre	250 g
Eau	3 cuillerées à soupe
Glucose liquide	½ cuillerée à soupe
Chocolat au lait cassé en morceaux	500 g

Beurrez généreusement un moule en métal souple de 32 cm sur 22. Hachez grossièrement la moitié des amandes et hachez menu l'autre moitié. Passez-les 5 minutes au four préchauffé à 180°C (4 au thermostat), jusqu'à ce qu'elles soient légèrement dorées. Dans une grande casserole, faites fondre le beurre. Ajoutez le sucre, l'eau et le glucose et laissez cuire à feu modéré, en remuant de temps en temps, au grand cassé, 149°C *[pages 10-11]*. Incorporez rapidement les amandes grossièrement hachées. Étalez ce caramel dans le moule pendant qu'il est encore chaud et laissez-le entièrement refroidir. Démoulez-le sur du papier sulfurisé.

Faites fondre le chocolat au bain-marie. Enduisez le caramel de la moitié du chocolat fondu et parsemez-le de la moitié des amandes hachées menu. Couvrez-le de papier paraffiné et renversez-le. Enduisez l'autre face avec le reste de chocolat et d'amandes hachées menu. Faites raffermir au réfrigérateur, incisez avec un couteau et cassez en vingt-quatre morceaux environ.

JUNIOR LEAGUE OF JACKSON, MISSISSIPPI
SOUTHERN SIDEBOARDS

Confiserie de Pâques au gingembre

Passover Ingberlech

Pour 750 g environ

Sucre cristallisé	250 g
Miel	200 g
Amandes mondées et hachées	60 g
Gingembre en poudre	1½ cuillerée à soupe
Pain azyme grossièrement broyé	125 g
Œufs battus	2
Sucre cristallisé mélangé avec 1 cuillerée à café de gingembre en poudre	60 g

Dans une casserole profonde, mélangez le sucre cristallisé et le miel et portez à ébullition à feu doux, en remuant. Baissez le feu et laissez frémir 10 minutes. Enlevez du feu. Mélangez intimement les amandes, le gingembre et le pain azyme avec les œufs à l'aide d'une fourchette. Incorporez ce mélange au contenu de la casserole et faites cuire à feu doux, sans cesser de remuer, au petit cassé *[page 10]*.

Versez la masse obtenue sur une plaque de marbre ou sur une planche humide. Trempez-vous les mains dans de l'eau glacée et aplatissez la masse avec vos paumes sur 1 cm d'épaisseur. Saupoudrez de sucre mélangé avec le gingembre et laissez tiédir. Découpez en vingt-cinq carrés ou losanges avec un couteau pointu et humide.

SARA KASDAN
LOVE AND KISHKES

La Colle

La cassonade doit impérativement être parfaitement dissoute. Le caramel doit avoir exactement la consistance de la colle. C'était une spécialité créole de la Nouvelle-Orléans.

Pour 1 kg environ

Cassonade fine (ou 50 cl de mélasse)	1 kg
Noix de pécan ou noix ordinaires, ou cacahuètes grossièrement hachées	250 g

Portez la cassonade avec 4 cuillerées à soupe d'eau ou la mélasse seule à ébullition. Incorporez les noix ou les cacahuètes hachées et laissez cuire au petit cassé *[page 10]*.

Versez dans des caissettes en papier plissé ou dans des moules de 10 cm sur 5 en les remplissant sur 5 mm à 1 cm environ d'épaisseur. Laissez refroidir.

THE PICAYUNE'S CREOLE COOK BOOK

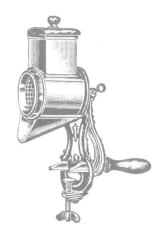

Nougat croquant de Noël

Makagigi

Pour caraméliser du sucre sans eau, reportez-vous aux explications données à la page 9.

Pour 750 g

Sucre cristallisé	60 g
Miel	150 g
Beurre	150 g
Amandes mondées ou noix hachées	500 g

Dans une sauteuse à fond épais, faites fondre le sucre à feu doux jusqu'à ce qu'il soit légèrement doré. Ajoutez le miel et le beurre et laissez cuire 20 minutes à feu doux. Incorporez les amandes ou les noix et laissez cuire encore 10 minutes. Foncez un moule de papier paraffiné et déposez-y l'appareil par cuillerées. Laissez ce nougat durcir.

SAVELLA STECHISCHIN
TRADITIONAL UKRAINIAN COOKERY

Croquant italien

Croccante

Pour caraméliser du sucre sans eau, reportez-vous aux explications données à la page 9.

Pour 225 g environ

Sucre semoule	100 g
Amandes mondées hachées ou effilées	120 g
Beurre (facultatif)	30 g
Citron	½

Dans une casserole à fond épais, faites sécher les amandes à feu très doux. Laissez-les griller, en les retournant souvent, jusqu'à ce qu'elles soient légèrement colorées.

Dans une autre casserole à fond épais, faites fondre le sucre à feu doux, en tournant la casserole au fur et à mesure. Quand il est entièrement dissous, incorporez les amandes. Si vous voulez obtenir un croquant plus riche, ajoutez le beurre. Laissez cuire jusqu'à ce que la masse prenne la couleur de la cannelle. Arrêtez alors la cuisson en plongeant rapidement le fond de la casserole dans de l'eau froide. Versez progressivement la masse dans un moule beurré ou huilé de 30 cm sur 20 et de 3 cm de profondeur. Utilisez le côté coupé du citron pour l'étaler uniformément et la repousser dans les coins du moule. Laissez refroidir. Pour démouler, glissez la lame d'un couteau entre la friandise et les parois du moule et retournez-la. Si le démoulage se fait difficilement, trempez le fond du moule dans de l'eau bouillante.

PELLEGRINO ARTUSI
LA SCIENZA IN CUCINA E L'ARTE DI MANGIAR BENE

Croquante

Cette recette, qui s'apparente à celle du nougat, ne devait se faire primitivement qu'avec des amandes et miel, car le sucre n'a été introduit en Europe qu'à l'époque des Croisades. C'est une friandise qu'on fait, en Provence, à l'époque de Noël.

Pour 400 g environ

Sucre en poudre	200 g
Amandes hachées	150 g
Miel	5 cuillerées à soupe

Mettre le sucre, les amandes et 4 cuillerées à soupe de miel dans une casserole et faire, en tournant constamment le mélange, jusqu'à ce qu'il prenne l'aspect d'un caramel bien doré mais pas trop foncé *[grand cassé, pages 10-11]*. Si le mélange est trop épais, ajouter une cuillerée de miel au cours de la cuisson.

Verser la croquante sur une plaque de marbre huilée et

l'étaler avec le rouleau à pâtisserie ou une grosse pomme de terre bien lisse. Quand on a obtenu ainsi une surface plate et assez mince (5 mm environ), et avant que la pâte soit tout à fait refroidie, la découper en carrés au couteau.

LOUIS GINIÈS
CUISINE PROVENÇALE

———————◆———————

Le nougat noir au miel de pin

Vous pouvez remplacer le miel de pin, spécialité de la Vallée de la Chartreuse, par n'importe quel autre bon miel de fleurs : le goût du nougat variera en conséquence.

Pour 750 g environ

Miel	600 g
Amandes entières	500 g
Thym frais	1 cuillerée à soupe

Si vous avez lavé les amandes, séchez-les soigneusement avant de les utiliser. Dans une cocotte en fonte de 1,75 litre, faites chauffer le miel à feu doux. Dès qu'il devient chaud, jetez-y le thym et les amandes non mondées. Mettez à feu doux puis augmentez la température et laissez cuire, pratiquement sans cesser de remuer, pendant 30 minutes environ, jusqu'à ce que le miel devienne marron foncé et que les amandes commencent à se craqueler.

Foncez un moule de 23 cm sur 23 et de 4 cm de profondeur d'une feuille de papier d'aluminium ou de papier paraffiné bien beurrée. Versez-y les amandes et le miel et couvrez-les d'une feuille de papier beurrée. Posez par-dessus une planchette de bois aux dimensions exactes du moule sur laquelle vous mettez un poids d'un kilo, de façon que le nougat se solidifie sous presse. Laissez-le refroidir progressivement à température ambiante pendant au moins 4 heures, mais ne le mettez pas au réfrigérateur.

Quand le nougat est froid, démoulez-le, enlevez la feuille de papier qui le couvre, placez-le sur une planche en bois et découpez-le en bouchées avec un couteau lourd et pointu. Conservez ces bouchées dans un bocal fermant hermétiquement, à température ambiante si vous aimez le nougat mou, ou au réfrigérateur si vous le préférez dur.

ROY ANDRIES DE GROOT
THE AUBERGE OF THE FLOWERING HEARTH

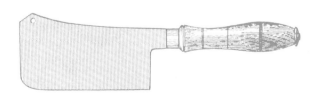

Nougat noir

Nougat de tradition en Provence, figurant dans les treize desserts de Noël. Les confiseurs le moulent entre deux feuilles de pain azyme.

Pour 2 kg

Sucre semoule	500 g
Amandes mondées	1 kg
Miel	500 g
Eau de fleur d'oranger	1 cuillerée à soupe

Faites légèrement griller les amandes pour les blondir. Dans une casserole, mettez les amandes, le miel, le sucre et l'eau de fleur d'oranger; laissez à petite ébullition en remuant presque constamment jusqu'à ce que les amandes craquent sous la spatule et que le miel prenne une coloration blond-brun clair. Versez dans un moule de la forme voulue (ou deux moules de 20 cm de côté) largement huilé; laissez refroidir. Démoulez, cassez en morceaux.

CÉLINE VENCE
ENCYCLOPÉDIE HACHETTE DE LA CUISINE RÉGIONALE

———————◆———————

Cacahuètes caramélisées du Maine
Maine Peanut Brittle

Pour caraméliser du sucre sans eau, reportez-vous aux explications données à la page 9.

Pour 500 g environ

Sucre cristallisé	500 g
Cacahuètes grillées hachées	150 g

Beurrez un moule de 22 cm de côté. Étalez les cacahuètes dedans. Dans une casserole à fond épais, faites cuire le sucre à feu doux, sans cesser de remuer, pendant 10 minutes environ, jusqu'à ce qu'il ait fondu en formant un sirop liquide. Versez ce sirop sur les cacahuètes. Quand la confiserie est presque froide, divisez-la en carrés.

FANNIE MERRITT FARMER
THE FANNIE FARMER COOKBOOK

Confiserie aux noix

Nuent

Pour 1 kg environ

Sucre en poudre	125 g
Miel	50 cl
Noix ordinaires ou noix de pécan hachées menu	750 g

Portez le sucre et le miel à ébullition et laissez-les bouillir 10 minutes. Ajoutez les noix au fur et à mesure et laissez cuire au petit cassé *[page 10]*, jusqu'à obtention d'une masse épaisse. Avec une cuillère, versez cet appareil sur une plaque de marbre humide ou sur une planche en bois. Trempez-vous les mains dans de l'eau glacée et aplatissez l'appareil sur 2,5 cm d'épaisseur environ, en lui donnant une forme carrée. Laissez tiédir avant de découper en carrés ou en losanges avec un couteau pointu humide.

SARA KASDAN
LOVE AND KISHKES

Bonbons aux cacahuètes

Peanut Candy

Pour caraméliser du sucre sans eau, reportez-vous aux explications données à la page 9.

Pour 600 g environ

Sucre cristallisé	500 g
Cacahuètes hachées	100 g
Sel	2 pincées

Faites chauffer les cacahuètes avec le sel. Dans une casserole en fonte, faites chauffer le sucre à feu doux, sans cesser de remuer, jusqu'à ce qu'il se soit transformé en sirop légèrement brun. Incorporez les cacahuètes et le sel le plus rapidement possible. Versez immédiatement dans un moule beurré chaud et divisez en carrés avec un hachoir beurré.

A BOOK OF FAMOUS OLD NEW ORLEANS RECIPES

Carrés aux graines de sésame

Sesame Squares

Ces confiseries tendres peuvent devenir croquantes à condition de laisser le sirop cuire jusqu'à une température de 149°C. Une fois refroidie, la masse peut être découpée en petits carrés et conservée dans une boîte hermétiquement fermée. L'humidité est l'ennemie du croquant.

Pour griller des graines de sésame, étalez-les uniformément dans une poêle sèche et laissez-les cuire à feu modéré 10 minutes environ, sans cesser de remuer, jusqu'à ce que leur arôme commence à se dégager.

Pour 600 g environ

Graines de sésame grillées	350 g
Miel	450 g
Jus de citron	1 cuillerée à soupe

Huilez ou beurrez généreusement une plaque à biscuits de 23 cm sur 30. Dans une casserole de 3 litres légèrement huilée, mélangez les ingrédients. Portez à ébullition à feu modéré, sans cesser de remuer, puis laissez cuire au petit cassé *[page 10]*. Versez immédiatement le sirop obtenu sur la plaque en l'aplatissant aux bords à mesure qu'il refroidit. Quand il a entièrement refroidi, découpez-le en une trentaine de carrés environ de 5 cm de côté ou en quinze barres de 5 cm sur 10. Enveloppez chaque morceau dans du papier paraffiné ou dans un film de matière plastique et conservez-les dans un récipient hermétiquement fermé.

MIRIAM LOWENBERG
CREATIVE CANDY MAKING

Croquets aux graines de sésame

Halawet Sumsum

Pour 1 kg environ

Sucre cristallisé	500 g
Graines de sésame	500 g

Beurrez une plaque à four ou un plateau en métal. Dans une casserole, faites cuire le sucre et les graines de sésame à feu très doux, sans cesser de remuer doucement, pendant 10 minutes environ, jusqu'à ce que le sucre ait fondu et que le tout soit légèrement doré. Versez cet appareil sur la plaque ou sur le plateau et étalez-le sur 5 mm d'épaisseur. Avec un couteau pointu, découpez-le en morceaux pendant qu'il est encore chaud et avant qu'il ne devienne croquant. Enveloppez ces croquets séparément dans du papier paraffiné: ainsi vous les conserverez très longtemps.

MARGARET JOY PHILIPPOU
101 ARABIAN DELIGHTS

Bonbons aux graines de pavot

Mohnelech

Pour 1,500 kg environ

Sucre cristallisé	125 g
Graines de pavot trempées une nuit dans de l'eau bouillante et égouttées	500 g
Miel	600 g
Noix de pécan ou noix ordinaires hachées	250 g

Pilez les graines de pavot avec un pilon ou un autre instrument lourd pendant au moins 10 minutes. Si elles sont grosses, vous pouvez les passer au hachoir. (En les pilant, vous les cassez et vous faites sortir leur parfum.) Faites fondre le sucre dans le miel à feu doux. Ajoutez les graines de pavot et laissez cuire, en remuant souvent, de 30 à 40 minutes, jusqu'à obtention d'un sirop épais. Vérifiez la cuisson en faisant tomber une cuillerée de sirop sur un plan de travail humide : si elle conserve sa forme, le sirop est prêt. Incorporez les noix et laissez cuire 1 minute.

Versez la masse sur un plan de travail humide. Trempez-vous les mains dans de l'eau glacée et aplatissez-la sur 1 cm d'épaisseur. Laissez tiédir de 5 à 10 minutes puis découpez cinquante morceaux environ avec un couteau préalablement trempé dans de l'eau chaude.

SARA KASDAN
LOVE AND KISHKES

Friandise au chocolat et aux amandes

Chocolade Almond Brittle

Pour 750 g environ

Sucre cristallisé	500 g
Glucose liquide	3 cuillerées à soupe
Eau	15 cl
Beurre frais	60 g
Chocolat noir râpé	60 g
Extrait de vanille	1 cuillerée à café
Bicarbonate de soude	½ cuillerée à café
Amandes blanchies, grillées et grossièrement hachées	175 g

Dans une casserole, mettez le sucre avec le glucose, l'eau et le beurre à feu modéré et remuez jusqu'à ce que le sucre soit dissous. Arrêtez de remuer et laissez cuire au grand cassé jusqu'à ce que le thermomètre à sirop marque 149°C *[pages 10-11]*. Hors du feu, incorporez très rapidement le chocolat râpé, l'extrait de vanille, le bicarbonate de soude et les amandes grillées. Versez l'appareil en couche très fine sur une tôle graissée. Laissez-le tiédir un peu puis tirez-le vers

l'extérieur aux deux extrémités, de façon à le rendre encore plus fin en posant la largeur supplémentaire sur une seconde tôle graissée. Laissez refroidir avant de casser en morceaux avec un marteau.

JULIETTE ELKON
THE CHOCOLATE COOK BOOK

Confiserie aux graines de sésame

Semsemyah

Pour 275 g environ

Cassonade fine	3 cuillerées à soupe
Graines de sésame	175 g
Miel	3 cuillerées à soupe

Étalez uniformément les graines de sésame dans une poêle de 25 cm de diamètre et faites-les griller à feu assez doux pendant 5 minutes environ, sans cesser de remuer. Enlevez du feu et réservez.

Dans une petite casserole, faites cuire le miel avec le sucre à feu doux, sans cesser de remuer, pendant 5 minutes environ, jusqu'à obtention d'une masse épaisse. Incorporez les graines de sésame grillées.

Placez une feuille de papier paraffiné sur une planche ou sur un plan de travail et versez la masse au centre. Couvrez d'une autre feuille de papier paraffiné et abaissez sur 5 mm d'épaisseur environ avec un rouleau à pâtisserie. Enlevez le papier et divisez la confiserie en carrés ou en losanges. Laissez refroidir avant de séparer les morceaux. Conservez-les dans une boîte ou un bocal bien fermé.

DAISY INY
THE BEST OF BAGHDAD COOKING

Bonbons polonais aux graines de pavot

Makagigi

Pour 500 g environ

Sucre cristallisé	125 g
Miel	300 g
Graines de pavot moulues	150 g

Huilez légèrement une plaque de marbre ou un plat plat. Faites cuire tous les ingrédients à feu doux, sans cesser de remuer, pendant 15 minutes environ, jusqu'à obtention d'un appareil légèrement doré que vous versez sur la plaque ou sur le plat. Avec un couteau spatule huilé, étalez-le en couche fine. Laissez-le durcir et divisez-le en morceaux de 2,5 cm avant qu'il ait entièrement refroidi.

JAN CZERNIKOWSKI
CIASTA, CIASTKA, CIASTECZKA

Caramel jaune traditionnel

Yellow-Man (Traditional)

Ce caramel extrêmement populaire en Irlande du Nord est vendu dans les stands des fêtes foraines. Il se présente sous la forme d'un gros morceau qu'on coupe à la demande.

Pour 600 g environ

Cassonade en gros cristaux	250 g
Beurre	30 g
Eau	2 cuillerées à soupe
Mélasse	500 g
Bicarbonate de soude	1 cuillerée à café

Beurrez ou huilez une plaque de marbre ou un grand plat. Faites fondre le beurre dans une casserole que vous inclinez pour la graisser uniformément. Ajoutez la cassonade, l'eau et la mélasse et remuez jusqu'à ce que la cassonade soit dissoute. Portez à ébullition et laissez cuire sans remuer jusqu'au grand cassé *[pages 10-11]*. Incorporez le bicarbonate de soude et versez rapidement cet appareil sur la plaque ou dans le plat. Ramenez les bords vers le centre, laissez tiédir 3 minutes et tirez le caramel obtenu jusqu'à ce qu'il éclaircisse.

FLORENCE IRWIN
THE COOKIN' WOMAN

Bonbons à la mélasse à l'ancienne

Old-Fashioned Molasses Candy

Pour 500 g environ

Cassonade fine	90 g
Mélasse	35 cl
Beurre	15 g
Vinaigre	1 cuillerée à soupe
Bicarbonate de soude	1 cuillerée à café
Cacahuètes grossièrement hachées (facultatif)	90 g

Beurrez un moule peu profond de 20 cm de diamètre. Faites cuire la cassonade avec la mélasse, le beurre et le vinaigre au grand boulé, 127°C *[pages 10-11]*. Ajoutez le bicarbonate de soude et remuez rapidement. Versez immédiatement dans le moule. Selon le goût, parsemez la surface de cacahuètes hachées. Laissez refroidir et servez cassé en morceaux.

MILDRED GROSBERG BELLIN
THE JEWISH COOK BOOK

Nougat à la mélasse et aux cacahuètes

Peanut Molasses Brittle

Pour 850 g environ

Sucre cristallisé	500 g
Mélasse	12 c
Eau	12 c
Beurre	75 g
Bicarbonate de soude	1 cuillerée à café
Cacahuètes non salées, mondées et grillées	300 g

Faites fondre le sucre avec la mélasse et l'eau, sans cesser de remuer, et laissez cuire à feu très doux jusqu'au grand cassé, 149°C *[pages 10-11]*.

Hors du feu, incorporez le beurre puis le bicarbonate de soude. Ajoutez les cacahuètes et mélangez intimement. Versez l'appareil en couche fine sur un plan de travail ou une plaque à four froids et bien graissés. Lissez le nougat obtenu avec une spatule et tirez-le pour le rendre plus fin ou divisez-le en carrés de 2,5 cm de côté. Décollez-le pendant qu'il est encore chaud et laissez-le refroidir avant de le casser en carrés ou en morceaux irréguliers.

MAY B. VAN ARSDALE ET RUTH PARRISH CASA EMELLOS
CANDY RECIPES AND OTHER CONFECTIONS

Caramel jaune contemporain

Yellow-Man (Modern)

Pour 850 g environ

Cassonade en gros cristaux	500 g
Beurre	125 g
Vinaigre	2 cuillerées à soupe
Mélasse	250 g
Mélasse raffinée	250 g
Bicarbonate de soude	½ cuillerée à café

Beurrez un moule de 20 cm de côté. Dans une casserole, faites fondre le beurre à feu modéré. Ajoutez le vinaigre, les mélasses et la cassonade et remuez jusqu'à ce que la cassonade soit dissoute. Arrêtez de remuer et laissez cuire jusqu'au grand cassé *[pages 10-11]*. Hors du feu, incorporez le bicarbonate de soude. Dès que le mélange commence à mousser, remuez encore une fois et versez-le rapidement dans le moule. Laissez-le tiédir et divisez-le en morceaux de 2,5 cm.

Laissez le caramel obtenu durcir complètement avant de couper les carrés que vous conserverez dans une boîte en fer hermétiquement fermée.

FLORENCE IRWIN
THE COOKIN' WOMAN

Caramels à la crème vanillés

Vanilla Cream Caramels

Pour obtenir des caramels mous, on fait cuire le sirop de sucre au petit ou au grand boulé. Il ne faut pas confondre avec le sucre caramélisé qui cuit à une température nettement plus élevée. Pour faire des caramels à la crème, reportez-vous aux explications données à la page 32.

Pour 275 g environ

Sucre cristallisé	250 g
Crème fraîche épaisse	25 cl
Beurre	30 g
Miel liquide	60 g
Gousse de vanille fendue dans le sens de la longueur	½

Foncez un moule de 20 cm de côté de papier sulfurisé huilé ou beurré, ou huilez des règles à caramel et disposez-les autour d'une feuille de papier sulfurisé huilée ou beurrée. Dans une casserole en cuivre de taille moyenne, faites fondre le sucre avec la crème, le beurre, le miel et la vanille à feu modéré, sans cesser de remuer et en passant de temps en temps un pinceau à pâtisserie humide sur les parois pour enlever les cristaux qui risqueraient de se former. Quand le sucre est parfaitement dissous, mettez un thermomètre à sirop dans la casserole et portez à ébullition. Laissez cuire régulièrement, en remuant de temps en temps, jusqu'à ce que le thermomètre indique 121 °C [pages 10-11]. Pour vérifier rapidement la consistance, faites couler une cuillerée à café de sirop dans un bol d'eau glacée et prenez cet échantillon entre les doigts: il est assez froid et ferme pour être roulé en boule, il a la consistance du caramel fini. Si la boule est trop molle, laissez cuire le sirop encore un peu. Dès qu'il a la consistance requise, enlevez rapidement la casserole du feu et trempez-en le fond dans une terrine d'eau froide pour arrêter la cuisson. Avec une fourchette, sortez la gousse de vanille et versez rapidement le sirop dans le moule ou entre les règles à caramel. Laissez le caramel refroidir et durcir 2 heures environ à température ambiante. Démoulez-le et découpez-le en bandes de 2,5 cm avec un couteau huilé ou beurré. Hachez ces bandes en « pépites » de 7,5 cm. Comme ces caramels deviennent collants au contact de l'air, enveloppez-les dans des morceaux de cellophane aux dimensions appropriées.

PETITS PROPOS CULINAIRES VI

Caramels au chocolat de l'Ohio

Ohio Chocolate Caramels

Pour 500 g environ

Sucre cristallisé	200 g
Lait	12 cl
Chocolat râpé	100 g
Mélasse	25 cl
Beurre	30 g

Beurrez une plaque de marbre ou deux grands plats. Dans une casserole contenant le lait préalablement chauffé, faites fondre le sucre et le chocolat avec la mélasse à feu modéré, sans cesser de remuer. Ajoutez le beurre. Dès que le mélange bout, cessez de remuer pour qu'il ne grène pas et laissez-le cuire jusqu'au grand boulé [pages 10-11].

Versez cet appareil sur la plaque ou les plats en couche de 1 cm d'épaisseur. Quand ce caramel est presque froid, découpez-le en morceaux de 2,5 cm avec un couteau beurré.

THE BUCKEYE COOK BOOK: TRADITIONAL AMERICAN RECIPES

Bonbons suédois à la mélasse

Knäck

Pour 500 g environ

Sucre cristallisé	250 g
Mélasse	25 cl
Beurre	60 g
Crème fraîche épaisse	25 cl
Amandes mondées et grossièrement hachées	45 g

Dans une casserole à fond épais, faites fondre le sucre avec la mélasse, le beurre et la crème. Portez à ébullition à feu doux, sans cesser de remuer, et laissez cuire au moyen boulé, 121 °C [pages 10-11]. Ajoutez les amandes. Versez cette masse dans des caissettes en papier plissé et laissez durcir.

SAM WIDENFELT (RÉDACTEUR)
FAVOURITE SWEDISH RECIPES

Caramels Kinuski

Kinuskikola

Pour 350 g environ

Sucre cristallisé	175 g
Poudre de cacao	15 g
Mélasse	40 g
Lait	17 cl
Beurre	30.g
Extrait de vanille	

Dans une casserole à fond épais, mélangez le sucre et le cacao. Ajoutez la mélasse, le lait et le beurre et faites chauffer à feu doux, sans cesser de remuer, jusqu'à ce que le sucre soit dissous. Arrêtez de remuer et laissez cuire à feu modéré au moyen boulé, 120°C *[pages 10-11]*. Hors du feu, incorporez quelques gouttes d'extrait de vanille. Versez rapidement dans un moule peu profond beurré de 20 cm sur 10.

Quand le caramel est tiède, découpez-le en trente-deux carrés environ de 2,5 cm de côté que vous enveloppez séparément dans du papier paraffiné.

GUNNEVI BONEKAMP
SCANDINAVIAN COOKING

Caramels au beurre suédois

Knäck

Pour 350 g environ

Sucre cristallisé	125 g
Crème fraîche	6 cuillerées à soupe
Mélasse	90 g
Beurre	30 g
Amandes mondées et hachées	30 g

Dans une casserole à fond épais, faites chauffer le sucre, la crème et la mélasse à feu doux, sans cesser de remuer, jusqu'à ce que le sucre soit dissous. Arrêtez de remuer et laissez cuire à feu modéré au moyen boulé, 120°C *[pages 10-11]*. Hors du feu, incorporez le beurre et les amandes.

Versez rapidement dans un moule peu profond beurré de 20 cm sur 10. Quand le caramel est tiède, divisez-le en trente-deux carrés environ de 2,5 cm de côté, avec un couteau graissé. Quand il est parfaitement refroidi, démoulez-le et coupez ou cassez les carrés que vous enveloppez séparément dans du papier paraffiné.

GUNNEVI BONEKAMP
SCANDINAVIAN COOKING

Caramels au chocolat

Chocolate Caramels

Pour 1 kg

Cassonade fine	650 g
Mélasse	35 cl
Beurre	175 g
Farine	45 g
Chocolat noir	175 g
Lait	35 cl
Extrait de vanille	1½ cuillerée à café
Amandes mondées (facultatif)	30 environ

Beurrez un moule de 23 cm de côté. Dans une casserole, faites fondre le sucre avec la mélasse, le beurre et la farine à feu modéré, sans cesser de remuer. Portez à ébullition et laissez bouillir 5 minutes sans remuer. Ajoutez le chocolat et le lait et laissez cuire, en remuant de temps en temps, jusqu'au moyen boulé, 120°C *[pages 10-11]*. Ajoutez l'extrait de vanille et versez l'appareil dans le moule.

Laissez-le refroidir avant de le découper en carrés. Dressez chaque caramel dans une caissette en papier plissé et surmontez-le d'une amande. Vous pouvez aussi envelopper les caramels dans une bande de cellophane que vous tordez et que vous nouez avec un ruban pour les séparer.

WOMAN'S DAY COLLECTOR'S COOK BOOK

Caramels anglo-saxons

Toffee

Si la crème fraîche est légèrement aigre, c'est aussi bien, voire mieux.

Pour 500 g environ

Sucre semoule	300 g
Crème fraîche épaisse	30 cl
Extrait de vanille	2 cuillerées à café
Whisky	2 cuillerées à café

Beurrez un plat plat ou un moule peu profond de 20 cm de côté. Dans une casserole propre en cuivre non étamé, faites fondre le sucre avec la crème à feu modéré. Portez à ébullition, en remuant de temps en temps. Le mélange sera d'abord assez liquide puis épaissira progressivement, au bout de 10 à 15 minutes environ. Ajoutez alors l'extrait de vanille et le whisky. Quand le mélange est très mousseux et se détache proprement des parois de la casserole, au bout de quelques minutes, versez-le rapidement sur le plat ou dans le moule. Il doit durcir immédiatement. Découpez-le en morceaux de 2,5 cm. Vous obtiendrez des caramels mous et blanc crémeux, assez riches sans être croquants.

THE KING'S COLLEGE HOSPITAL BOOK OF COOKING RECIPES

Caramels américains

American Caramels

Pour obtenir des caramels à la fraise ou à la framboise, l'auteur conseille de remplacer l'extrait de vanille par un arôme à la fraise ou à la framboise.

Pour 6 kg

Sucre cristallisé	3 kg
Glucose liquide	2 kg
Crème fraîche épaisse	2 litres
Beurre	750 g
Extrait de vanille	4 cuillerées à soupe

Huilez une plaque de marbre ou six moules de 20 cm de côté. Dans une casserole, faites fondre le sucre avec le glucose et la crème à feu doux, sans cesser de remuer. Arrêtez de remuer et laissez cuire au grand boulé *[pages 10-11]*. Incorporez le beurre, mélangez intimement et enlevez du feu. Parfumez avec la vanille. Versez cet appareil sur la plaque ou dans les moules et laissez-le durcir avant de le diviser en morceaux de 2,5 cm. Quand le caramel est froid, coupez les morceaux avec un couteau et enveloppez-les dans du papier paraffiné.

SKUSE'S COMPLETE CONFECTIONER

Bonbons aux amandes et au miel

Sohan Asali

La quantité de safran indiquée dans cette recette colorera les bonbons en jaune-orange vif. Si vous préférez une couleur plus pâle, prenez-en une cuillerée à café seulement.

Pour 500 g environ

Sucre cristallisé	250 g
Miel	2 cuillerées à soupe
Beurre	45 g
Amandes mondées et effilées	175 g
Safran en poudre délayé dans 2 cuillerées à soupe d'eau chaude	1 cuillerée à soupe
Amandes mondées et effilées ou pistaches grossièrement hachées	60 g environ

Beurrez une plaque à four. Faites fondre le sucre avec le miel et le beurre à feu modéré pendant 10 minutes environ, en remuant de temps en temps. Ajoutez 175 g d'amandes effilées et laissez-les cuire 10 minutes environ, en remuant de temps en temps, jusqu'à ce qu'elles soient dorées. Ne remuez pas trop pour que le beurre ne se sépare pas. Ajoutez le safran et enlevez du feu.

Laissez tiédir la préparation puis disposez-la par cuillerées à café sur la plaque beurrée. Parsemez chaque bonbon obtenu d'amandes ou de pistaches. Quand ils sont parfaitement refroidis et fermes, détachez-les de la plaque avec un couteau spatule. Conservez-les dans un récipient bien fermé.

NESTA RAMAZANI
PERSIAN COOKING

Bonbons bâtons

Stick Candy

Pour travailler le sucre tiré, reportez-vous aux explications données aux pages 26 à 29. Les arômes et les colorants alimentaires sont présentés à la page 14.

Pour 500 g

Sucre cristallisé	500 g
Glucose liquide	4 cuillerées à soupe
Eau	12 cl
Citron, zeste râpé et jus passé	1
Extrait de citron (ou 1 cuillerée à café d'extrait de menthe poivrée et quelques gouttes de colorant alimentaire rouge)	1 cuillerée à café

Beurrez un grand plat pour les bâtons au citron ou deux pour les bâtons à la menthe. Dans une casserole, faites fondre le sucre avec le glucose et l'eau à feu modéré. Portez à ébullition et laissez cuire sans remuer jusqu'au grand cassé *[pages 10-11]*. Incorporez le zeste et le jus de citron et enlevez du feu. Pour faire des bâtons au citron, ajoutez l'extrait de citron et versez le sirop sur un plat beurré. Laissez-le tiédir pendant 2 minutes environ puis tirez-le jusqu'à ce qu'il soit opaque. Roulez-le en bâtonnets que vous coupez en morceaux avec des ciseaux huilés.

Pour faire des bâtons à la menthe, remplacez l'extrait de citron par l'extrait de menthe poivrée et versez la moitié du sirop sur un plat beurré. Incorporez le colorant rouge à l'autre moitié de sirop et versez-le dans l'autre plat beurré. Laissez-les tiédir, tirez-les séparément et torsadez-les ensemble. Façonnez-les en forme de cannes ou de bâtons.

MRS SIMON KANDER (RÉDACTRICE)
THE SETTLEMENT COOK BOOK

Bonbons panachés

Bull's Eyes

Pour 1 kg

Cassonade fine ou en gros cristaux	1 kg
Eau	25 cl
Crème de tartre	1 pincée
Essence de citron	½ cuillerée à café
Acide tartrique	2 pincées

Beurrez un grand plat ou une plaque de marbre. Faites fondre la cassonade dans l'eau à feu modéré, ajoutez la crème de tartre et laissez cuire jusqu'au petit cassé *[pages 10-11]*. Versez le sirop obtenu dans le plat ou sur la plaque. Dès qu'il refroidit et durcit, coupez-en la moitié environ que vous tirez jusqu'à obtention d'un cordon blanc et opaque. Coupez ce cordon en tronçons. Ajoutez l'essence de citron et l'acide

tartrique au reste de sirop et mélangez intimement. Disposez les tronçons blancs sur la préparation brune non tirée à 2,5 cm d'intervalle environ. Pliez l'appareil brun en deux dans le sens de la longueur, tirez-le et cassez-le ou coupez-le en bâtonnets. Prenez ces bâtonnets à chaque extrémité et tournez-les en sens inverse puis coupez-les en petits morceaux de taille égale avec des ciseaux beurrés.

MAY BYRON (RÉDACTRICE)
PUDDINGS, PASTRIES AND SWEET DISHES

Berlingots

Les arômes et les colorants sont présentés à la page 14. Pour travailler le sucre tiré, reportez-vous aux explications données aux pages 26 à 29. Les berlingots sont souvent parfumés avec de l'essence de menthe poivrée.

Pour 1 kg environ

Sucre cristallisé	1 kg
Citron, jus pressé et zeste râpé	½
Eau tiède	50 cl
Arôme et colorant alimentaire (facultatif)	

Mettez dans un poêlon le jus de citron, l'eau tiède et le sucre. Quand votre sucre sera dissous, placez-le sur un feu vif, écumez-le et cuisez-le au petit boulé *[pages 10-11]*; ajoutez alors le zeste de citron avec un tel arôme qu'il vous plaira et cuisez au grand cassé *[pages 10-11]*.

Versez sur une plaque de marbre huilée; à mesure que le sucre s'étend, ramenez les bords sur le centre. Lorsque la masse de sucre sera devenue malléable, prenez-la avec vos mains, tirez-la, maniez-la jusqu'à ce qu'elle ait pris une teinte mate. Allongez-la alors jusqu'à ce qu'elle n'ait que la grosseur du doigt et coupez-la avec des ciseaux en petits morceaux de la grosseur d'une noisette.

Tenez dans un lieu sec. On ajoute un peu de matière colorante lorsque l'on veut des berlingots colorés.

MME ROSALIE BLANQUET
LE PÂTISSIER DES MÉNAGES

Bonbons boules

Stroopballetjes

Il vaut mieux envelopper séparément ces bonbons mous et collants dans de la cellophane pour les conserver, afin qu'ils ne collent pas les uns aux autres.

Pour 500 g environ

Sucre cristallisé	9 cuillerées à soupe
Beurre	10 g
Mélasse chaude	50 cl

Huilez une plaque de marbre. Faites fondre le sucre et le beurre dans la mélasse chaude à feu modéré puis laissez cuire sans remuer jusqu'au petit boulé *[pages 10-11]*. Versez ce sirop épais sur la plaque huilée. Dès qu'il commence à se solidifier, roulez-le en boule que vous tirez ensuite en bande épaisse. Coupez cette bande en petits morceaux que vous façonnez en petites boules.

C.J. WANNÉE (RÉDACTEUR)
KOOKBOEK VAN DE AMSTERDAMSE HUISHOUDSCHOOL

Berlingots ronds

Pour travailler le sucre tiré, reportez-vous aux explications pages 26 à 29. Vous pouvez faire cuire séparément les deux sirops à la même température et ajouter le colorant dans une des casseroles juste avant d'en verser le contenu.

Pour 500 g

Sucre cristallisé ou en morceaux	500 g
Glucose liquide	1 cuillerée à soupe
Eau	15 cl
Colorant alimentaire rouge	

Sur une plaque de marbre, huilez deux carrés de 30 cm de côté environ. Faites cuire le sucre avec le glucose et l'eau jusqu'au grand boulé *[pages 10-11]*. Versez la moitié du sirop obtenu en filet mince sur un des carrés huilés. Ajoutez quelques gouttes de colorant et repliez les bords à mesure qu'ils se répandent. Faites cuire le reste de sirop au grand cassé *[pages 10-11]* et versez-le sur l'autre carré huilé. Laissez-le légèrement refroidir et tirez-le jusqu'à ce qu'il blanchisse. Façonnez rapidement l'appareil rouge en forme d'œuf que vous enveloppez dans l'appareil blanc et tirez jusqu'à obtention d'un bâton bicolore de 1 cm d'épaisseur environ. Avec des ciseaux huilés, coupez ce bâton en tronçons de 2,5 cm que vous roulez en boules entre vos paumes.

BEATRICE MANDERS ET E.M. MILLNER
•THE ART OF SWEET-MAKING

Berlingots à la menthe de Bristol

Bristol Mints

Ces berlingots sont joliment rayés de noir et de blanc, comme un beau ruban bicolore.

Pour travailler le sucre tiré, reportez-vous aux explications données aux pages 26 à 29. Les deux sirops doivent cuire simultanément afin que ni l'un ni l'autre n'ait le temps de durcir avant d'être tiré. Il vaut donc mieux travailler à deux pour tirer la masse avant qu'elle ne soit dure et cassante.

Pour 500 g

Sucre cristallisé	250 g
Cassonade fine ou en gros cristaux	250 g
Eau	25 cl
Crème de tartre	1 pincée
Essence de menthe poivrée	1 cuillerée à café
Colorant alimentaire marron	

Beurrez une grande plaque de marbre ou un grand plan de travail. Faites fondre le sucre cristallisé dans la moitié de l'eau, à feu modéré. Ajoutez la crème de tartre et laissez cuire au grand cassé *[pages 10-11]*. Ajoutez la moitié de l'essence de menthe poivrée. Versez le sirop obtenu sur une partie de la plaque ou sur le plan de travail. Laissez-le refroidir pendant 2 ou 3 minutes puis tirez-le et travaillez-le jusqu'à ce qu'il soit blanc et opaque. Avec une spatule huilée, donnez-lui une forme carrée.

Pendant ce temps, faites fondre la cassonade dans le reste d'eau à feu modéré, sans cesser de remuer, et laissez cuire au grand cassé *[pages 10-11]*. Ajoutez le reste d'essence de menthe poivrée et le colorant marron. Versez le sirop obtenu sur le reste de la plaque ou du plan de travail. Avec une spatule huilée, donnez-lui une forme carrée. Coupez chaque carré en deux et mettez-les les uns sur les autres en alternant les couleurs et en pressant pour bien les coller. Avec un couteau pointu et huilé, coupez-les en bandes que vous découpez ensuite en petits carrés avec des ciseaux huilés. Laissez durcir les berlingots obtenus.

NELL HEATON (RÉDACTEUR)
HOME MADE SWEETS

Berlingots bicolores

Polkagrisar

Vous pouvez remplacer le glucose en poudre par 1 cuillerée à soupe de glucose liquide.

Pour 500 g environ	
Sucre cristallisé	500 g
Glucose en poudre	1 cuillerée à soupe
Eau	25 cl
Vinaigre de malt	2 cuillerées à café
Essence de menthe poivrée	
Colorant alimentaire rouge	

Huilez une plaque de marbre ou une plaque à four. Dans une casserole, faites fondre le sucre avec le glucose, l'eau et le vinaigre à feu modéré, sans cesser de remuer. Arrêtez de remuer et portez à ébullition. Laissez cuire au petit cassé *[page 10]*. Hors du feu, laissez refroidir 3 ou 4 minutes. Versez les trois quarts du sirop obtenu sur la plaque. Ajoutez trois gouttes de menthe poivrée et laissez légèrement tiédir l'appareil, sans cesser de ramener les bords vers le centre avec une spatule.

Huilez-vous les mains et allongez la masse en la pliant, en la tirant, en la repliant, etc., jusqu'à ce qu'elle soit opaque et blanche. Tirez-la alors en une longue bande que vous posez sur la plaque. Incorporez quelques gouttes de colorant au reste de sirop et versez-le en deux bandes rouges de chaque côté de la bande blanche. En travaillant rapidement, torsadez ces bandes et coupez-les avec des ciseaux huilés.

SAM WIDENFELT (RÉDACTEUR)
FAVOURITE SWEDISH RECIPES

Bâtonnets au vinaigre

Vinegar Candy

Pour travailler le sucre tiré, reportez-vous aux explications données aux pages 26 à 29.

Pour 1 kg environ	
Mélasse	1 litre
Vinaigre de cidre	25 cl

Faites cuire la mélasse avec le vinaigre à feu modéré, jusqu'au grand cassé *[pages 10-11]*. Versez le sirop obtenu dans des assiettes peu profondes préalablement beurrées et laissez-le tiédir 2 ou 3 minutes environ. Façonnez-le en un grand rouleau que vous tirez à la longueur de votre choix et que vous coupez ensuite en bâtonnets.

HOW TO MAKE CANDY

Berlingots au vinaigre de Dotty Dimple

Dotty Dimple's Vinegar Candy

Rebecca Sophia Clarke (Sophie May), de Norridgewock, dans le Maine, a écrit plus de quarante livres pour les enfants, dont une série de six volumes publiés entre 1867 et 1869 sous le titre de *Dotty Dimple Stories*. Ces berlingots sont devenus aussi célèbres auprès des enfants que les livres.

Pour travailler le sucre tiré, reportez-vous aux explications données aux pages 21 à 29.

Pour 750 g	
Sucre cristallisé	750 g
Vinaigre	35 cl

Faites fondre le sucre dans le vinaigre à feu doux, sans cesser de remuer, et laissez cuire au petit cassé, 132-143°C *[page 10]*. Versez le sirop obtenu dans un grand plat beurré et laissez-le refroidir jusqu'à ce que vous puissiez le manipuler sans vous brûler les doigts.

Beurrez-vous les mains et tirez jusqu'à obtention d'une corde blanche et presque ferme de 2,5 cm de diamètre environ. Coupez les berlingots avec des ciseaux huilés.

LES RÉDACTEURS D'AMERICAN HERITAGE
THE AMERICAN HERITAGE COOKBOOK

Rock d'Edimbourg

Edinburgh Rock

Le véritable rock d'Edimbourg, confectionné par Ferguson's et vendu dans des boîtes arborant le tartan de Ferguson ou de Royal Stewart, est expédié dans le monde entier. Il doit être de couleur pastel et légèrement parfumé. En général, on parfume le rock blanc avec du citron, de la vanille ou de la menthe poivrée; le rose avec de l'extrait de framboise ou de l'eau de rose; le marron clair avec 1 cuillerée à café de gingembre en poudre et le jaune avec de l'eau de fleur d'oranger ou un arôme à l'orange ou à la mandarine. A défaut de crochet à pâte, vous pouvez tirer le rock à la main.

Pour 750 g

Sucre cristallisé	750 g
Glucose liquide	1 cuillerée à soupe
Eau	30 cl
Crème de tartre	2 pincées
Arôme et colorant alimentaire	

Beurrez une plaque de marbre. Dans une casserole à fond épais, faites fondre le sucre avec le glucose et l'eau à feu modéré. Ajoutez la crème de tartre et laissez cuire au petit cassé, 135°C [page 10]. Versez le sirop obtenu sur la plaque de marbre. Ajoutez l'arôme et le colorant alimentaire et ramenez les bords de l'appareil vers le centre à mesure qu'il refroidit. Dès qu'il est assez froid, tirez-le avec un crochet huilé — comme le crochet à pâte d'un mixeur — pendant 15 minutes environ. Étirez-le ensuite en bâtonnets en veillant à ne pas les tordre. Laissez refroidir ces bâtonnets avant de les casser en morceaux. Laissez-les dans un endroit chaud pendant 24 heures au moins, jusqu'à ce que le processus de grainage soit terminé et que le rock soit friable et tendre. Conservez dans des boîtes en fer.

BEATRICE MANDERS ET E.M. MILLNER
THE ART OF SWEET-MAKING

Berlingots au miel

Honey Taffy

Vous pouvez parfumer différemment ces berlingots en ajoutant 1 cuillerée à café de café soluble au sirop bouillant. Vous pouvez également faire fondre 90 g de chocolat noir en morceaux avec 15 g de beurre et le laisser refroidir. Après avoir coupé les berlingots, trempez-en un bout dans le chocolat fondu refroidi de façon à en enrober la moitié environ. Laissez le chocolat sécher sur des feuilles de papier paraffiné avant d'envelopper les berlingots.

Pour 1 kg

Sucre cristallisé	500 g
Miel	600 g
Eau	25 cl
Sel	2 pincées
Extrait de vanille	2 cuillerées à café

Huilez généreusement une plaque à biscuits de 23 cm sur 30 et placez-la sur une grille. Dans une casserole de 3 litres légèrement huilée, faites fondre le sucre avec le miel, l'eau et le sel à feu modéré, sans cesser de remuer, et portez à ébullition en enlevant les cristaux de sucre qui se forment sur les parois avec un pinceau à pâtisserie trempé dans de l'eau froide. Arrêtez de remuer et laissez cuire au petit cassé, 138°C [page 10]. Incorporez l'extrait de vanille et versez cet appareil sur la plaque.

Laissez-le tiédir 3 minutes environ puis commencez à le travailler. Roulez-le en boule et tirez-le jusqu'à obtention d'un cordon. Pliez ce cordon en deux puis encore en deux. Quand la masse est souple et légère, façonnez-la à nouveau en cordon de 1 cm de diamètre environ que vous coupez en morceaux de 2,5 cm avec des ciseaux bien huilés.

Enveloppez chaque berlingot dans de la cellophane ou dans du papier paraffiné et conservez-les au frais dans un récipient hermétiquement fermé.

MIRIAM LOWENBERG
CREATIVE CANDY MAKING

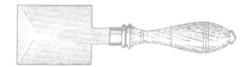

Berlingots à l'eau salée

Salt Water Taffy

Cette confiserie est vendue sur la corniche d'Atlantic City et l'on assure qu'elle est confectionnée avec de l'eau de mer.

Pour travailler le sucre tiré, reportez-vous aux explications données aux pages 26 à 29.

Pour 300 g environ

Sucre cristallisé	250 g
Fécule de maïs	1 cuillerée à soupe
Glucose liquide	5 cuillerées à soupe
Beurre	15 g
Eau	12 cl
Sel	2 pincées
Colorant et arôme alimentaire	

Dans une casserole, mélangez le sucre et la fécule. Incorporez le glucose, le beurre, l'eau et le sel et faites cuire à feu modéré au grand boulé, 123°C [pages 10-11]. Hors du feu, ajoutez quelques gouttes de colorant et arôme et versez la pâte dans un plat beurré. Laissez-la refroidir 2 ou 3 minutes, jusqu'à ce que vous puissiez la toucher sans vous brûler. Beurrez-vous les mains et tirez-la jusqu'à ce qu'elle éclaircisse et soit assez ferme pour garder sa forme. Allongez-la en un rouleau de 2,5 cm de diamètre environ que vous coupez en morceaux avec des ciseaux de cuisine huilés. Enveloppez chaque berlingot dans du papier paraffiné.

LES RÉDACTEURS D'AMÉRICAIN HÉRITAGE
THE AMERICAN HERITAGE COOKBOOK

Berlingots à la mélasse

Molasses Taffy

Pour 500 g environ

Cassonade fine	200 g
Mélasse	1 litre
Eau	12 cl
Beurre	45 g
Bicarbonate de soude	½ cuillerée à café

Beurrez généreusement un moule peu profond de 20 cm de côté. Faites cuire la cassonade avec la mélasse et l'eau à feu doux jusqu'au petit cassé, 133°C *[page 10]*. Hors du feu, ajoutez le beurre et le bicarbonate de soude. Versez la masse obtenue dans le moule et laissez-la tiédir légèrement.

Roulez-la en boule et tirez-la jusqu'à ce qu'elle soit opaque. Avec des ciseaux huilés, coupez le cordon obtenu en quarante-huit berlingots environ de 2,5 cm.

MARY MARGARET MCBRIDE
HARVEST OF AMERICAN COOKING

Caramel gallois au vinaigre

Taffi a Ffani

Dans le Sud du Pays de Galles, on appelle les caramels tirés Taffi *et* Ffani.

Pour 350 g environ

Cassonade fine	500 g
Eau froide	25 cl
Vinaigre	2 cuillerées à café
Beurre	30 g
Essence de menthe poivrée	

Beurrez ou huilez une plaque de marbre ou un grand plat. Dans une casserole en fonte, faites fondre à feu modéré la cassonade avec l'eau, le vinaigre et le beurre, sans cesser de remuer. Portez à ébullition et laissez cuire 15 minutes, jusqu'au petit cassé *[page 10]*.

Versez cet appareil sur la plaque ou dans le plat, en en réservant un peu dans la casserole que vous tenez au chaud pour que son contenu ne durcisse pas.

Beurrez-vous les mains et, en ajoutant quelques gouttes de menthe poivrée, tirez l'appareil le plus rapidement possible, jusqu'à ce que le caramel ait une couleur crémeuse et forme de longues bandes de 2,5 cm de large environ.

Beurrez ou huilez à nouveau la plaque ou le plat et rangez-y les bandes de caramel. Versez par-dessus le caramel réservé en filet fin, de façon à obtenir une fine ligne brune au milieu de chaque bande, sur toute la longueur. Découpez-le en petits morceaux avant qu'il ne durcisse.

S. MINWEL TIBBOTT
WELSH FARE

Candies à la mélasse

Molasses Candy

Les arômes sont présentés à la page 14. Pour travailler le sucre tiré, reportez-vous aux explications données aux pages 26 à 29. Comme la mélasse et la cassonade donnent déjà un parfum assez prononcé, prenez de l'orange ou de la menthe poivrée comme arôme.

Pour 1 kg environ

Cassonade fine	175 g
Mélasse	1 litre
Beurre	60 g
Bicarbonate de soude	½ cuillerée à café
Arôme (facultatif)	

Beurrez deux moules de 20 cm de côté. Dans une grande casserole à fond épais, faites fondre la cassonade avec la mélasse et le beurre à feu doux, en remuant souvent pour que la masse ne brûle pas. Laissez cuire jusqu'au petit cassé *[page 10]*. Hors du feu, incorporez le bicarbonate de soude. Versez en long filet mince dans les moules beurrés en formant des cordons. Si vous utilisez un arôme, mettez-en deux gouttes sur chaque cordon. Laissez tiédir de 2 à 3 minutes environ. Beurrez-vous généreusement les mains et tirez et pliez en deux ces cordons, puis tirez-les encore jusqu'à ce qu'ils soient jaune blanchâtre. Vous pouvez alors les couper rapidement en bâtonnets que vous roulez en boule ou que vous torsadez.

MRS F.L. GILLETTE ET HUGO ZIEMANN
THE WHITE HOUSE COOKBOOK

Bonbons crémeux de Lellie Ishmael

Lellie Ishmael's Cream Candy

Après 3 ou 4 heures dans une pièce chaude, ces bonbons deviennent crémeux alors qu'au début ils sont mous.

Pour travailler le sucre tiré, reportez-vous aux explications données aux pages 26 à 29.

Pour 1 kg environ

Sucre cristallisé	1 kg
Eau	25 cl
Sel	½ cuillerée à café
Bicarbonate de soude	1 pincée
Crème fleurette	25 cl

Beurrez une plaque de marbre ou un plan de travail émaillé. Dans une casserole en métal à fond épais, mélangez le sucre avec l'eau, le sel et le bicarbonate de soude sans remuer et mettez à feu vif. Quand le mélange commence à former de grosses bulles transparentes et à s'étirer en fils de 7 à 15 cm de long, fins comme un cheveu, au petit cassé *[page 10]*, versez la crème goutte à goutte comme si vous faisiez une mayonnaise. Le sirop doit continuer à bouillir et l'addition de la crème doit se faire sans hâte. Après avoir ajouté la dernière goutte de crème, baissez le feu et laissez encore cuire jusqu'à ce que le sirop soit marron clair et s'étire encore en fils de 7 à 15 cm de long, fins comme un cheveu. Toutes ces opérations ne doivent pas durer plus de 15 à 20 minutes.

Versez le sirop en filet mince de 15 à 20 cm de long sur la plaque ou sur le plan de travail beurré à proximité de la porte ouverte du four préchauffé ou devant un feu. Laissez un espace, faites couler un autre filet, etc., jusqu'à épuisement du sirop. Ne raclez pas la casserole pour que le sirop ne cristallise pas.

Prenez le premier filet, tirez-le, ajoutez le suivant, tirez-les ensemble, etc., jusqu'à épuisement de tous les filets. Continuez à tirer jusqu'à obtention d'une masse blanche ou

ivoire, trop ferme pour être tirée davantage. Il vous sera plus facile de procéder à deux. Travaillez alors la masse en cordon de 4 cm d'épaisseur environ que vous découpez avec des ciseaux de cuisine en morceaux de 2,5 cm de large. Étalez les bonbons obtenus sur le plan de travail beurré. Il est indispensable de travailler rapidement car les bonbons durcissent très vite; ici encore, il est préférable d'être deux, chacun coupant à un bout du cordon. Laissez les bonbons se ramollir et prendre une consistance crémeuse sur le plan de travail ou rangez-les dans des boîtes en fer en séparant les couches par des feuilles de papier paraffiné ou de papier d'étain.

MARION FLEXNER
OUT OF KENTUCKY KITCHENS

Caramel gallois au beurre

Cyflaith

Au début du siècle, le *Noson Cyflaith* (ou soirée du caramel) faisait traditionnellement partie des festivités de Noël ou du jour de l'An dans certaines parties du Nord du Pays de Galles. Les gens invitaient des amis à souper et, après le repas, ils s'adonnaient à des jeux divers, confectionnaient tous ensemble du caramel et se racontaient des histoires. On laissait cuire les ingrédients du caramel jusqu'à un certain stade puis on les versait sur une ardoise ou sur une plaque de pierre bien graissée — ou même, dans certaines maisonnées, sur la pierre de la cheminée. Les participants de ces joyeuses veillées s'enduisaient les mains de beurre et tiraient le caramel encore chaud jusqu'à ce qu'il soit jaune d'or.

Pour 1,500 kg environ

Cassonade	1,500 kg
Eau bouillante	15 cl
Citron, jus passé	1
Beurre salé ramolli	250 g

Beurrez une plaque de marbre ou un grand plat plat. Dans une casserole émaillée ou en acier, faites fondre progressivement la cassonade avec l'eau bouillante, sans cesser de remuer avec une cuillère en bois, de 20 à 30 minutes. Hors du feu, incorporez le jus de citron et le beurre ramolli et laissez bouillir à feu assez vif encore 15 minutes, sans remuer.

Faites délicatement tomber une cuillerée à café de cet appareil dans une tasse d'eau froide: si elle durcit immédiatement, le caramel a atteint la consistance requise, celle du petit cassé *[page 10]*. Versez-le lentement sur la plaque ou sur le plat sans racler la casserole car cela risquerait de retransformer le caramel en sucre.

Beurrez-vous généreusement les mains et tirez ce caramel en longs fils dorés pendant qu'il est encore chaud. Coupez-le en petits morceaux.

S. MINWEL TIBBOTT
WELSH FARE

Bonbons en sucre tiré

Yum Yum

Pour travailler le sucre tiré, reportez-vous aux explications données aux pages 26 à 29.

Pour 500 g

Cassonade fine	500 g
Beurre	90 g
Eau	15 cl

Huilez une plaque de marbre ou un plan de travail. Faites fondre le sucre avec le beurre et l'eau à feu doux, sans cesser de remuer. Portez à ébullition à feu plus vif et laissez cuire au petit cassé *[page 10]*.

Versez le sirop obtenu sur la plaque de marbre ou sur le plan de travail. Laissez-le tiédir de 2 à 3 minutes et tirez-le jusqu'à obtention d'une masse blanche crémeuse que vous façonnez en bâtonnets ou en barres et que vous coupez en morceaux avec des ciseaux huilés.

GRACE E. DENISON (RÉDACTRICE)
THE NEW COOK BOOK BY THE LADIES OF TORONTO
AND OTHER CITIES AND TOWNS

Fudge au lait ordinaire

Plain Milk Fudge

Pour 1 kg environ

Sucre cristallisé	850 g
Lait	30 cl
Beurre	120 g
Extrait de vanille	2 cuillerées à café

Beurrez un moule de 18 cm de côté. Dans une casserole, portez le lait à ébullition à feu doux. Ajoutez le sucre et le beurre et laissez-les fondre, sans cesser de remuer. Portez à ébullition, couvrez et laissez bouillir 2 minutes. Découvrez et laissez cuire à bouillons réguliers, en remuant de temps en temps, jusqu'à ce qu'un peu de ce sirop trempé dans de l'eau froide roule en boule souple entre le pouce et l'index. Le thermomètre à sirop doit alors marquer entre 115 et 116°C *[pages 10-11]*.

Hors du feu, incorporez l'extrait de vanille. Laissez tiédir 5 minutes puis battez cet appareil jusqu'à cc qu'il commence à perdre son aspect brillant et qu'il soit épais et onctueux.

Versez le *fudge* dans le moule et laissez-le refroidir. Divisez-le en cinquante carrés environ que vous découperez avec un couteau pointu quand ils seront durs et que vous conserverez dans une boîte en fer étanche.

SONIA ALLISON
THE DAIRY BOOK OF HOME COOKERY

Fudge à la banane et au chocolat

Banana/Chocolate Fudge

Pour 600 g

Cassonade fine	90 g
Sucre cristallisé	350 g
Banane moyennement mûre écrasée	1
Chocolat noir cassé en morceaux	60 g
Lait	17 cl
Sel	1 pincée
Glucose liquide	1 cuillerée à soupe
Beurre	45 g
Extrait de vanille	½ cuillerée à café
Noix hachées (facultatif)	60 g

Beurrez légèrement un moule de 22 cm sur 11 et de 6 cm de profondeur. Dans une casserole, faites fondre la cassonade et le sucre cristallisé avec la banane, le chocolat, le lait, le sel et le glucose à feu modéré, sans cesser de remuer. Si des cristaux de sucre se forment sur les parois de la casserole, nettoyez-les avec un pinceau à pâtisserie trempé dans de l'eau. Laissez cuire à feu modéré, en remuant de temps en temps pour que la masse n'attache pas, jusqu'au petit boulé *[pages 10-11]*. Hors du feu, ajoutez le beurre sans remuer et laissez tiédir jusqu'à une température de 43°C.

Ajoutez l'extrait de vanille et battez l'appareil jusqu'à ce qu'il perde son aspect brillant et commence à épaissir. Versez-le dans le moule. Parsemez le *fudge* obtenu de noix hachées, selon le goût, en les incrustant délicatement avec une cuillère. Quand le *fudge* est froid et ferme, découpez-le en trente-deux morceaux.

NELL B. NICHOLS (RÉDACTEUR)
HOMEMADE CANDY

Fudge au chocolat

Chocolate Fudge

Pour préparer le fudge, reportez-vous aux explications données à la page 38.

Pour 750 g environ

Sucre cristallisé	500 g
Lait	6 cuillerées à soupe
Beurre	30 g
Chocolat noir râpé ou haché	175 g

Dans une casserole, délayez le sucre avec le lait jusqu'à obtention d'une pâte épaisse. Incorporez le beurre puis le chocolat. Faites cuire à feu doux, sans cesser de remuer. Ne laissez pas le contenu de la casserole atteindre l'ébullition avant que le sucre ne soit dissous et le chocolat fondu. Mettez à feu un peu plus vif et laissez bouillir 5 minutes, jusqu'au petit boulé [pages 10-11].

Hors du feu, battez le *fudge* jusqu'à ce qu'il soit épais et versez-le dans des assiettes à soupe ou des plats beurrés ou dans un moule beurré de 20 cm de côté. Laissez-le durcir avant de le découper en morceaux de 2,5 cm de côté.

MRS C.F. LEYEL ET MISS OLGA HARTLEY
THE GENTLE ART OF COOKERY

Fudge au lait

Milk Fudge

Pour préparer le fudge, reportez-vous aux explications données à la page 38. L'auteur suggère de varier cette recette en remplaçant les cerises confites par 3 cuillerées à soupe de noix de coco en poudre ou par 125 g de chocolat râpé. Vous pouvez aussi remplacer le sucre et l'extrait de vanille par du sucre vanillé (page 15).

Pour 1 kg environ

Sucre cristallisé	850 g
Lait	30 cl
Beurre	125 g
Extrait de vanille	2 cuillerées à café
Cerises confites hachées (ou 30 g de raisins de Corinthe et 30 g d'amandes mondées et hachées)	60 g

Dans une casserole à fond épais contenant le lait, faites fondre le sucre et le beurre à feu doux, sans cesser de remuer. Portez à ébullition, couvrez et laissez bouillir 2 minutes. Découvrez et laissez cuire à bouillons réguliers sans remuer de 10 à 15 minutes, jusqu'au petit boulé [pages 10-11]. Enlevez la casserole du feu, trempez rapidement le fond dans de l'eau froide, incorporez l'extrait de vanille et laissez tiédir. Battez le *fudge* jusqu'à ce qu'il perde son aspect brillant et soit épais et crémeux. Versez-le dans un moule graissé de 20 cm de côté. Laissez-le refroidir complètement avant de le découper en morceaux de 2,5 cm avec un couteau pointu. Selon le goût, incorporez les cerises confites hachées ou les rainsins de Corinthe et les amandes juste avant de verser le *fudge* dans le moule.

MARY NORWAK
TOFFEES, FUDGES, CHOCOLATES AND SWEETS

Bonbons crémeux au sirop d'érable

Maple Cream Candy

Après qu'on les a découpés et exposés à l'air, ces bonbons ne se conservent pas longtemps, mais vous pourrez les garder quelques semaines dans une boîte en fer-blanc couverte d'une feuille de papier paraffiné.

Pour 750 g environ

Sucre cristallisé	500 g
Sirop d'érable	25 cl
Crème fleurette	12 cl
Eau	12 cl
Beurre	30 g
Noix hachées menu (facultatif)	30 g

Dans une casserole, mettez à feu modéré, le sucre, le sirop d'érable, la crème et l'eau et remuez jusqu'à ce que le sucre soit dissous. Cessez de remuer et laissez cuire jusqu'à ce que la température atteigne 110°C environ. Ajoutez le beurre, baissez le feu et laissez cuire au petit boulé, 113°C [pages 10-11]. Avec un linge humide, enlevez les cristaux du bec de la casserole et versez le sirop chaud dans une terrine peu profonde. Laissez-le refroidir, sans y toucher, à une température de 43 à 46°C. Remuez-le ensuite avec une cuillère ou une spatule lourde jusqu'à ce qu'il soit bien crémeux et ajoutez les noix, selon le goût. Continuez à remuer jusqu'à ce qu'il ait la consistance d'une pâte molle. Pétrissez-le entre les mains ou sur une planche jusqu'à ce qu'il soit souple et élastique. Mettez-le dans un moule de 20 cm de côté légèrement beurré ou foncé de papier paraffiné, pressez-le de façon que son épaisseur soit uniforme et tapotez délicatement la surface avec les doigts pour la rendre lisse. Couvrez de papier paraffiné. Au bout de quelques minutes, vous pouvez démouler le bonbon et le découper.

WALTER W. CHENOWETH
HOW TO MAKE CANDY

Fudge au sirop d'érable

Maple Fudge

Cette confiserie est particulièrement bonne avec des noix : ajoutez-en 125 g en morceaux juste avant de mettre le *fudge* à refroidir dans le moule.

Pour 500 g

Sucre cristallisé	500 g
Sirop d'érable	12 cl
Lait	25 cl
Glucose liquide	1 cuillerée à soupe
Sel	1 pincée
Beurre	30 g
Extrait de vanille	1 cuillerée à café

Huilez généreusement un moule de 20 cm de côté et de 5 cm de profondeur. Dans une casserole légèrement huilée de 1,5 à 2 litres, faites fondre le sucre avec le sirop d'érable, le lait, le glucose et le sel à feu doux, jusqu'à ébullition. Nettoyez les cristaux de sucre qui se forment sur les parois de la casserole avec un pinceau à pâtisserie trempé dans de l'eau froide. Laissez cuire sans remuer jusqu'au petit boulé *[pages 10-11]*. Enlevez immédiatement du feu et ajoutez le beurre sans remuer. Laissez tiédir jusqu'à une température de 43°C, ou jusqu'à ce que le fond de la casserole soit à peine tiède au toucher. Ajoutez la vanille et battez bien jusqu'à obtention d'un appareil épais qui a perdu son aspect brillant. Étalez uniformément ce *fudge* dans le moule et laissez-le refroidir avant de le découper en carrés.

MIRIAM LOWENBERG
CREATIVE CANDY MAKING

Bonbons au lait caillé

Buttermilk Candy

Vous pouvez remplacer le lait caillé par du yogourt.

Pour 750 g environ

Sucre cristallisé	500 g
Lait fermenté	25 cl
Bicarbonate de soude	1 cuillerée à café
Glucose liquide	1 cuillerée à soupe
Beurre	60 g
Noix de pécan ou noix ordinaires coupées en 2	125 g

Beurrez un moule de 20 cm de côté. Dans une casserole à fond épais de 3 litres, mélangez le lait fermenté et le bicarbonate de soude et laissez cailler 20 minutes.

Incorporez le sucre et le glucose. Portez à ébullition, sans cesser de remuer, jusqu'à ce que le sucre soit dissous. Dès que le mélange bout, ajoutez le beurre et laissez cuire en remuant de temps en temps jusqu'au petit boulé *[pages 10-11]*. Vous devez obtenir une masse marron clair.

Enlevez du feu et laissez tiédir cette masse jusqu'à une température de 43°C. Battez-la jusqu'à ce qu'elle perde son aspect brillant et commence à épaissir. Incorporez les noix et versez dans le moule. Laissez refroidir et durcir cette confiserie avant de la découper en trente-six morceaux.

NELL B. NICHOLS (RÉDACTEUR)
HOMEMADE CANDY

Fudge caramélisé à l'orange

Orange Caramel Fudge

Pour 500 g environ

Cassonade fine	350 g
Crème fraîche	12 cl
Bicarbonate de soude	½ cuillerée à café
Beurre	10 g
Orange, zeste râpé	1
Assortiment de noix, noisettes, amandes, etc., grossièrement hachées	125 g
Sel	1 pincée

Dans une casserole, faites fondre la cassonade avec la crème et le bicarbonate de soude à feu modéré, sans cesser de remuer. Portez à ébullition. Arrêtez de remuer et laissez cuire au moyen boulé *[pages 10-11]*. Hors du feu, incorporez le beurre, le zeste d'orange, les noix et le sel. Battez vigoureusement jusqu'à obtention d'un appareil assez épais que vous faites refroidir dans un moule beurré de 20 cm de côté avant de découper des carrés de 2,5 cm de côté, ou que vous disposez par cuillerées à café sur un plat beurré.

MARION FLEXNER
OUT OF KENTUCKY KITCHENS

Bonbons mexicains à l'orange

Mexican Orange Candy

Pour donner à ces bonbons un parfum d'orange plus prononcé, utilisez le zeste râpé de 2 oranges. Pour caraméliser du sucre sans eau, reportez-vous aux explications page 9.

Pour 1 kg

Sucre cristallisé	750 g
Lait chauffé juste en dessous du point d'ébullition	35 cl
Orange, zeste râpé	1
Sel	1 pincée
Beurre	125 g
Noix ou amandes, noisettes, pistaches, etc., hachées	125 g

Beurrez légèrement un moule de 23 cm de côté. Dans une casserole à fond épais de 4 litres, faites fondre 250 g de sucre sans cesser de remuer. Dès qu'il dore légèrement, enlevez la casserole du feu et incorporez le lait d'un seul coup en remuant rapidement jusqu'à ce que le mélange mousse.

Remettez la casserole sur le feu, ajoutez le reste de sucre et faites-le fondre sans cesser de remuer. Arrêtez de remuer et laissez cuire au petit boulé *[pages 10-11]*. Hors du feu, ajoutez le zeste d'orange, le sel et le beurre sans remuer. Laissez tiédir jusqu'à température de 43 °C.

Travaillez cet appareil jusqu'à ce qu'il perde son aspect brillant et commence à épaissir. Incorporez les noix et versez la préparation dans le moule. Divisez-la en 49 morceaux pendant qu'elle est encore chaude : vous les couperez quand ils seront froids et fermes.

NELL B. NICHOLS (RÉDACTEUR)
HOMEMADE CANDY

Fudge du Smith College

Smith College Fudge

Le « *fudge* » était très populaire à la fin du XIXᵉ siècle dans les universités féminines américaines. Les étudiantes le faisaient parfois cuire sur les lampes à gaz suspendues au plafond, ce qui leur donnait une bonne excuse pour s'amuser après l'extinction des feux. Cette recette de Maria Parloa est extraite d'un ouvrage distribué en 1905 par un chocolatier.

Pour 600 g environ

Sucre cristallisé	250 g
Cassonade fine	200 g
Mélasse	2 cuillerées à soupe
Crème fleurette	12 cl
Chocolat noir grossièrement haché	60 g
Beurre	60 g
Extrait de vanille	1½ cuillerée à café

Dans une casserole, mélangez le sucre avec la cassonade, la mélasse, la crème et le chocolat. Faites-les cuire à feu modéré, sans cesser de remuer, jusqu'à ce que le sucre et le chocolat aient fondu. Laissez cuire sans remuer au petit boulé, 115 °C *[pages 10-11]*. Hors du feu, incorporez le beurre et la vanille. Laissez tiédir puis battez jusqu'à ce que la masse commence à durcir. Versez-la dans un plat beurré et découpez-la en carrés avant qu'elle n'ait complètement durci.

LES RÉDACTEURS D'AMÉRICAIN HÉRITAGE
THE AMERICAN HERITAGE COOKBOOK

Penochi à l'ananas

Pineapple Penochi

Le penochi, *ou* penuche, *est une confiserie américaine à la consistance molle. Pour préparer de l'ananas confit, reportez-vous aux explications données à la page 46. Vous pouvez remplacer l'extrait de citron par 1 cuillerée à café de zeste de citron finement râpé.*

Pour 1 kg environ

Ananas confit haché	250 g
Sucre cristallisé	750 g
Lait	25 cl
Beurre ramolli et coupé en petits morceaux	30 g
Extrait de citron	

Faites fondre le sucre dans le lait à feu doux, sans cesser de remuer. Ajoutez le beurre progressivement et continuez à remuer jusqu'à ce que le mélange commence à bouillir. Baissez le feu, couvrez et laissez frémir 3 minutes. Découvrez et faites cuire jusqu'au petit boulé, 114 °C *[pages 10-11]*.

Enlevez du feu. Ajoutez quelques gouttes d'extrait de citron et l'ananas confit. Travaillez la masse avec une cuillère en bois jusqu'à ce qu'elle soit épaisse et crémeuse. Faites-la durcir dans un moule beurré de 30 cm sur 20 et de 3 cm de profondeur et découpez-la en carrés de 1 cm de côté.

ESMÉ GRAY BOOKER
SWEETS THAT HAVE TEMPTED ME

Penuche à la noix de coco

Coconut Penuche Patties

Le penuche est une confiserie originaire du Mexique, très répandue aux États-Unis. Pour ouvrir et râper une noix de coco, reportez-vous aux explications données à la page 13.

Pour 750 g environ

Sucre cristallisé	350 g
Cassonade fine	200 g
Glucose liquide	1½ cuillerée à soupe
Crème fleurette	25 cl
Noix de coco finement râpée	75 g
Extrait de vanille	1 cuillerée à café
Beurre	60 g
Noix de pécan ou noix ordinaires coupées en 2	18 environ

Dans une casserole à fond épais, mélangez le sucre avec la cassonade, le glucose et la crème. Portez à ébullition à feu doux, sans cesser de remuer. Arrêtez de remuer et laissez cuire au petit boulé *[pages 10-11]*. Enlevez du feu.

Ajoutez la noix de coco, l'extrait de vanille et le beurre sans mélanger. Laissez tiédir sans remuer. Quand le thermomètre indique 49°C, remuez pour mélanger les ingrédients. Faites rapidement couler la masse obtenue en trente-six cuillerées à soupe environ sur du papier paraffiné. Incrustez une demi-noix dans chaque *penuche* et laissez-les durcir 3 heures environ. Pour les conserver, enveloppez-les dans du papier paraffiné.

JASPER GUY WOODROOF Ph. D.
COCONUTS: PRODUCTION PROCESSING PRODUCTS

Caramels aux noix

Penuchi

Vous pouvez remplacer les noix par des cerises confites hachées et faire refroidir l'appareil sur du papier paraffiné par cuillerées à café.

Pour 750 g environ

Cassonade fine	560 g
Crème fleurette	25 cl
Beurre	20 g
Extrait de vanille	1½ cuillerée à café
Noix cassées en morceaux	125 g

Beurrez un moule de 20 cm de côté. Portez à ébullition la cassonade avec la crème, en remuant, puis laissez cuire sans remuer au petit boulé, 113°C *[pages 10-11]*. Hors du feu, incorporez le beurre. Laissez tiédir et ajoutez l'extrait de vanille. Battez l'appareil jusqu'à ce qu'il soit épais et onctueux et incorporez les noix. Versez dans le moule et laissez refroidir. Quand le caramel est ferme, découpez-le en carrés de 2,5 cm de côté.

MILDRED GROSBERG BELLIN
THE JEWISH COOK BOOK

Rouleaux aux noix

Walnut Roll

Pour 1 kg environ

Sucre cristallisé	500 g
Cassonade fine	200 g
Glucose liquide	2 cuillerées à soupe
Crème fleurette	25 cl
Extrait de vanille	1 cuillerée à café
Noix hachées	150 g

Dans une casserole à fond épais, faites fondre le sucre et la cassonade avec le glucose et la crème à feu doux, sans cesser de remuer. Portez à ébullition et laissez cuire sans remuer à feu doux jusqu'au petit boulé *[pages 10-11]*. Enlevez du feu et laissez tiédir jusqu'à une température de 43°C. Ajoutez l'extrait de vanille et battez jusqu'à ce que l'appareil garde la trace de la cuillère. Laissez-le refroidir et pétrissez-le jusqu'à ce qu'il soit ferme. Façonnez-le en rouleaux de 3 cm de diamètre que vous enduisez de noix hachées. Enveloppez ces rouleaux dans du papier paraffiné et mettez-les au réfrigérateur jusqu'à ce qu'ils soient fermes. Découpez-les en vingt-quatre tranches environ de 1 cm d'épaisseur.

MARY MARGARET MCBRIDE
HARVEST OF AMERICAN COOKING

Pastilles à la menthe

Milk Peppermint Lozenges

Pour 500 g

Sucre semoule	500 g
Lait ou crème fleurette	15 cl
Essence ou liqueur de menthe poivrée	1 cuillerée à café environ

Préparez plusieurs feuilles de papier paraffiné. Faites fondre le sucre semoule dans le lait ou la crème à feu modéré et laissez cuire 10 minutes environ, jusqu'au moyen boulé *[pages 10-11]*. Hors du feu, incorporez la menthe poivrée et battez jusqu'à obtention d'une préparation suffisamment froide et ferme pour qu'on puisse la déposer par cuillerées à café sans qu'elle coule. Dès qu'elle commence à prendre, disposez-la par cuillerées sur le papier paraffiné. Si elle devient trop ferme, réchauffez-la un peu.

MRS M.E. RATTRAY
SWEETMEAT-MAKING AT HOME

Panocha mexicaine

Mexican Panocha

La cassonade est longue à fondre: assurez-vous donc qu'elle est bien dissoute avant de porter le mélange à ébullition. Pour faire fondre du chocolat, reportez-vous aux explications données à la page 65.

Pour 750 g environ

Cassonade	525 g
Lait	25 cl
Chocolat noir fondu	15 g
Beurre	15 g
Gousse de vanille fendue dans le sens de la longueur	2,5 cm
Noix grossièrement hachées	175 g

Dans une casserole contenant le lait, faites fondre la cassonade à feu modéré et ajoutez le chocolat, sans cesser de remuer. Baissez le feu et ajoutez le beurre et la vanille. Portez lentement à ébullition et remuez jusqu'au petit boulé *[pages 10-11]*. Hors du feu, incorporez les noix en travaillant l'appareil jusqu'à ce qu'il commence à durcir. Mettez-le alors dans un moule beurré de 20 cm de côté puis découpez-le en carrés de 2,5 cm de côté.

CORA, ROSE ET BOB BROWN
THE SOUTH AMERICAN COOK BOOK

Niniches bordelaises

Pour 400 g environ

Sucre semoule	125 g
Chocolat à croquer râpé	80 g
Beurre	40 g
Miel	100 g
Lait	20 cl
Huile	

Préparez, à portée de main, un bol d'eau très froide. Dans une casserole, sur feu moyen, mettez le chocolat râpé et tous les autres ingrédients (sauf l'huile); remuez sans cesse; lorsque la préparation commence à épaissir, prélevez-en une goutte et faites-la tomber dans le bol d'eau froide; si la goutte se dilue dans l'eau, poursuivez la cuisson sans cesser de remuer; renouvelez l'opération jusqu'à ce que la goutte prélevée tombe au fond du bol comme une petite perle; retirez alors du feu. Versez sur un marbre huilé; étalez, tracez des traits pour dessiner des petits carrés de 2 cm de côté; laissez refroidir. Découpez selon les traits.

CÉLINE VENCE
ENCYCLOPÉDIE HACHETTE DE LA CUISINE RÉGIONALE

Bonbons à la crème

Nidelzeltli

Pour 1 kg environ

Sucre cristallisé	560 g
Lait et crème, en quantités égales (ou 1 litre de lait et 30 g de beurre)	1 litre

Dans une casserole de 4 litres, portez le sucre, le lait et la crème ou le beurre à ébullition, sans cesser de remuer, jusqu'à obtention d'une pâte épaisse jaune-marron, qui se détache du fond de la casserole. Étalez cette pâte sur 1 cm d'épaisseur environ dans un moule beurré de 30 cm sur 20 et de 3 cm de profondeur, et laissez-la tiédir 10 minutes. Divisez-la en carrés de 2,5 cm de côté avec la pointe d'un couteau préalablement trempée dans de l'huile et laissez refroidir avant de casser les bonbons et de les servir.

EVA MARIA BORER
DIE ECHTE SCHWEIZER KÜCHE

Sanduskys à la noix de coco

Coconut Sanduskys

Pour extraire le lait et râper la pulpe d'une noix de coco fraîche, reportez-vous aux explications données page 13.

Pour 375 g environ

Sucre cristallisé	200 g
Cassonade	150 g
Noix de coco fraîchement râpée	90 g
Lait de coco	12 cl
Eau	4 cuillerées à soupe
Extrait de vanille	1 cuillerée à café

Faites cuire tous les ingrédients au petit boulé (113°C) en remuant de temps en temps pour qu'ils ne brûlent pas. Vérifiez la cuisson avec de l'eau froide *[pages 10-11]*.

Hors du feu, laissez refroidir le sirop à 49°C. Battez-le de 5 à 10 minutes, le temps qu'il épaississe et soit crémeux. Versez-le dans un moule beurré de 20 cm de côté. Laissez-le durcir avant de le découper en une douzaine de carrés.

Vous obtiendrez ainsi une confiserie assez molle. Si vous la préférez plus ferme, laissez cuire le sirop à une température légèrement plus élevée. Vous pourrez alors découper et offrir cette confiserie plus rapidement.

MAY B. VAN ARSDALE ET RUTH PARRISH CASA EMELLOS
CANDY RECIPES AND OTHER CONFECTIONS

Pralines

Pour caraméliser du sucre sans eau, reportez-vous aux explications données à la page 9. Ces confiseries ont la consistance du fudge.

Pour 1 kg environ

Sucre cristallisé	600 g
Crème fleurette	25 cl
Beurre	15 g
Noix de pécan ou noix ordinaires coupées en 2	250 g

Dans une cocotte en fonte, mélangez 500 g de sucre avec la crème et le beurre et portez à ébullition à feu modéré. Dans une autre cocotte, faites fondre le reste de sucre et laissez-le cuire jusqu'à ce qu'il ait la couleur du caramel. Incorporez le contenu de la première cocotte, ajoutez les noix et laissez cuire jusqu'au petit boulé *[pages 10-11]*. Hors du feu, battez l'appareil jusqu'à ce qu'il épaississe. Faites-le couler par cuillerées de 5 à 7,5 cm de diamètre environ sur du papier paraffiné et laissez durcir les pralines obtenues.

THE JUNIOR LEAGUE OF NEW ORLEANS
THE PLANTATION COOKBOOK

Pralines blanches ou roses de coco

Ces délicates pralines sont une spécialité de la confiserie créole extrêmement prisée des touristes de la Nouvelle-Orléans. Ne laissez surtout pas la noix de coco cuire plus de quelques minutes dans le sucre.

Pour 750 g environ

Sucre cristallisé	500 g
Eau	4 cuillerées à soupe
Noix de coco fraîche râpée	350 g
Cochenille (facultatif)	½ cuillerée à café

Dans une casserole en cuivre ou à fond épais, faites cuire le sucre avec l'eau jusqu'à ce qu'il commence à former un sirop. Hors du feu, incorporez la noix de coco. Remettez sur le feu, sans cesser de remuer, et laissez cuire 2 ou 3 minutes à partir de la reprise de l'ébullition: le sirop doit alors être au filet *[page 10]*. Cela doit suffire si vous aimez les pralines légères et feuilletées. Selon le goût, ajoutez la cochenille juste avant d'enlever le sirop du feu.

Faites couler le sirop par cuillerées sur une plaque de marbre humide ou dans un plat beurré et étalez les tas avec une fourchette de manière à former des ronds bien nets de 5 mm d'épaisseur et de 10 à 12 cm de diamètre. Laissez sécher ces pralines puis soulevez-les avec un couteau.

THE PICAYUNE'S CREOLE COOK BOOK

Plaque aux amandes grillées

Toasted Almond Bark

Pour 750 g environ

Sucre cristallisé	500 g
Lait	15 cl
Glucose liquide	½ cuillerée à soupe
Sel	2 pincées
Beurre	30 g
Extrait de vanille	1 cuillerée à café
Amandes non mondées grillées	150 g

Foncez une plaque à four de papier paraffiné. Dans une casserole à fond épais de 2 litres, mettez le sucre avec le lait, le glucose et le sel. Faites cuire, sans cesser de remuer, jusqu'à ce que le sucre soit dissous et que le sirop atteigne l'ébullition. Cessez de remuer et laissez cuire jusqu'au petit boulé *[pages 10-11]*.

Hors du feu, ajoutez le beurre mais ne remuez pas. Laissez refroidir jusqu'à ce que le thermomètre indique 43°C. Ajoutez l'extrait de vanille et battez jusqu'à obtention d'un appareil épais et crémeux. Ajoutez les amandes grillées et étalez la préparation sur le papier paraffiné en une couche de ... cm d'épaisseur environ que vous laissez refroidir avant de la casser en morceaux.

NELL B. NICHOLS (RÉDACTEUR)
HOMEMADE CANDY

Rondins de cabane au chocolat

Chocolate Log Cabin Rolls

Pour 750 g environ	
Cassonade en gros cristaux	250 g
Sucre cristallisé	175 g
Sirop d'érable	12 cl
Crème fleurette	25 cl
Beurre	30 g
Sel	1 pincée
Chocolat noir cassé en petits morceaux	45 g
Blanc d'œuf légèrement battu	1
Noix de pécan ou noix ordinaires écrasées	125 g

Beurrez un plan de travail. Dans une casserole à fond épais de 3 litres, mélangez la cassonade avec le sucre, le sirop d'érable, la crème, le beurre, le sel et le chocolat. Portez à ébullition à feu doux, sans cesser de remuer. Couvrez et laissez cuire 5 minutes. Découvrez et laissez cuire, en remuant de temps en temps, jusqu'au petit boulé, 113°C *[pages 10-11]*.

Enlevez du feu et laissez refroidir jusqu'à ce que le fond de la casserole soit tiède au toucher (43°C). Battez bien l'appareil jusqu'à ce qu'il commence à perdre son aspect brillant et conserve sa forme. Beurrez-vous généreusement les mains et pétrissez la masse sur le plan de travail beurré jusqu'à ce qu'elle puisse être façonnée. Divisez-la en deux rouleaux de 22 cm que vous badigeonnez de blanc d'œuf légèrement battu puis roulez dans les noix en pressant légèrement pour qu'elles adhèrent. Enveloppez ces rouleaux dans un film de matière plastique ou dans du papier sulfurisé ou paraffiné et mettez-les au réfrigérateur. Pour servir, coupez chaque rouleau en dix-huit tranches environ.

JOSH GASPERO (RÉDACTEUR)
HERSHEY'S 1934 COOKBOOK

Pépites d'or

Gold Nuggets

Pour 600 g environ	
Sucre cristallisé	350 g
Jus d'orange	3 cuillerées à soupe
Eau tiède	4 cuillerées à soupe
Cannelle en poudre	2 pincées
Zeste d'orange râpé	4 cuillerées à soupe
Noix ou amandes, noisettes, pistaches, etc.	300 g

Préparez une feuille de papier paraffiné ou beurrez légèrement une plaque à four. Dans une casserole, faites fondre le sucre avec le jus d'orange et l'eau à feu modéré, sans cesser de remuer. Portez à ébullition, couvrez et laissez bouillir 1 minute pour que la vapeur fasse retomber les cristaux des parois de la casserole. Découvrez et laissez cuire sans remuer jusqu'au petit boulé, 116°C *[pages 10-11]*.

Hors du feu, incorporez le reste des ingrédients. Remuez avec une fourchette jusqu'à obtention d'une masse onctueuse que vous versez sur le papier paraffiné ou sur la plaque beurrée. Séparez les noix avec une fourchette. Laissez refroidir les pépites obtenues et conservez-les dans un récipient hermétiquement fermé.

WOMAN'S DAY COLLECTOR'S COOK BOOK

Noix anglaises épicées

Spiced English Walnuts

Pour 600 g environ	
Sucre cristallisé	250 g
Sel	2 pincées
Cannelle en poudre	1 cuillerée à café
Lait	12 cl
Noix	350 g
Extrait de vanille	1 cuillerée à café

Dans une casserole à fond épais, mélangez le sucre avec le sel, la cannelle et le lait à feu modéré, et remuez jusqu'à ce que le sucre soit dissous. Cessez de remuer et laissez cuire jusqu'au petit boulé *[pages 10-11]*. Hors du feu, incorporez les noix et l'extrait de vanille. Étalez l'appareil sur du papier paraffiné et laissez-le refroidir avant de le découper en carrés.

LOUIS SZATHMÁRY (RÉDACTEUR)
FIFTY YEARS OF PRAIRIE COOKING

Caramel au lait caillé

Curd Toffee

Pour 750 g environ

Sucre cristallisé	500 g
Yogourt	500 g
Amandes mondées et effilées	2 cuillerées à soupe
Noix de cajou effilées	2 cuillerées à soupe
Safran délayé dans 2 cuillerées à café de lait chaud	2 pincées
Pistaches mondées	1 cuillerée à soupe
Capsules de cardamome, graines extraites	10

Mettez le yogourt dans un linge ou dans un sac en mousseline et laissez-le égoutter une nuit. Le lendemain, beurrez un plat ou un moule de 20 cm de côté. Dans une casserole, faites chauffer à feu doux le yogourt épaissi avec le sucre, les amandes et les noix de cajou, sans cesser de remuer, pendant 15 minutes environ, jusqu'à obtention d'une masse épaisse qui se détache des parois de la casserole. Ajoutez le safran et mélangez bien. Mettez la masse dans le plat ou dans le moule beurrés et aplatissez-la. Pilez les pistaches avec les graines de cardamome et parsemez-en le caramel. Laissez refroidir et conservez dans un récipient bien fermé.

JACK SANTA MARIA
INDIAN SWEET COOKERY

Confiserie à la noix de coco et aux amandes

Coconut and Almond Candy

Pour râper la pulpe de coco, reportez-vous à la page 13.

Pour 1 kg environ

Sucre cristallisé	500 g
Lait chaud	25 cl
Noix de coco fraîchement râpée	350 g
Amandes mondées et hachées	125 g
Jaunes d'œufs légèrement battus	6

Faites fondre le sucre dans le lait à feu doux, sans cesser de remuer. Portez à ébullition, ajoutez les amandes et laissez cuire sans cesser de remuer jusqu'au filet *[page 10]*. Ajoutez la noix de coco et les jaunes d'œufs.

Faites épaissir à feu doux, sans cesser de remuer, de 5 à 10 minutes environ. Enlevez du feu et laissez tiédir. Façonnez l'appareil en petites boules que vous laissez sécher et durcir toute une nuit sur du papier paraffiné.

CORA, ROSE ET BOB BROWN
THE SOUTH AMERICAN COOK BOOK

Caramel aux noix de pécan

Pecan Caramel

Pour caraméliser du sucre sans eau, reportez-vous aux explications données à la page 9.

Pour 1,250 kg

Sucre cristallisé	1 kg
Lait	25 cl
Noix de pécan ou noix ordinaires hachées	250 g
Beurre	30 g

Faites cuire 750 g de sucre dans le lait. Dans une poêle en fonte, faites fondre le reste de sucre à feu très doux, jusqu'à ce qu'il se caramélise. Quand le sirop au lait est au petit boulé *[pages 10-11]*, incorporez le caramel, les noix et le beurre. Hors du feu, battez ce mélange jusqu'à ce qu'il soit onctueux.

Versez le caramel obtenu dans un plat beurré et laissez-le refroidir avant de le découper en carrés.

A BOOK OF FAMOUS OLD NEW ORLEANS RECIPES

Les pâtés aux noix de pécan d'Alice

Alice's Pecan Pâtés

Dans cette recette, vous pouvez remplacer les noix de pécan par des noix ordinaires.

Pour 750 g environ

Sucre cristallisé	250 g
Cassonade	350 g
Beurre	15 g
Sel	1 pincée
Crème fleurette	25 cl
Extrait de vanille	2 cuillerées à café
Noix de pécan grossièrement hachées	125 g
Crème de tartre	2 pincées

Beurrez un grand plat ou un plan de travail froid. Dans une casserole, faites fondre le sucre et la cassonade avec le beurre, le sel et la crème fleurette à feu modéré, sans cesser de remuer, puis laissez cuire, en remuant de temps en temps, jusqu'au moyen boulé *[pages 10-11]*.

Hors du feu, incorporez la vanille, les noix et la crème de tartre. Battez vigoureusement jusqu'à obtention d'une préparation ferme et crémeuse que vous disposez par cuillerées à soupe sur le plat ou sur le plan de travail beurrés. Si la préparation durcit trop vite, versez-la dans le plat et laissez-la refroidir avant de la découper en morceaux de 2,5 cm. Enveloppez chaque morceau de papier paraffiné. Vous les conserverez longtemps dans une boîte en fer bien fermée.

MARION FLEXNER
OUT OF KENTUCKY KITCHENS

Bonbons catalans

Bombones Nuria

Pour 1,500 kg environ

Sucre cristallisé	400 g
Amandes mondées, grillées et hachées	400 g
Noisettes grillées, mondées et hachées	200 g
Chocolat râpé	400 g
Jaunes d'œufs	2
Lait	15 cl
Sucre glace	

Dans une casserole, mélangez intimement le sucre cristallisé avec les amandes, les noisettes, le chocolat et les jaunes d'œufs à feu doux. Délayez progressivement avec le lait, sans cesser de remuer, jusqu'à obtention d'une pâte épaisse. Enlevez du feu et laissez refroidir. Divisez la pâte froide en petites boules de taille plus ou moins égale que vous roulez dans le sucre glace.

ANA MARIA CALERA
COCINA CATALANA

Bonbons au Benné

Benné Candy

Les graines de sésame furent importées aux États-Unis via Charleston, en Caroline du Sud, par des esclaves africains aux alentours de 1600. Dans cet État, on a conservé leur nom africain: benné. Pour les griller, étalez-les uniformément dans une poêle sèche et faites-les chauffer à feu doux, en remuant de temps en temps, jusqu'à ce qu'elles aient foncé et perdu leur parfum caractéristique de noix.

Pour 850 g environ

Cassonade fine	500 g
Beurre	15 g
Lait	12 cl
Vinaigre	1 cuillerée à soupe
Graines de sésame grillées	275 g
Extrait de vanille	1 cuillerée à café

Dans une casserole, faites fondre la cassonade avec le beurre, le lait et le vinaigre à feu modéré, sans cesser de remuer. Laissez cuire au moyen boulé [pages 10-11]. Hors du feu, incorporez au fouet les graines de sésame. Ajoutez la vanille et travaillez l'appareil jusqu'à ce qu'il soit onctueux. Disposez-le par cuillerées à café sur un plat ou sur du papier beurré et laissez refroidir les bonbons obtenus.

HARRIET ROSS COLQUITT (RÉDACTRICE)
THE SAVANNAH COOK BOOK

Pour faire le pignolat en roche

Michel de Nostredame, plus connu sous le nom de Nostradamus, était un médecin français du début du XVIᵉ siècle qui vivait en Provence. Il devint célèbre pour son livre de prophéties rédigées dans un langage obscur. Cette recette est extraite d'un livre sur la beauté, les préparations et les confiseries, qu'il publia en 1552. Si vous utilisez des pignons décortiqués et mondés, faites-les griller 15 minutes seulement, jusqu'à ce qu'ils soient légèrement dorés. Un électuaire, terme employé dans cette recette pour désigner un degré de cuisson, est un épais sirop médicinal correspondant au stade du moyen boulé (118°C), illustré aux pages 10 et 11. Nostradamus suggère de décorer certaines pièces avec des feuilles d'or. Il dit également que l'on peut préparer des amandes de la même façon.

Pour 1,500 kg environ

Pignons décortiqués	1,250 kg
Sucre cristallisé	500 g
Eau de rose	2 à 3 cuillerées à soupe
Blanc d'œuf légèrement battu	1

Prenez des pignons qu'ils soient bien mondés de leur écorce, puis les ferez un peu torréfier (au four préchauffé à 130°C, ½ au thermostat, pendant 30 minutes environ) tant qu'il se trouve qu'ils sont rôtis, alors vous les faites extraire et les mondez très bien.

Puis vous prenez le sucre et le ferez fondre avec l'eau de rose à suffisance et le ferez cuire jusqu'à ce qu'il soit en forme d'électuaire; s'il est d'hiver ou temps humide, le ferez cuire quelque peu davantage et s'il est d'été, ne lui donnez que simplement sa cuite, que sera quand vous verrez qu'il ne montera plus en haut et que en bouillant il ne mène plus de bruit qui est signe qu'il n'y a plus d'humidité, bref qu'il soit cuit en forme d'électuaire comme j'ai dit.

Après qu'il sera cuit, vous l'ôterez du feu et tremperez rapidement la casserole dans de l'eau froide pour arrêter la cuisson, et la mettrez dessus quelque baril, ou autre lieu que son cul s'enfonce qu'elle tienne ferme: puis avec un pilon en bois qui soit long le remuerez fort et continuellement le battrez sans intermission jusqu'à ce qu'il sera blanc. Quand il commencera à se refroidir quelque peu, vous y jetterez dedans le blanc d'œuf; puis le tournerez et le battrez fort et le mettrez un peu sur feu doux (2 ou 3 minutes) pour évaporer l'humidité qu'aurait fait le blanc d'œuf.

Quand vous verrez qu'il sera bien blanc et retourne cuit à sa première mode, vous mettrez tout d'un coup les pignons dans le sucre et les mêlerez fort jusqu'à ce que les pignons avec le sucre soient bien mêlés, en tenant toujours le sucre sur feu doux afin qu'il ne refroidisse trop tôt.

Lors vous prendrez un couteau de bois large à la mode d'un couteau de cordonnier et en prendrez des pièces pesant de 45 à 60 g et les étendrez bellement dessus du papier jusqu'à ce qu'il soit froid.

MICHEL DE NOSTREDAME
EXCELLENT ET MOULT UTILE OPUSCULE

Pralines de noix de pécan au chocolat

Chocolate Pecan Pralines

En dépit de leur nom, ces confiseries ont plus la consistance du fudge *que celle des pralines.*

Pour 750 g environ

Sucre cristallisé	250 g
Cassonade fine ou sucre d'érable	250 g
Crème fleurette	12 cl
Sel	2 pincées
Chocolat noir cassé en petits morceaux	60 g
Beurre	15 g
Noix de pécan ou noix ordinaires cassées	125 g
Extrait de vanille	1 cuillerée à café

Beurrez des plats plats ou deux feuilles de papier paraffiné. Dans une casserole à fond épais, faites cuire le sucre avec la cassonade ou le sucre d'érable, la crème et le sel à feu modéré, sans cesser de remuer, jusqu'à ce que le thermomètre à sirop indique 109°C. Hors du feu, ajoutez le chocolat, le beurre et les noix. Remettez sur le feu et laissez cuire jusqu'au petit boulé, 112°C *[pages 10-11]*, sans cesser de remuer.

Hors du feu, incorporez l'extrait de vanille. Laissez refroidir cette masse 5 minutes puis battez-la de 10 à 15 secondes, jusqu'à ce qu'elle ait légèrement épaissi. Avec une grande cuillère, faites-la couler rapidement en vingt-quatre cuillerées environ sur les plats beurrés ou les feuilles de papier paraffiné. Si la masse est trop épaisse et ne coule pas, délayez-la avec 1 cuillerée à soupe d'eau chaude.

JOSH GASPERO (RÉDACTEUR)
HERSHEY'S 1934 COOKBOOK

Pralines aux graines de sésame

Sesame Pralines

Ces confiseries ont la consistance du fudge.

Pour 750 g environ

Sucre cristallisé	250 g
Cassonade fine	200 g
Graines de sésame	40 g
Crème fraîche épaisse	25 cl
Beurre	30 g
Noix de pécan ou noix ordinaires coupées en 2	250 g

Beurrez une feuille de papier paraffiné, une feuille de papier d'aluminium ou une plaque de marbre. Faites dorer les graines de sésame au four préchauffé à 180°C (4 au thermos-

tat) de 10 à 15 minutes, en les remuant de temps en temps. Dans une casserole de 3 litres, faites fondre le sucre et la cassonade avec la crème à feu modéré, sans cesser de remuer et portez à ébullition en enlevant les cristaux qui se forment sur les parois avec un pinceau à pâtisserie humide. Laissez cuire jusqu'à une température de 110°C. Ajoutez le beurre, les noix et les graines de sésame et laissez encore cuire en remuant de temps en temps jusqu'au petit boulé *[page 10-11]*. Enlevez du feu, laissez tiédir 2 ou 3 minutes et remuez cet appareil pendant 2 minutes, jusqu'à ce qu'il épaississe légèrement. Faites-le couler à la cuillère sur la surface beurrée, en espaçant légèrement chaque praline et en travaillant rapidement.

McCORMICK
SPICES OF THE WORLD COOKBOOK

Pralines à l'orange

Orange Pralines

Vous pouvez remplacer les noix de pécan par des noix ordinaires. Pour utiliser du safran comme colorant alimentaire, reportez-vous aux explications données à la page 15.

Pour 750 g environ

Sucre cristallisé	500 g
Crème fleurette	17 cl
Sel	2 pincées
Glucose liquide	1 cuillerée à soupe
Orange, zeste râpé et jus passé	
Beurre	60 g
Extrait de vanille	1 cuillerée à café
Safran en poudre (facultatif)	2 pincées
Noix de pécan hachées	250 g

Dans une casserole, portez à ébullition le sucre avec la crème, le sel et le glucose, sans cesser de remuer. Ajoutez progressivement le jus d'orange et laissez cuire au petit boulé, 116°C au thermomètre à sirop *[pages 10-11]*. Ajoutez le zeste d'orange et lorsque le thermomètre à sirop indique à nouveau 116°C, ajoutez le beurre, l'extrait de vanille et le safran. Laissez refroidir cet appareil puis battez-le jusqu'à ce qu'il conserve sa forme. Ajoutez les noix. Disposez des bouchées de cet appareil sur du papier paraffiné et laissez-les sécher. Conservez ces pralines dans une boîte en fer-blanc ou en matière plastique.

JUNIOR LEAGUE OF JACKSON, MISSISSIPPI
SOUTHERN SIDEBOARDS

Pralines de la Nouvelle-Orléans

New Orleans Pralines

Dans cette recette, vous pouvez remplacer les noix de pécan par des noix ordinaires.

Pour 850 g environ

Cassonade fine	175 g
Sucre cristallisé	500 g
Lait	25 cl
Bicarbonate de soude	½ cuillerée à café
Noix de pécan	125 g

Beurrez deux plaques à four. Faites fondre la cassonade dans une poêle, sans cesser de remuer. Portez le lait à ébullition, ajoutez le bicarbonate de soude et versez ce mélange sur la cassonade fondue. Ajoutez le sucre cristallisé et faites cuire le sirop au petit boulé, 115°C *[pages 10-11]*. Laissez tiédir avant d'incorporer les noix de pécan. Battez la masse jusqu'à ce qu'elle soit onctueuse et disposez-la sur les plaques par cuillerées de 5 cm de diamètre environ.

MILDRED GROSBERG BELLIN
THE JEWISH COOK BOOK

Confiserie aux cacahuètes

Erdnusskonfekt

Vous pouvez remplacer les cacahuètes par des noix ou par de la noix de coco râpée. Dans ce cas, ne mettez pas de sel et si vous utilisez de la noix de coco, ajoutez ½ cuillerée à café d'extrait de vanille.

Pour 550 g environ

Cassonade en gros cristaux	350 g
Beurre	15 g
Lait ou crème fleurette	10 cl
Cacahuètes grillées et hachées	175 g
Sel	2 pincées

Dans une casserole, faites fondre le beurre. Ajoutez la cassonade et le lait ou la crème. Portez à ébullition et laissez cuire jusqu'au petit boulé *[pages 10-11]*. Hors du feu, battez jusqu'à obtention d'un appareil épais et crémeux. Incorporez les cacahuètes préalablement salées. Versez la préparation sur une plaque à four beurrée et laissez tiédir avant de découper des morceaux de 2,5 cm environ.

ELIZABETH SCHULER
MEIN KOCHBUCH

Pralines de Wagner

Wagner's Pralines

Ces confiseries ont la consistance du fudge.

Pour 1 kg environ

Sucre cristallisé	500 g
Bicarbonate de soude	¾ de cuillerée à café
Crème fleurette	25 cl
Beurre	7 g
Noix de pécan ou noix ordinaires coupées en 2	250 g

Dans une grande casserole de 3 litres, mélangez intimement le sucre et le bicarbonate de soude. Incorporez la crème fleurette et portez à ébullition à feu modéré, sans cesser de remuer pour que le mélange ne brûle pas. Laissez cuire au petit boulé *[pages 10-11]*. Hors du feu, ajoutez le beurre puis les noix et battez jusqu'à obtention d'un appareil suffisamment épais pour couler d'une cuillère. Disposez-le par cuillerées sur du papier paraffiné.

MARY LAND
NEW ORLEANS CUISINE

Pralines du restaurant Maylie de la Nouvelle-Orléans

Maylie's Restaurant New Orleans Pralines

Pour 1 kg environ

Cassonade fine	350 g
Mélasse raffinée	25 cl
Crème fraîche épaisse	50 cl
Beurre	60 g
Extrait de vanille	1 cuillerée à café
Noix de pécan ou noix ordinaires	500 g

Beurrez deux plaques à four. Faites cuire la cassonade avec la mélasse, la crème et le beurre, sans cesser de remuer, jusqu'au petit boulé *[pages 10-11]*. Ajoutez l'extrait de vanille et les noix et remuez jusqu'à ce que la préparation commence à cristalliser. Disposez-la par cuillerées sur les plaques, en laissant suffisamment d'espace entre chaque praline pour qu'elles puissent légèrement se répandre.

MARY LAND
NEW ORLEANS CUISINE

Fondant au gingembre

Gemberborstplaat

Vous pouvez remplacer les moules à savarin par des petits emporte-pièce unis et ronds.

Pour 500 g environ

Sucre cristallisé	500 g
Gingembre en poudre	1 cuillerée à café
Eau	10 cl
Gingembre confit finement râpé	50 g

Mettez quelques petits moules à savarin dans de l'eau froide. Dans une casserole, mélangez le gingembre en poudre avec le sucre, ajoutez l'eau et faites cuire à feu doux, sans cesser de remuer, jusqu'à ce que le sucre soit dissous. Laissez cuire pendant 10 minutes, jusqu'au petit boulé *[pages 10-11]*. Ajoutez le gingembre confit et laissez cuire encore pendant 1 ou 2 minutes. Enlevez la casserole du feu et laissez le sirop épaissir en remuant sans cesse. Vous devez obtenir un fondant épais mais encore liquide.

Sortez les moules de l'eau et mettez-les sur une feuille de papier sulfurisé ou de papier de cuisson qui n'attache pas. Versez le fondant dans les moules et laissez-le durcir. Dès que le dessus est ferme, retournez les moules et laissez durcir l'autre face. Ne laissez pas ces fondants trop longtemps sur le même côté pour qu'ils ne collent pas au papier.

C.J. WANNÉE (RÉDACTEUR)
KOOKBOEK VAN DE AMSTERDAMSE HUISHOUDSCHOOL

Fondant au gingembre

Ingwer-Fondant

Pour 750 g environ

Cassonade fine	550 g
Lait	25 c
Beurre	2 cuillerées à soupe
Gingembre confit haché menu	2 cuillerées à soupe

Dans une grande casserole, portez le sucre et le lait à ébullition, sans cesser de remuer, et laissez cuire au petit boulé, 112 à 115°C *[pages 10-11]*, toujours en remuant. Hors du feu, incorporez le beurre et laissez tiédir. Battez l'appareil jusqu'à ce qu'il soit crémeux et ajoutez le gingembre.

Faites chauffer une plaque à four et beurrez-la. Étalez-y le fondant sur 2 cm d'épaisseur et laissez-le entièrement refroidir avant de le découper en cubes avec un couteau que vous trempez à chaque fois dans de l'eau chaude.

MARGRET UHLE ET ANNE BRAKEMEIER
KONFEKT UND SELBERMACHEN

Fondant aromatisé au sirop d'érable

Maple Flavoured Fondant

Pour cette recette, il est important d'utiliser du véritable sirop d'érable et non du sirop simplement parfumé à l'érable.

Pour 750 g environ

Sucre cristallisé	600 g
Sirop d'érable	25 c
Eau	12 c
Crème de tartre	1 pincée

Dans une casserole, mélangez tous les ingrédients et faites fondre le sucre à feu modéré, sans cesser de remuer. Laissez cuire sans remuer jusqu'à 110°C environ. Baissez le feu et laissez cuire au petit boulé, à 112 - 113°C *[pages 10-11]*. Enlevez les cristaux du bec de la casserole et versez le sirop chaud dans une terrine peu profonde.

Laissez-le tiédir sans y toucher jusqu'à ce que le thermomètre indique 43°C puis remuez avec une cuillère ou une spatule épaisse jusqu'à obtention d'un appareil parfaitement onctueux ayant la consistance d'un fromage. Pétrissez-le jusqu'à ce qu'il soit souple et élastique et conservez le fondant obtenu dans un récipient couvert.

WALTER W. CHENOWETH
HOW TO MAKE CANDY

Disques de fondant

Borstplaat

Vous pouvez enrober ces fondants de chocolat en vous reportant aux explications données à la page 74. Vous pouvez également remplacer les petits moules à savarin par des emporte-pièce ronds de 2,5 cm de diamètre environ.

Pour 500 g

Sucre cristallisé	500 g
Eau	15 cl
Parfum, ou 20 g de poudre de cacao, ou 1 cuillerée à soupe de café soluble	

Mettez quelques petits moules à savarin dans de l'eau froide. Faites fondre le sucre dans l'eau à feu modéré, sans cesser de remuer, et laissez cuire au petit boulé *[pages 10-11]*. Hors du feu, continuez à remuer jusqu'à obtention d'une masse opaque. Ajoutez le parfum, le cacao ou le café et laissez reposer ce fondant pendant 10 minutes environ, jusqu'à ce qu'il soit épais mais encore liquide.

Sortez les moules de l'eau, secouez-les pour les égoutter et mettez-les sur une feuille de papier sulfurisé ou de papier fort. Versez-y le fondant et laissez-le durcir. Quand le dessus est dur, au bout de quelques minutes, retournez les moules et laissez les fondants durcir sur l'autre face avant de les démouler. Ne les laissez pas trop longtemps sur un côté pour qu'ils ne collent pas au papier.

C. J. WANNÉE
KOOKBOEK VAN DE AMSTERDAMSE HUISHOUDSCHOOL

Crème italienne

Italian Cream

Pour 500 g environ

Cassonade fine	60 g
Sucre semoule	250 g
Eau tiède	2 cuillerées à soupe
Glucose liquide	17 cl
Crème fraîche épaisse	15 cl
Extrait de vanille	
Fondant *(page 166)* coupé en petits morceaux	60 g
Noix hachées	90 g

Foncez un moule de 17 à 20 cm de côté de papier paraffiné. Faites fondre la cassonade et le sucre dans le glucose et la crème à feu doux, sans cesser de remuer, et laissez cuire au petit boulé, 113°C *[pages 10-11]*, toujours en remuant. Enlevez du feu et laissez refroidir de 2 à 3 minutes. Ajoutez la vanille, le fondant et les noix. Remuez avec une cuillère ou

avec une spatule en bois jusqu'à ce que la masse graine. Ne la remuez pas trop car elle deviendrait trop grenue et vous n'obtiendriez pas la consistance lisse requise.

Versez la masse dans le moule. Quand elle a durci, découpez-la en cubes lisses comme du fromage que vous enveloppez dans du papier paraffiné puis dans une feuille d'étain. Vous les conserverez ainsi pendant plusieurs mois.

D.F. HUTTON ET E.M. BODE
SIMPLE SWEETMAKING

Grands opéras

Grand Operas

Pour enrober ces confiseries de chocolat, utilisez 250 g de chocolat noir supérieur et reportez-vous aux explications données à la page 74.

Pour 750 g

Sucre cristallisé	500 g
Glucose liquide	1 cuillerée à soupe
Crème fraîche épaisse	12 cl
Lait	35 cl
Sel	2 pincées
Extrait de vanille	1 cuillerée à café

Dans une casserole, faites cuire tous les ingrédients, sauf la vanille, à feu doux, sans cesser de remuer, jusqu'au petit boulé, 115°C *[pages 10-11]*. Il vaut mieux opérer très lentement pour qu'un peu de mélange se caramélise.

Versez dans une terrine et laissez tiédir à une température de 43°C environ. Avec une spatule, battez cet appareil de 3 à 4 minutes environ, jusqu'à ce qu'il soit épais et crémeux et ait perdu son aspect brillant. Faites refroidir dans un moule beurré de 20 cm de côté puis découpez la confiserie froide en carrés de 2,5 cm de côté.

MAY B. VAN ARSDALE ET RUTH PARRISH CASA EMELLOS
CANDY RECIPES AND OTHER CONFECTIONS

Pâtes de guimauve

Marshmallows

Selon le goût, vous pouvez ajouter quelques fruits ou noix hachés ou un peu de noix de coco desséchée à la guimauve, pendant qu'elle est encore ferme mais pas dure.

Pour faire de la pâte de guimauve, reportez-vous aux explications données à la page 40. Les colorants et les arômes sont présentés à la page 14. Vous pouvez saupoudrer les marsh- mallows *de sucre glace et de fécule de maïs en quantités égales pour leur donner une croûte ferme et homogène. Pour préparer un moule en le saupoudrant de sucre glace et de fécule de maïs, reportez-vous aux explications de la page 18.*

Pour 60 g environ

Sucre cristallisé	500 g
Eau	35 cl
Glucose liquide	1 cuillerée à soupe
Gélatine en poudre	30 g
Eau de fleur d'oranger	2 cuillerées à soupe
Colorants alimentaires et arômes	
Blancs d'œufs battus en neige	2
Sucre glace tamisé	
Fécule de maïs	

Faites fondre le sucre avec le glucose dans 20 cl d'eau à feu modéré, sans cesser de remuer. Portez le sirop obtenu à ébullition sans remuer et faites-le cuire à feu vif au grand boulé, 127°C [pages 10-11].

Faites tremper la gélatine dans le reste d'eau avec l'eau de fleur d'oranger de 5 à 10 minutes, puis faites-la dissoudre à feu très doux au-dessus d'une casserole d'eau bouillante. Ajoutez les colorants et les arômes, selon le goût.

Mélangez le sirop avec la gélatine fondue. Incorporez progressivement cet appareil aux blancs en neige, sans cesser de fouetter, jusqu'à obtention d'une masse opaque, blanche et épaisse, qui conserve sa forme.

Huilez légèrement un moule de 30 cm sur 20 et de 3 cm de profondeur, puis saupoudrez-le de sucre glace et de fécule de maïs en quantités égales. Versez la masse dans le moule, aplatissez-la avec un couteau-spatule et laissez-la reposer plusieurs heures. Passez une lame de couteau entre la guimauve et les parois du moule et démoulez-la sur un plan de travail préalablement saupoudré de sucre glace. Saupoudrez-la d'une couche épaisse de sucre glace et laissez-la sécher 1 heure, jusqu'à ce que le sucre forme une croûte. Découpez-la en carrés ou en ronds. Vous pouvez aussi la découper en formes décoratives avant de la saupoudrer de sucre glace et laisser sécher ces formes 1 heure environ.

HELEN JEROME
SWEET-MAKING FOR ALL

Divinité infaillible

Divinity That Never Fails

Les arômes sont présentés à la page 14.

Pour 600 g environ

Sucre cristallisé	600 g
Glucose liquide	3 cuillerées à soupe
Eau	4 cuillerées à soupe
Blancs d'œufs battus en neige	2
Arôme	

Beurrez ou huilez un moule de 20 cm de côté. Faites fondre le sucre dans le glucose et l'eau à feu modéré, sans cesser de remuer. Portez à ébullition et laissez cuire jusqu'au filet [page 10]. Versez les deux tiers du sirop obtenu en filet mince sur les blancs en neige, sans cesser de fouetter. Faites cuire le reste du sirop jusqu'au petit boulé et incorporez-le aux blancs en neige, sans cesser de fouetter. Ajoutez l'arôme et continuez à fouetter jusqu'à obtention d'une masse qui conserve sa forme. Laissez refroidir et durcir la « divinité » dans le moule avant de la découper en carrés.

LOUIS SZATHMÁRY (RÉDACTEUR)
FIFTY YEARS OF PRAIRIE COOKING

Divinité aux cerises de l'Oklahoma

Oklahoma Cherry Divinity

Pour 600 g environ

Sucre cristallisé	500 g
Glucose liquide	4 cuillerées à soupe
Sel	2 pincées
Eau	12 cl
Blancs d'œufs battus en neige	2
Extrait de vanille	1 cuillerée à café
Cerises confites hachées	125 g

Dans une casserole, faites fondre le sucre avec le glucose, le sel et l'eau à feu doux, sans cesser de remuer. Arrêtez de remuer et laissez cuire au moyen boulé, 120°C [pages 10-11], en enlevant au fur et à mesure qu'ils se forment les cristaux de sucre avec un linge humide.

Hors du feu, incorporez progressivement les blancs en neige, sans cesser de battre. Ajoutez la vanille et continuez à battre jusqu'à ce qu'une cuillerée de ce mélange conserve sa forme quand vous la laissez tomber. Incorporez les cerises et disposez sur du papier paraffiné cuillerée par cuillerée.

LES RÉDACTEURS DE SOUTHERN LIVING
THE COOKIES AND CANDY COOKBOOK

Divinité à la goutte

Divinity Drops

Cette confiserie américaine a la consistance du nougat mou. Vous pouvez ajouter 125 g environ de fruits confits hachés avec les noix ou les amandes, noisettes, pistaches, etc. Pour obtenir des bonbons chocolatés, ajoutez 175 g de chocolat noir cassé en petits morceaux avec la vanille et les noix. Pour préparer des bonbons au gingembre, remplacez l'extrait de vanille par 1 cuillerée à café de gingembre en poudre et ajoutez 125 g de gingembre confit très finement haché en même temps que les noix.

Pour 750 g environ

Sucre cristallisé	625 g
Glucose liquide	4 cuillerées à soupe
Sel	2 pincées
Eau	12 cl
Blancs d'œufs battus jusqu'à ce qu'ils soient fermes mais pas secs	2
Extrait de vanille	1 cuillerée à café
Noix ou amandes, noisettes, pistaches, etc., grossièrement hachées	125 g
Cerises rouges confites coupées en 2	18 environ
Cerises vertes ou angéliques confites hachées	60 g

Dans une casserole, faites fondre le sucre avec le glucose, le sel et l'eau, sans cesser de remuer. Lorsque le sucre est dissous, cessez de remuer et laissez cuire au moyen boulé, 120°C [pages 10-11].

Incorporez au fouet la moitié environ du sirop obtenu aux blancs en neige. Faites cuire du sirop au petit cassé, 133°C [page 10] puis incorporez-le au fouet aux blancs d'œufs jusqu'à obtention d'une masse qui conserve sa forme. Ajoutez l'extrait de vanille et les noix. Faites couler l'appareil par cuillerées à soupe sur des feuilles de papier paraffiné.

Décorez ces bonbons à la goutte de demi-cerises ou d'angélique et laissez-les durcir.

WOMAN'S DAY COLLECTOR'S COOK BOOK

Divinité

Divinity

Cette confiserie américaine a la consistance du nougat mou. Vous pouvez varier cette recette en remplaçant le sucre cristallisé par de la cassonade fine et en utilisant une demi-cuillerée à soupe de glucose liquide.

Pour 375 g environ

Sucre cristallisé	315 g
Glucose liquide	1½ cuillerée à soupe
Eau	4 cuillerées à soupe
Blanc d'œuf	1
Extrait de vanille	1 cuillerée à café
Noix ou amandes, noisettes, pistaches, etc., hachées	60 g

Faites fondre le sucre dans le glucose et l'eau sans cesser de remuer. Dès que le sirop commence à bouillir, arrêtez de remuer et laissez-le cuire au grand boulé [pages 10-11].

Pendant ce temps, battez le blanc d'œuf en neige dans une terrine. Incorporez progressivement le sirop chaud en filet mince, sans cesser de battre, jusqu'à obtention d'une masse très ferme qui ait perdu son aspect brillant. Incorporez l'extrait de vanille et les noix et faites couler en dix-huit cuillerées environ sur du papier paraffiné.

CAROLYN MEYER
LOTS AND LOTS OF CANDY

Divinité jaune

Yellow Divinity

Cette confiserie américaine a la consistance du nougat mou.

Pour 750 g environ

Sucre cristallisé	500 g
Glucose liquide	12 cl
Lait	12 cl
Jaunes d'œufs	2
Noix grossièrement hachées	125 g
Extrait de vanille	1 cuillerée à café

Faites cuire le sucre avec le glucose et le lait au moyen boulé, 120°C [pages 10-11]. Pendant ce temps, fouettez les jaunes d'œufs jusqu'à ce qu'ils soient épais et crémeux. Incorporez progressivement le sirop chaud, sans cesser de fouetter, jusqu'à ce que l'appareil soit tiède. Ajoutez les noix et l'extrait de vanille, divisez la préparation par cuillerées à soupe et laissez-les sécher sur du papier paraffiné.

JUNIOR LEAGUE OF JACKSON, MISSISSIPPI
SOUTHERN SIDEBOARDS

Nougat céleste

Honey Almond Divinity

Pour monder des amandes, reportez-vous aux explications données à la page 12.

Pour 750 g environ

Sucre cristallisé	625 g
Amandes mondées et grossièrement effilées	150 g
Eau	75 cl
Glucose liquide	2 cuillerées à soupe
Miel passé	4 cuillerées à soupe
Blancs d'œufs battus en neige	2
Extrait de vanille	½ cuillerée à café

Faites légèrement dorer les amandes au four préchauffé à 130°C (½ au thermostat) pendant 20 minutes environ.

Dans une casserole, mettez 375 g de sucre avec la moitié de l'eau, le glucose et le miel à feu modéré, et remuez jusqu'à ce que le sucre soit dissous. Cessez de remuer et laissez cuire au moyen boulé, 110°C *[pages 10-11]*.

Pendant ce temps, faites fondre le reste de sucre dans le reste d'eau à feu modéré, sans cesser de remuer, puis laissez bouillir. Enlevez le sirop au miel du feu et incorporez-le lentement aux blancs en neige, sans cesser de fouetter, jusqu'à ce que le second sirop soit au grand boulé, 124°C *[pages 10-11]*. Versez alors ce sirop chaud dans le premier mélange et battez jusqu'à obtention d'un appareil qui ne colle plus aux doigts. Ajoutez la vanille et les amandes et faites refroidir ce nougat dans un moule légèrement beurré de 30 cm sur 20 et de 3 cm de profondeur. Découpez-le en trente-six carrés environ de 2,5 cm de côté.

MAY B. VAN ARSDALE ET RUTH PARRISH CASA EMELLOS
CANDY RECIPES AND OTHER CONFECTIONS

Nougat de Crémone

Torrone di Cremona

Pour 850 g environ

Sucre cristallisé	250 g
Amandes mondées, grillées et hachées	500 g
Ecorce d'orange confite hachée menu	1 cuillerée à café
Cannelle en poudre	½ cuillerée à café
Miel liquide	12 cl
Blancs d'œufs battus en neige	2
Papier de riz	

Foncez un moule de 25 cm sur 20 et de 6 cm de profondeur environ de papier de riz. Dans un mortier, pilez les amandes avec le sucre puis ajoutez l'écorce confite et la cannelle. Dans une casserole à fond épais contenant le miel, ajoutez le contenu du mortier et laissez cuire, sans cesser de remuer, jusqu'à ce que le mélange commence à dorer, au petit cassé *[page 10]*. Hors du feu, incorporez rapidement les blancs en neige. Versez la masse obtenue dans le moule. Laissez refroidir ce nougat avant de le découper en petits morceaux rectangulaires.

BERYL GOULD-MARKS
THE HOME BOOK OF ITALIAN COOKERY

Nougat

Hylam

La préparation s'étale entre deux gaufres grandes comme des assiettes et semblables à celles qu'on utilise avec des crèmes glacées. Vous pouvez aussi utiliser du papier de riz.

Pour 500 g environ

Sucre cristallisé	250 g
Noix grossièrement hachées	125 g
Miel	150 g
Eau	2 cuillerées à soupe
Blancs d'œufs battus en neige	2
Extrait de vanille	1 cuillerée à café
Gaufres ou papier de riz	

Faites sécher les noix sans les griller au four préchauffé à 130°C (½ au thermostat) de 15 à 20 minutes. Dans une casserole, faites fondre le sucre avec le miel et l'eau à feu doux, sans cesser de remuer, puis laissez cuire en remuant de temps en temps jusqu'au moyen boulé *[pages 10-11]*.

Dans une terrine, versez très lentement la moitié du sirop obtenu en filet sur les blancs en neige, sans cesser de battre. Faites cuire le reste du sirop au petit cassé, 143°C *[page 10]* et incorporez-le progressivement aux blancs en neige, sans cesser de battre. Mettez la terrine au-dessus d'une casse-role d'eau chaude et travaillez la masse jusqu'à ce qu'elle commence à durcir.

Incorporez les noix et l'extrait de vanille, sans cesser de battre. Foncez un moule de 20 cm de côté de gaufres ou de papier de riz et versez-y la masse en l'étalant. Couvrez-la de gaufres ou de papier de riz et pressez fermement. Quand le nougat est froid, démoulez-le et découpez-le en barres que vous enveloppez dans du papier paraffiné et que vous conservez dans une boîte en fer hermétiquement fermée.

SAVALLA STECHISHIN
TRADITIONAL UKRAINIAN COOKERY

Barres à la framboise

Raspberry Noyeau

Vous pouvez également utiliser de la confiture d'abricots ou de fraises. Pour obtenir des barres au miel, remplacez la confiture de framboises et le colorant alimentaire rose par du miel et un peu de colorant jaune. Faites fondre le miel dans une casserole avant de l'incorporer au sirop tiède.

Pour 600 g environ

Sucre cristallisé	400 g
Eau	15 cl
Glucose liquide	90 g
Confiture de framboises passée au tamis fin	60 g
Colorant alimentaire rose	
Amandes mondées et grossièrement hachées	90 g
Papier de riz	

Foncez un moule ou une boîte de 15 cm sur 10 et de 2,5 cm de profondeur de papier de riz. Délayez le sucre dans l'eau. Ajoutez le glucose et faites cuire ce sirop au grand boulé [pages 10-11].

Enlevez la casserole du feu. Rincez une terrine à l'eau froide et versez-y le sirop. Laissez-le légèrement tiédir puis incorporez la confiture tamisée et le colorant, en remuant, jusqu'à obtention d'une pâte molle et crémeuse. Travaillez cette pâte avec les doigts puis incorporez les amandes. Si elle est trop ferme, ajoutez quelques gouttes d'eau tiède.

Mettez la pâte dans la boîte ou dans le moule et aplatissez-la. Humectez la surface d'eau froide et couvrez de papier de riz. Posez dessus un morceau de carton rigide ou une planchette de bois avec un poids de 500 g à 1 kg. Laissez reposer sous presse une nuit. Le lendemain, démoulez, coupez en barres et enveloppez celles-ci dans du papier paraffiné.

D. F. HUTTON ET E. M. BODE
SIMPLE SWEETMAKING

Nougat aux amandes

Almond Nougat

Pour 750 g environ

Sucre cristallisé	500 g
Glucose liquide	17,5 cl
Sel	2 pincées
Eau	4 cuillerées à soupe
Blancs d'œufs battus jusqu'à ce qu'ils soient fermes mais pas secs	2
Extrait d'amandes	½ cuillerée à café
Colorant alimentaire vert	
Beurre ramolli	60 g
Amandes non mondées grillées	125 g

Beurrez un moule de 20 cm de côté. Dans une casserole à fond épais, faites fondre le sucre avec le glucose, le sel et l'eau, sans cesser de remuer. Arrêtez de remuer et laissez cuire au grand boulé [pages 10-11].

Incorporez progressivement au fouet le quart environ — pas plus — du sirop obtenu aux blancs d'œufs, jusqu'à obtention d'une masse qui conserve sa forme. Ajoutez-lui l'extrait d'amandes et quelques gouttes de colorant pour la teinter en vert pâle. Incorporez le beurre et battez l'appareil jusqu'à ce qu'il soit très épais et satiné. Ajoutez les amandes, mettez le tout dans le moule, pressez et lissez la surface.

Laissez durcir ce nougat puis démoulez-le et découpez-le en morceaux de 2,5 cm que vous enveloppez dans du papier paraffiné ou dans des films de matière plastique. Après plusieurs jours de conservation au frais, dans un récipient hermétiquement fermé, ce nougat sera succulent.

WOMAN'S DAY COLLECTOR'S COOK BOOK

Nougat au chocolat

Torrone di cioccolato

Ce nougat très dur et friable est cuit au degré du caramel.

Pour 1 kg

Sucre cristallisé	250 g
Poudre de cacao	175 g
Eau	2 cuillerées à soupe
Miel	125 g
Blancs d'œufs battus en neige	2
Noisettes grillées, mondées et hachées menu	500 g
Papier de riz	

Foncez un moule de 25 cm sur 20 de papier de riz. Faites cuire le cacao avec l'eau, sans cesser de remuer, jusqu'à obtention d'une crème homogène que vous réservez. Dans une casserole à fond épais, faites cuire le sucre avec le miel jusqu'à ce qu'ils commencent à roussir. Incorporez progressivement les blancs en neige en mélangeant bien. Hors du feu, ajoutez la crème de cacao et les noisettes. Versez cet appareil dans le moule sur 5 cm d'épaisseur environ. Laissez refroidir le nougat obtenu avant de le découper en petits rectangles.

BERYL GOULD-MARKS
THE HOME BOOK OF ITALIAN COOKERY

Nougat au chocolat

Schokoladen-Nougat

Pour ce nougat, on fait cuire le sirop entre le grand boulé et le petit cassé. On fait cuire la plupart des nougats au grand boulé, mais ceux qui contiennent une quantité importante de miel à une température plus élevée.

Pour 600 g environ

Sucre semoule	250 g
Miel	210 g
Glucose liquide	2½ cuillerées à soupe
Eau	2 cuillerées à soupe
Blanc d'un œuf de gros calibre battu en neige	1
Chocolat noir fondu	100 g
Noisettes mondées et hachées	75 g
Amandes mondées et hachées	100 g

Foncez une plaque à four d'une feuille de papier d'aluminium beurrée. Dans une petite casserole, faites fondre le miel à feu doux, sans cesser de remuer. Mettez la casserole dans une terrine d'eau chaude pour que le miel reste chaud.

Dans une autre casserole, faites fondre le sucre avec le glucose et l'eau à feu modéré, sans cesser de remuer. Arrêtez de remuer et laissez cuire le sirop jusqu'à ce que le thermomètre indique 131°C. Incorporez alors le blanc en neige puis le miel chaud. Faites cuire à feu doux, sans cesser de remuer, jusqu'à obtention d'une pâte ferme. Hors du feu, incorporez le chocolat fondu, les noisettes et les amandes. Étalez cet appareil uniformément sur la plaque à four avec un couteau trempé dans de l'eau bouillante. Laissez le nougat obtenu durcir et refroidir avant de le découper en carrés, en losanges ou en barres.

MARGARET UHLE ET ANNE BRAKEMEIER
KONFEKT ZUM SELBERMACHEN

Nougats

Comme le miel perd son parfum à la cuisson, vous pouvez le faire chauffer séparément et ne l'incorporer au sirop que lorsque celui-ci aura atteint une température de 138°C. Pour que le sirop ne durcisse pas prématurément, faites chauffer les amandes et les pistaches à four modéré pendant 5 minutes environ avant de les ajouter.

Pour 850 g environ

Sucre cristallisé	250 g
Miel liquide	150 g
Glucose liquide	1½ cuillerée à soupe
Eau	12 cl
Blancs d'œufs battus en neige	2
Extrait de vanille	1 cuillerée à café
Amandes mondées, grillées et hachées	300 g
Pistaches mondées et hachées	125 g
Papier de riz	

Foncez un moule de 20 cm de côté de papier de riz. Dans une casserole, faites fondre le sucre avec le miel, le glucose et l'eau à feu modéré, sans cesser de remuer. Arrêtez de remuer et laissez cuire jusqu'au petit cassé *[page 10]*.

Hors du feu, incorporez progressivement le sirop chaud aux blancs en neige, sans cesser de battre. Ajoutez la vanille, les amandes et les pistaches. Vous devez obtenir une masse assez ferme. Si elle ne l'est pas suffisamment, faites-la sécher au-dessus d'une casserole d'eau chaude, sans cesser de remuer, jusqu'à ce qu'elle se raffermisse.

Versez cette masse dans le moule. Couvrez-la d'une couche de papier de riz, posez une planchette et mettez un objet lourd sur ce nougat. Laissez-le durcir 15 heures sous presse avant de le découper en rectangles.

MARY B. BOOKMEYER
CANDY AND CANDY-MAKING

Nougat au miel

Honey Nougat

Pour sécher les amandes, étalez-les sur une plaque et passez-les 20 minutes au four préchauffé à 130°C (½ au thermostat). Comme ce nougat est très collant, il est préférable de remplacer le papier sulfurisé par du papier de riz comestible, que vous ne huilerez pas.

Pour 2 kg environ

Sucre cristallisé	750 g
Miel liquide	750 g
Blancs d'œufs battus en neige	3
Arôme à l'orange	
Amandes mondées et séchées	750 g

Huilez quatre feuilles de papier sulfurisé. Dans une casserole, faites fondre le sucre avec le miel à feu doux, sans cesser de remuer. Laissez cuire au petit cassé *[page 10]*. Incorporez les blancs en neige puis l'arôme à l'orange et les amandes. Enlevez du feu et étalez cet appareil sur deux feuilles de papier sulfurisé en couches de 5 cm d'épaisseur. Couvrez avec les deux autres feuilles, posez deux planchettes et placez deux objets lourds sur ces nougats. Laissez-les complètement refroidir sous presse avant de les découper en bâtonnets.

OSCAR TSCHIRKY
« OSCAR » OF THE WALDORF'S COOK BOOK

Nougat catalan

Turrón de Agramunt

Faites toujours chauffer les amandes et les noisettes destinées au nougat avant de les utiliser. Au lieu de mettre le nougat refroidi entre deux feuilles de papier de riz, vous pouvez le verser directement de la casserole sur une feuille de papier de riz, en mettre une seconde par-dessus, couvrir avec un poids et le laisser refroidir sous presse avant de le découper.

Pour 500 g environ

Amandes mondées chauffées	250 g
Noisettes grillées, pelées et réservées au chaud	100 g
Miel grenu blanc	500 g
Blancs d'œufs battus en neige	2
Papier de riz	

Dans une casserole à fond épais, portez le miel à ébullition à feu modéré, sans cesser de remuer avec une cuillère en bois. Dès qu'il bout, enlevez-le du feu et continuez à remuer jusqu'à ce qu'il ait une consistance sirupeuse. Incorporez les blancs en neige et remettez sur le feu. Laissez cuire au grand boulé *[pages 10-11]*. Incorporez les amandes et les noisettes.

Étalez le nougat en couche fine sur une plaque de marbre ou un plan de travail froid, beurré ou huilé.

Laissez-le refroidir puis découpez-le en carrés de 2,5 cm environ de côté que vous mettez entre deux feuilles de papier de riz de mêmes dimensions.

ANA MARIA CALARA
COCINA CATALANA

Halva turque

Türkische Halva

Pour 600 g environ

Sucre cristallisé	300 g
Blancs d'œufs battus en neige	5
Miel chaud	130 g
Amandes mondées et grossièrement hachées	150 g
Assortiment de fruits confits hachés menu	100 g
Papier de riz	

Incorporez au fouet le sucre aux blancs en neige et fouettez jusqu'à ce qu'il soit dissous. Ajoutez le miel et faites cuire au-dessus d'une casserole d'eau chaude, sans cesser de remuer, 25 minutes. Lorsque l'appareil a la consistance d'une pâte, incorporez les amandes et les fruits confits. Avec une lame de couteau humide, étalez cette pâte sur une feuille de papier de riz. Couvrez-la d'une autre feuille de papier de riz et pressez-la uniformément. Laissez durcir la halva un jour au frais et découpez-la en barres avant de la servir.

MARIA HORVATH
BALKAN-KÜCHE

Halva macédonienne

Mazedonische Halva

Pour faire du nougat, reportez-vous aux explications données à la page 30. Au lieu de piler le caramel dans un mortier, vous pouvez l'écraser dans un sac en matière plastique comme le pralin (page 167). Dans les Balkans, on vend des feuilles de papier de riz spéciales pour la halva, mais vous pouvez utiliser du papier de riz ordinaire.

Pour 1 kg environ

Sucre en poudre	500 g
Jaunes d'œufs	6
Noisettes grillées, mondées et pilées	150 g
Amandes mondées et pilées	100 g
Beurre coupé en petits morceaux	250 g
Extrait de vanille	1 cuillerée à café
Poudre de cacao	30 g
Papier de riz	

Faites caraméliser la moitié du sucre sans eau *(page 9)*. Laissez refroidir ce caramel sur une plaque de marbre ou dans un plat humecté et pilez-le dans un mortier.

Fouettez le reste de sucre avec les jaunes d'œufs jusqu'à ce que le mélange soit mousseux, puis ajoutez les noisettes, les amandes et le beurre. Faites chauffer le tout dans une terrine placée au-dessus d'une casserole d'eau chaude jusqu'à

obtention d'une pâte épaisse. Ajoutez l'extrait de vanille et le cacao. Enlevez la terrine de la casserole, laissez refroidir la pâte en la remuant et mélangez-la bien avec le caramel pilé.

Étalez cette pâte sur une feuille de papier de riz, couvrez-la d'une autre feuille de papier de riz et posez un objet lourd par-dessus. Laissez reposer quelques heures au frais. Pour servir la halva, découpez-la en barres.

MARIA HORVATH
BALKAN-KÜCHE

Halvah

Irmik Helvasi

Pour 600 g environ

Sucre cristallisé	250 g
Lait	25 cl
Eau	25 cl
Beurre	30 g
Pignons ou amandes mondées	60 g
Semoule fine	250 g
Cannelle en poudre (facultatif)	1 cuillerée à café
Crème fraîche fouettée (facultatif)	25 cl

Faites fondre le sucre dans le lait et l'eau à feu modéré, sans cesser de remuer, puis laissez cuire le sirop obtenu pendant 15 minutes environ, en remuant souvent. Enlevez du feu et laissez refroidir.

Dans une grande casserole contenant le beurre préalablement fondu, faites dorer la semoule avec les pignons ou les amandes à feu doux, pendant 30 minutes, en remuant souvent et sans cesser de racler le fond pour que la semoule ne brûle pas. Incorporez le sirop, couvrez et laissez frémir jusqu'à ce qu'il ait été absorbé. Enlevez du feu, mettez une serviette ou un linge entre le couvercle et la halvah et laissez-la reposer dans un endroit chaud 30 minutes environ. Remuez-la encore et renversez-la sur un plat de service. Façonnez la halvah et découpez-la en carrés ou en ovales que vous servirez saupoudrés de cannelle ou nappés de crème fouettée.

OZEL TURKBAS
THE TURKISH COOKBOOK

Amandes pralinées

Sugared Almonds

L'auteur recommande d'utiliser une bassine à confitures en cuivre, mais une casserole en cuivre non étamé ou à fond épais convient également.

Pour 1,500 kg

Sucre en morceaux	1 kg
Eau	25 cl
Amandes mondées	500 g

Dans une bassine en cuivre contenant 15 cl d'eau environ, faites fondre 750 g de sucre à feu modéré. Portez à ébullition et laissez cuire au petit boulé, 116°C *[pages 10-11]*. Hors du feu, incorporez les amandes, sans cesser de remuer avec une cuillère en bois jusqu'à ce que le sirop prenne. Continuez à remuer jusqu'à ce que le sucre soit grenu et ressemble à de la poudre. Versez cet appareil sur une plaque de marbre et enlevez toutes les amandes, ou passez-le dans un tamis à mailles larges de façon à séparer le sucre des amandes.

Remettez le sucre dans la bassine, ajoutez la moitié du reste d'eau et faites cuire au petit boulé en ayant soin de nettoyer les parois de la bassine avec un pinceau à pâtisserie humide. Ajoutez les amandes, remuez jusqu'à ce que le sucre se sépare et se cristallise à nouveau puis séparez les amandes du sucre comme précédemment.

Mettez le reste de sucre dans la bassine, ajoutez le sucre cuit tamisé et le reste d'eau et faites cuire au petit boulé en nettoyant les parois de la bassine comme précédemment. Ajoutez les amandes et remuez encore, jusqu'à ce que le sirop ait une apparence légèrement poudreuse. Continuez à remuer jusqu'à ce que le sucre cristallisé sur les parois de la bassine commence à fondre et les amandes à prendre un aspect brillant. Versez alors le contenu de la bassine sur une plaque de marbre et séparez les amandes pour qu'elles ne collent pas. Vous pourrez les servir au bout de quelques minutes.

E. J. KOLLIST
FRENCH PASTRY, CONFECTIONERY AND SWEETS

Amandes caramélisées

Gebrannte Mandeln

Pour 1 kg environ

Sucre cristallisé	500 g
Eau	2 à 3 cuillerées à soupe
Amandes non mondées	500 g
Cannelle en poudre (facultatif)	1 cuillerée à café

Beurrez un plat plat. Frottez les amandes dans un linge. Faites fondre le sucre dans l'eau à feu modéré et laissez cuire au filet *[page 10]*. Jetez-y les amandes et faites-les cuire, sans cesser de remuer avec une spatule en bois, jusqu'à ce qu'elles aient absorbé tout le sirop. Enlevez du feu et continuez à remuer jusqu'à ce que les amandes soient sèches. Remettez-les sur le feu et remuez-les encore jusqu'à ce qu'elles soient glacées et leur enrobage légèrement doré. Enlevez du feu et incorporez la cannelle, selon le goût. Disposez ces amandes sur le plat beurré et séparez-les.

HENRIETTE DAVIDIS
PRAKTISCHES KOCHBUCH

Pralines aux Pacanes

Pour 750 g

Cassonade fine	500 g
Noix de pécan ou noix ordinaires	500 g
Eau	4 cuillerées à soupe

Humectez une plaque de marbre ou beurrez un grand plat. Décortiquez les noix. Coupez-en quelques-unes en petits morceaux, d'autres en deux et d'autres en quatre. Délayez complètement le sucre dans l'eau et portez à ébullition. Ajoutez les noix. Faites reprendre l'ébullition, sans cesser de remuer, et enlevez du feu.

Faites couler l'appareil par cuillerées sur le marbre ou dans le plat, et étalez-les avec une fourchette de façon à former des ronds de 1 cm d'épaisseur et de 10 à 12 cm de diamètre. Laissez sécher ces pralines puis détachez-les du marbre ou du plat en faisant levier avec un couteau spatule.

THE PICAYUNE'S CREOLE COOK BOOK

Pralines aux noix de pécan

Pecan Pralines New Orleans-Style

Pour 1 kg environ

Sucre cristallisé	500 g
Eau	17 cl
Vinaigre	½ cuillerée à soupe
Noix de pécan ou noix ordinaires coupées en 2	500 g

Portez à ébullition le sucre, l'eau et le vinaigre et laissez cuire le sirop obtenu au petit boulé *[pages 10-11]*. Ajoutez les noix et laissez cuire au grand boulé. Beurrez des plateaux ou des grands moules et faites tomber dessus des cuillerées à soupe d'appareil à 15 cm environ d'intervalle. Laissez refroidir et durcir ces pralines puis détachez-les en glissant la lame d'un couteau dessous et mettez-les sur un plat.

A BOOK OF FAMOUS OLD NEW ORLEANS RECIPES

Massepain italien aux pignons

Pinocchiate

Les *pinocchiate* sont des petits bonbons au massepain italiens de l'Ombrie, que l'on confectionne pour Noël à Assise, Gubbio et Pérouse, selon des modes de préparation et des formes qui diffèrent. Ils se présentent, en général, sous forme de deux losanges — un nature et un au chocolat — enveloppés ensemble. Pour les parfumer, ajoutez 75 g de poudre de cacao au mélange de base.

Pour 2 kg environ

Sucre cristallisé	1 kg
Eau	30 cl
Crème de tartre	1 pincée
Pignons	800 g
Farine	1 cuillerée à soupe

Beurrez ou huilez une plaque de marbre. Dans une grande casserole contenant l'eau, faites fondre le sucre et ajoutez la crème de tartre. Faites cuire ce sirop au petit cassé *[page 10]*. Hors du feu, ajoutez les pignons et la farine. Mélangez intimement avec une cuillère en bois et mettez l'appareil obtenu sur la plaque de marbre. Avec une spatule, aplatissez-le sur 1,5 cm d'épaisseur environ et découpez-le en losanges de 4 cm de côté.

PIERO LUIGI MENICHETTI ET LUCIANA MENICHETTI PANFILI
VECCHIA CUCINA EUGUBINA

Amandes à la siamoise

Cette recette d'amandes confites au sucre est extraite d'un livre écrit en 1698 par le chef du roi Louis XIV. On ignore pourquoi le titre précise « à la siamoise ».

Pour 1 kg environ

Amandes mondées et légèrement grillées	500 g
Sucre cristallisé	500 g
Eau	12 cl
Sucre glace ou « nonpareille » de Sedan	125 g

Vous faites cuire le sucre (dans l'eau à feu modéré) au grand boulé *[pages 10-11]*. Vous jetez les amandes dedans (hors du feu), les remuant bien dans le poêlon sans les passer sur le feu. Vous les tirerez sur une grille (couverte d'une feuille de papier sulfurisé beurrée ou huilée) et les mettrez à l'étuve si vous les voulez servir comme cela; sinon, en les tirant du poêlon, vous les jetterez une à la fois dans le sucre ou dans la nonpareille et vous remuerez toujours, afin qu'elles prennent bien le sucre ou la nonpareille de tous côtés; puis vous les tirerez et les mettrez sécher à l'étuve sur les papiers.

NOUVELLE INSTRUCTION POUR LES CONFITURES,
LES LIQUEURS ET LES FRUITS

Amandes pralinées

Vous pourrez préparer de délicieuses confiseries avec des cacahuètes (surnommées « pistaches » par les Créoles) en suivant la même méthode.

Ces amandes risquent de brunir légèrement à la cuisson car il est très difficile de les faire blanches comme la neige — mais la coloration n'enlèvera rien à la saveur.

Pour 1 kg environ

Sucre semoule	500 g
Amandes mondées	500 g
Colorant alimentaire rouge (facultatif)	

Frottez les amandes avec un linge pour les nettoyer. Mettez-les dans une sauteuse avec le sucre et quelques gouttes de colorant rouge si vous désirez les teinter en rose, mais elles sont très belles blanches comme la neige. Mettez-les sur feu très doux et remuez-les sans arrêt jusqu'à ce qu'elles crépitent fortement. Hors du feu, continuez à remuer jusqu'à ce que le sucre ait la texture du sable et soit bien détaché des amandes. Mettez le tout dans une passoire à gros trous et secouez pour faire passer le sucre que vous réservez. Remettez les amandes sur le feu avec une partie du sucre recueilli et remuez délicatement avec une cuillère jusqu'à ce qu'elles l'aient absorbé, en veillant à ce que le feu ne soit pas trop vif. Quand les amandes ont absorbé cette partie de sucre, ajoutez le reste et laissez encore cuire en remuant légèrement jusqu'à ce qu'elles l'aient également absorbé. Mettez un morceau de papier dans la passoire, jetez-y les amandes et secouez pour les détacher les unes des autres. Elles doivent être séparées et incrustées de sucre.

THE PICAYUNE'S CREOLE COOK BOOK

Noix de pécan pralinées à l'orange

Candied Orange Pecans

Dans cette recette, vous pouvez remplacer les noix de pécan par des noix ordinaires.

Pour 1 kg

Sucre cristallisé	750 g
Jus d'orange	25 cl
Beurre	20 g
Zeste d'orange râpé	1 cuillerée à café
Noix de pécan	350 g

Huilez ou beurrez une plaque de marbre ou une plaque à four. Dans une casserole, faites cuire le sucre et le jus d'orange au petit boulé, 113°C [pages 10-11].

Hors du feu, incorporez immédiatement le beurre et le zeste d'orange. Battez avec une cuillère en bois jusqu'à ce que l'appareil soit sur le point de prendre. Ajoutez rapidement les noix et continuez à battre jusqu'à ce que la masse soit cristallisée. Mettez-la vite sur la plaque beurrée ou huilée et séparez les noix, pour qu'elles ne collent pas.

JEAN HEWITT
THE NEW YORK TIMES SOUTHERN HERITAGE COOKBOOK

Friandises confites et bonbons de gelée

Fleurs confites

Crystallized Flowers

Pour confire des fleurs, reportez-vous aux explications données à la page 49. Vous pouvez dissoudre la gomme arabique en poudre dans un bol contenant l'eau de rose, en remuant de temps en temps. Vous n'êtes pas obligé d'ajouter un colorant alimentaire. Vous pouvez également faire sécher les pétales sur des grilles, sans filet. Vous devez obtenir une quantité suffisante de solution pour enrober de 12 à 14 freesia environ, 50 pétales de rose ou un assortiment composé de 4 freesia, 1 géranium et 1 ou 2 roses séparés en pétales.

Pétales de fleurs	
Sucre semoule	250 g
Gomme arabique	1 cuillerée à café
Eau de rose	2 cuillerées à café
Colorant alimentaire	

Choisissez des fleurs fraîches et sèches mais pas fanées et effeuillez-en les pétales. Délayez la gomme dans l'eau de rose, dans un flacon fermé par un bouchon en liège ou par une capsule à vis que vous agitez de temps en temps. Versez une demi-cuillerée à café de cette solution dans une soucoupe. Comme les pétales risquent de se décolorer, ajoutez quelques gouttes d'un colorant alimentaire de la même teinte.

Avec un pinceau à poils souples, enduisez légèrement et uniformément les pétales de solution sur les deux faces. Saupoudrez-les de sucre semoule.

Faites-les sécher sur une grille couverte d'un filet à grosses mailles dans un endroit chaud (comme un four à veilleuse éteint ou une armoire chauffante) à une température maximale de 49°C. Au bout de 1 à 2 heures, déplacez-les sur le filet et laissez-les sécher encore de 1 à 2 heures.

Quand les pétales sont cassants, sortez-les et laissez-les sécher complètement 6 heures. Vous les conserverez plusieurs mois dans un récipient hermétiquement fermé, sur du papier absorbant ou sur des feuilles de papier sulfurisé.

D.F. HUTTON ET E.M. BODE
SIMPLE SWEETMAKING

Violettes pralinées

Pour 150 g environ

Violettes de Parme débarrassées de leur pédoncule	150 g environ
Sucre cristallisé	500 g
Eau	10 cl

Dans un poêlon de cuivre, mettez le sucre (et l'eau) et faites cuire au grand cassé *[pages 10-11]*; jetez-y alors les violettes et tournez sur feu vif, jusqu'à ce que le sucre se sèche autour des fleurs sans jaunir. Le sucre qui s'en détache est aussi parfumé que les fleurs.

MME JEANNE SAVARIN (RÉDACTRICE)
LA CUISINE DES FAMILLES

Légumes confits

Candied Vegetables

Pour confire de la noix de coco comme ces légumes, percez les cavités qui se trouvent à la pointe du fruit et recueillez-en le lait. Faites cuire la noix de coco au four préchauffé à 180°C (4 au thermostat). Avec un maillet ou avec le dos d'un couperet, tapez d'un coup sec sur la coque au tiers de la hauteur en partant de la base. Le fruit se fendra en suivant une cassure naturelle. Continuez à taper jusqu'à ce que la coque s'ouvre complètement en deux. Dégagez la pulpe. Avec un couteau pointu, enlevez la peau brune puis taillez la pulpe en julienne et procédez comme dans la recette ci-après.

Pour 750 g environ

Potiron, carottes, papates douces ou autres légumes à chair ferme pelés et finement émincés	500 g
Sucre cristallisé	250 g
Eau	12 cl
Sucre semoule	

Dans une casserole, portez à ébullition le sucre et l'eau sans cesser de remuer. Baissez le feu et laissez cuire 15 minutes jusqu'au filet *[page 10]*. Ajoutez les tranches de légumes et laissez-les cuire 15 minutes à feu doux, jusqu'à ce que vous puissiez les transpercer avec la pointe d'un couteau.

Avec une écumoire, enlevez les légumes et étalez-les sur une grille pour les faire sécher. Mettez des feuilles de papier paraffiné sous la grille pour recueillir les gouttes.

Laissez sécher plusieurs heures puis saupoudrez une autre feuille de papier paraffiné de sucre semoule et roulez-y les tranches de légumes. Remettez-les sur la grille jusqu'à ce qu'elles soient parfaitement sèches.

CAROLYN MEYER
LOTS AND LOTS OF CANDY

Écorce d'orange confite

Skórka Pomarańczowa

Pour 850 g environ

Oranges pelées	2
Sucre semoule	500 g
Eau	12 cl
Sucre cristallisé (facultatif)	

Découpez l'écorce des oranges en julienne et faites cuire ces bâtonnets à feu doux dans de l'eau de 2 à 3 heures, jusqu'à ce qu'ils soient tendres, en renouvelant l'eau plusieurs fois. Vous pouvez également les faire tremper plusieurs jours dans de l'eau froide en renouvelant l'eau tous les jours: dans ce cas, la durée de la cuisson sera de 30 à 40 minutes seulement. Égouttez-les et épongez-les.

Dans une grande casserole, faites fondre le sucre semoule avec l'eau à feu modéré, jusqu'à obtention d'un sirop que vous laissez cuire 5 minutes. Baissez alors le feu et ajoutez l'écorce. Laissez frémir au moins 15 minutes, jusqu'à ce que le sirop soit épais. Égouttez les bâtonnets d'écorce d'orange et laissez-les sécher une nuit en réservant le sirop.

Le lendemain, faites reprendre l'ébullition au sirop et laissez-le cuire au grand cassé *[pages 10-11]*. Trempez séparément chaque bâtonnet dans le sirop et faites-les sécher sur une grille au four préchauffé à 130°C (½ au thermostat) de 7 à 10 minutes. Quand ils sont secs et que la glace a durci, vous pouvez les mettre en boîte pour les conserver. Vous pouvez également les rouler dans le sucre cristallisé à la sortie du four, pendant qu'ils sont chauds.

MARJA OCHOROWICZ-MONATOWA
POLISH COOKERY

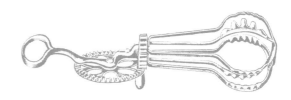

Boules de patates douces déguisées

Candied Sweet Potato Balls

Pour 1,500 kg

Patates douces	1 kg
Sucre cristallisé	500 g
Eau	12 cl
Extrait de vanille	1 cuillerée à café

Avec une cuillère pour évider les pommes de terre, faites des petites boules de patates douces. Immergez-les dans de l'eau bouillante légèrement salée et faites-les cuire de 10 à 15 minutes environ, jusqu'à ce qu'elles soient assez tendres pour qu'on les perce facilement avec un bâtonnet. Enlevez-les du feu et faites-les égoutter.

Faites fondre le sucre dans l'eau et laissez cuire au grand cassé [pages 10-11]. Ajoutez l'extrait de vanille. Jetez les boules de patates douces dans ce sirop par petites quantités et laissez-les frémir 5 minutes environ, jusqu'à ce qu'elles soient enrobées d'une couche épaisse de sirop et transparentes. Avec une écumoire ou une fourchette, retirez-les une à une et laissez-les tomber sur du papier paraffiné. Elles doivent durcir à l'extérieur.

MARY M. WRIGHT
CANDY-MAKING AT HOME

Écorce de fruit confite

Candied Fruit Peel

Vous pourrez conserver ces écorces confites très longtemps, les utiliser coupées en dés en pâtisserie ou les servir en guise de confiseries. Ne mélangez pas les écorces d'orange et de pamplemousse car cela tuerait leur goût respectif.

Pour 1 kg environ

Gros pamplemousses (ou 5 belles oranges navel)	3
Sucre cristallisé	675 g
Eau	25 cl
Gingembre en poudre	1½ cuillerée à café

Coupez les fruits en deux dans le sens de la hauteur. Raclez et jetez la pulpe et les membranes transparentes, en conservant la peau blanche qui adhère au zeste. Coupez l'écorce en lanières de 5 à 10 mm de large. Mettez-les dans une casserole, couvrez-les d'eau bouillante et laissez-les frémir 5 minutes. Égouttez-les bien. Répétez ces opérations quatre fois, en renouvelant l'eau et en égouttant soigneusement l'écorce à chaque fois: cela permet d'extraire les huiles amères des écorces d'agrumes.

Dans une casserole à fond épais, faites fondre 500 g de sucre avec l'eau et le gingembre. Incorporez les lanières d'écorce au sirop obtenu, couvrez à moitié et laissez-les cuire à feu doux de 30 à 45 minutes environ, jusqu'à ce qu'elles soient tendres. Étalez-les en une couche sur une grande feuille de papier d'aluminium ou de papier paraffiné et laissez-les refroidir. Saupoudrez-les généreusement du reste de sucre. Laissez-les sécher complètement à découvert de 5 à 7 heures, ou une nuit, et conservez-les dans un bocal bien fermé.

WILLIAM HARLAN HALE ET LES RÉDACTEURS
DE HORIZON MAGAZINE
THE HORIZON COOKBOOK

Marrons glacés

Dans cette recette, on glace les marrons en augmentant la concentration du sirop en sucre après chaque stade de cuisson, sans ajouter de sucre. Chaque fois qu'on fait cuire le sirop, on le porte à une température légèrement plus élevée. Ne le laissez cependant pas cuire jusqu'au petit boulé car il ne pénétrerait pas dans les marrons et ne ferait que les glacer. Pour givrer des fruits, vous pouvez procéder en suivant cette méthode ou celle présentée page 48. Pour écorcer et peler les marrons, reportez-vous aux explications données page 56.

Pour 750 g environ

Marrons épluchés	500 g
Sucre cristallisé	500 g
Eau	10 cl
Glucose liquide	2 cuillerées à soupe

Éplucher les marrons et les faire cuire (dans de l'eau) jusqu'à ce qu'une aiguille piquée au cœur du fruit entre sans difficulté (40 minutes environ).

Préparer un sirop de sucre à la nappe. Faire fondre dans un poêlon le sucre, l'eau et le glucose. Au moment où le sirop atteint le degré de cuisson petit lissé (29° au pèse-sirop, 101°C environ), le verser dans une terrine. Le laisser refroidir. Y mettre les marrons et attendre 24 heures.

Chauffer au bain-marie très doucement. Retirer les marrons; porter le sirop au petit lissé (29° au pèse-sirop, 102°C). Remettre les marrons. Les laisser 12 heures.

Retirer les marrons, les égoutter et porter le sirop au petit perlé (33° au pèse-sirop, 104°C). Remettre les marrons. Les laisser pendant 12 heures.

Retirer les marrons, les égoutter et porter le sirop au grand perlé (35° au pèse-sirop, 106°C). Remettre les marrons. Les laisser 12 heures. Disposer les marrons dans un panier de fil de fer ou sur une claie. Les laisser égoutter.

Sécher à l'air sec d'abord (12 heures) puis une douzaine d'heures à l'étuve.

GINETTE MATHIOT
LA PÂTISSERIE POUR TOUS

Gingembre confit

Candied Ginger

Pour 500 g environ	
Rhizome de gingembre fraîchement séché, pelé et coupé en morceaux de 5 mm d'épaisseur	500 g
Eau	3 cuillerées à soupe
Sucre cristallisé	750 g environ

Mettez les morceaux de gingembre dans une casserole et couvrez-les d'eau. Faites-les bouillir à feu modéré 30 minutes environ, jusqu'à ce qu'ils soient tendres. Égouttez-les dans une passoire et laissez-les refroidir.

Quand ils sont froids, pesez-les et mettez-les dans une casserole avec le même poids de sucre et l'eau. Faites fondre le sucre à feu doux, en remuant souvent, et continuez la cuisson, en remuant de temps en temps, jusqu'à ce que le gingembre soit transparent et le liquide presque évaporé.

Baissez le feu et continuez à remuer. Quand le gingembre est pratiquement sec, enlevez la casserole du feu. Avec une écumoire, mettez-en plusieurs morceaux à la fois dans un sac en papier contenant 250 g de sucre en poudre. Secouez le sac et enlevez les morceaux de gingembre avec une écumoire. Disposez-les au fur et à mesure sur du papier raffiné. Conservez-le dans un bocal en verre, au fond d'un placard.

GRACE FIRTH
A NATURAL YEAR

Gingembre confit de Hawaï

Hawaiian Candied Ginger

Pour 250 g environ	
Gingembre frais raclé et coupé dans le sens des fibres en tranches de 5 mm d'épaisseur	150 g
Sucre cristallisé	125 g
Sucre semoule	4 cuillerées à soupe

Mettez les tranches de gingembre dans une casserole, couvrez-les d'eau froide et faites-les cuire 5 minutes. Égouttez-les. Recouvrez-les d'eau froide et faites-les cuire encore 5 minutes. Égouttez-les et étalez-les sur une serviette sèche.

Dans une casserole, mettez le sucre cristallisé avec 4 cuillerées à soupe d'eau à feu modéré et remuez jusqu'à ce que le sucre soit dissous. Cessez de remuer et laissez cuire ce sirop à feu doux pendant 15 minutes, jusqu'à ce qu'il épaississe et soit au filet *[page 10]*. Ajoutez les tranches de gingembre et faites-les cuire à feu doux 10 minutes environ, jusqu'à ce qu'elles aient absorbé le sirop, en secouant la casserole de temps en temps pour qu'elles ne brûlent pas. Faites-les

sécher au moins 1 heure sur une grille puis roulez-les dans le sucre semoule et laissez-les cristalliser. Conservez-les dans un bocal hermétiquement fermé.

ELIZABETH AHN TOUPIN
HAWAII COOKBOOK AND BACKYARD LUAU

Carottes confites

Candied Carrots

Pour 1 kg environ	
Carottes émincées en rondelles	600 g
Sucre cristallisé	250 g
Eau	12 cl
Sucre semoule	175 g

Faites fondre le sucre cristallisé dans l'eau à feu modéré, sans cesser de remuer, et laissez cuire 15 minutes à feu doux jusqu'au filet *[page 10]*. Ajoutez les carottes et faites cuire à feu modéré pendant 15 minutes environ, jusqu'à ce qu'elles soient glacées et aient absorbé tout le sirop. Laissez-les sécher plusieurs heures sur des grilles. Roulez-les dans le sucre semoule et laissez cristalliser avant de les mettre dans un bocal hermétiquement fermé.

ELIZABETH AHN TOUPIN
HAWAII COOKBOOK AND BACKYARD LUAU

Bonbons de gelée aux figues

Fig Jellies

Pour 350 g environ	
Figues confites hachées	60 g
Gélatine en poudre	30 g
Eau	15 cl
Sucre cristallisé	125 g
Orange, jus pressé et zeste râpé	½
Jus de citron	2 cuillerées à soupe
Pistaches ou amandes hachées	30 g
Angélique coupée en bâtonnets	125 g
Sucre glace et fécule de maïs en quantités égales (ou 175 g de sucre semoule)	125 g

Faites ramollir la gélatine dans la moitié de l'eau. Faites bouillir le reste d'eau avec le sucre et les jus d'orange et de citron pendant 10 minutes. Hors du feu, incorporez les figues, les pistaches ou les amandes et le zeste d'orange. Faites bouillir pendant 10 minutes. Ajoutez la gélatine ramollie, sans cesser de remuer dans le même sens. Laissez bouillir encore pendant 10 minutes.

Versez la gelée obtenue dans un moule de 30 cm sur 20 et de 3 cm de profondeur et laissez-la prendre 24 heures. Découpez-la en petites formes ovales dans lesquelles vous piquez des tiges d'angélique. Roulez ces bonbons dans le sucre glace mélangé avec la fécule ou saupoudrez-les généreusement sur les deux faces de sucre semoule. Laissez-les sécher avant de les mettre en paquets.

ESMÉ GRAY BOOKER
SWEETS THAT HAVE TEMPTED ME

Bonbons de gelée de fruits frais

Fresh Fruit Jellies

Pour faire des bonbons de gelée de fruits frais, reportez-vous aux explications données à la page 52. Vous pouvez doubler les quantités pour obtenir deux gelées de parfum différent que vous superposerez afin d'obtenir des bonbons bicolores.

Pour 500 g environ

Jus de fruits (citron, orange, framboise ou cassis)	15 cl
Sucre cristallisé	90 g
Glucose liquide	3 à 6 cuillerées à soupe
Gélatine en poudre ramollie dans 4 cuillerées à soupe d'eau	30 g
Colorant alimentaire (facultatif)	
Sucre en poudre	

Faites fondre le sucre avec le jus de fruits et le glucose à feu doux, sans cesser de remuer. Ajoutez la gélatine et continuez à remuer jusqu'à ce qu'elle soit dissoute. Si la gelée est trop pâle, vous pouvez ajouter un colorant approprié. Versez cette gelée sur 5 cm d'épaisseur environ dans un moule humide de 15 cm de côté environ et laissez-la prendre au moins 6 heures ou une nuit dans un endroit frais.

Quand la gelée est ferme, démoulez-la sur un plan de travail et découpez-la en cubes ou avec un emporte-pièce en forme de croissants semblables à des quartiers d'orange ou de citron. Si vous n'avez pas d'emporte-pièce de cette forme, utilisez-en un petit rond et taillez les cercles obtenus en croissants. Roulez les bonbons dans le sucre en poudre.

WINIFRED GRAHAM
CHOCOLATES AND CANDIES FOR PLEASURE AND PROFIT

Loukoums au citron

Lemon Turkish Delight

Pour faire des loukoums à l'orange, l'auteur conseille de remplacer le jus et le zeste des citrons par le jus et le zeste de 3 oranges additionnés de 3 citrons et de quelques gouttes de colorant orange. Pour faire des loukoums à la crème de

menthe, ajoutez 1 cuillerée à soupe d'essence de menthe poivrée ou de crème de menthe et quelques gouttes de colorant alimentaire vert.

Pour 3 kg

Citrons, zestes râpés et jus passé	6
Sucre cristallisé	3 kg
Eau	60 cl
Fécule de maïs tamisée	350 g
Gélatine ramollie dans 30 cl d'eau	135 g
Sucre glace tamisé	

Dans une casserole en cuivre, portez à ébullition le sucre avec le jus et le zeste des citrons et l'eau et faites cuire au filet *[page 10]*. Incorporez progressivement au fouet la fécule de maïs, mélangez intimement et faites reprendre l'ébullition. Ajoutez progressivement la gélatine ramollie et laissez bouillir 7 minutes environ, en remuant de temps en temps pour que la masse ne brûle pas.

Tamisez-la au-dessus de trois moules humides de 20 cm de côté et laissez refroidir une nuit. Découpez en carrés, roulez ces loukoums dans le sucre glace et servez-les.

E.J. KOLLIST
FRENCH PASTRY, CONFECTIONERY AND SWEETS

Loukoums

Turkish Delight

Pour 500 g environ

Citron, zeste finement pelé et coupé en julienne, jus passé	1
Orange, zeste finement pelé et coupé en julienne, jus passé	1
Sucre en morceaux	500 g
Eau	30 cl
Gélatine en poudre	30 g
Sucre glace	2 cuillerées à soupe
Fécule de maïs	1 cuillerée à soupe

Faites fondre les morceaux de sucre dans la moitié de l'eau, à feu modéré. Ajoutez les zestes et les jus de citron et d'orange. Portez à ébullition et laissez frémir 15 minutes. Faites tremper la gélatine de 5 à 10 minutes dans le reste d'eau pour la ramollir. Incorporez-la au sirop et faites cuire 20 minutes en remuant bien. Passez ce mélange dans des moules plats ou des assiettes humides et laissez-le prendre pendant 24 heures. Découpez-le en cubes de 2,5 cm. Tamisez le sucre glace et la fécule de maïs dans un plat peu profond et roulez-y les loukoums. Conservez-les dans des boîtes, en les séparant avec du sucre glace et de la fécule.

THE KING'S COLLEGE HOSPITAL BOOK OF COOKING RECIPES

Les pâtes de base

Massepain cuit

Boiled Marzipan

Le massepain cuit est plus lisse et plus élastique que la variété non cuite. S'il durcit à la conservation en se craquelant, ajoutez deux ou trois gouttes d'eau tiède et pétrissez vigoureusement jusqu'à ce qu'il redevienne souple.

Si vous préparez du massepain à plusieurs arômes et colorants (page 14), pétrissez chaque morceau séparément. Pour faire du massepain, reportez-vous aux explications page 58.

Pour 1 kg environ

Amandes mondées et pilées	350 g
Sucre cristallisé	500 g
Eau	17 cl
Blancs d'œufs légèrement battus	2
Eau de fleur d'oranger (facultatif)	1 cuillerée à café
Sucre glace	

Faites fondre le sucre dans l'eau à feu doux en remuant jusqu'au premier bouillon. Mettez à feu plus vif et faites cuire le sirop obtenu au petit boulé, 116°C *[pages 10-11]*. Hors du feu, remuez-le doucement jusqu'à ce qu'il se trouble légèrement. Cela signifie qu'il a commencé à grener. Incorporez les amandes pilées. Ajoutez les blancs d'œufs légèrement battus, remettez sur feu doux et laissez cuire encore 1 ou 2 minutes, jusqu'à ce que la pâte se raffermisse un peu. Incorporez, selon le goût, l'eau de fleur d'oranger.

Mettez le massepain obtenu sur un plan de travail préalablement saupoudré de sucre glace. Laissez-le tiédir puis pétrissez-le jusqu'à ce qu'il soit souple et homogène. S'il est trop humide, ajoutez-y de 2 à 4 cuillerées à soupe de sucre glace. Divisez-le en parts que vous parfumez et que vous colorez pendant qu'elles sont encore chaudes.

Pour conserver les morceaux de massepain, enveloppez-les séparément dans du papier paraffiné ou dans un film de matière plastique. Mettez-les dans un sac en plastique, dans une boîte en fer-blanc ou au réfrigérateur.

HELEN JEROME
SWEET-MAKING FOR ALL

Massepain de Königsberg

Königsberger Marzipan

En Allemagne, on mange traditionnellement le massepain à Noël et on le moule en forme de fruits et de légumes qu'on accroche au sapin de Noël. Le massepain de Königsberg est moulé en forme de petite tasse qu'on remplit de fondant ou, comme dans cette recette, de fruits confits et de bonbons de gelée. En Allemagne, on vend des moules spéciaux mais vous pouvez parfaitement les façonner à la main. Si vous ne trouvez pas d'amandes amères, ajoutez 25 g d'amandes douces et quelques gouttes d'essence d'amandes. Les Allemands mettent les amandes pilées avec le sucre et l'eau au début de cuisson. Enlevez le massepain du feu dès qu'il cesse d'être collant car cela signifie que les amandes rendent leur huile. Trop cuit, il moussera dans la casserole.

Pour 1,500 g environ

Amandes mondées et très finement pilées	500 g
Amandes amères mondées et très finement pilées	25 g
Sucre cristallisé	175 g
Eau	6 cuillerées à soupe
Sucre glace	500 g
Eau de rose	1 cuillerée à café
Fruits confits ou bonbons de gelée décoratifs	125 g

Faites cuire les amandes avec le sucre cristallisé et l'eau à feu modéré de 5 à 8 minutes environ, sans cesser de remuer avec une cuillère en bois, jusqu'à obtention d'une pâte homogène qui se détache proprement des parois de la casserole. Vérifiez la cuisson en pressant un torchon de cuisine contre cette pâte : il ne doit pas coller.

Laissez refroidir la pâte puis mettez-la dans une boîte en fer-blanc fermée jusqu'au lendemain.

Incorporez progressivement 350 g de sucre glace et l'eau de rose à cette pâte jusqu'à ce qu'elle soit homogène. Le massepain est alors prêt.

Façonnez-le dans des moules ou avec les doigts en forme de cylindres de 2,5 cm environ de haut et de 2,5 cm de diamètre. Imprimez un creux profond au centre de chaque cylindre avec le pouce.

Rangez les formes obtenues sur une plaque à four couverte de papier sulfurisé. Dans une terrine, mélangez le reste de sucre glace avec une quantité suffisante d'eau tiède pour obtenir un sirop épais avec lequel vous badigeonnez le dessus et les côtés des formes.

Mettez ces formes sur la tôle supérieure du four préchauffé à 200°C (6 au thermostat) pendant 4 à 5 minutes. Sortez-les du four et laissez-les refroidir. Quand elles sont parfaitement froides, remplissez les creux de fruits confits ou de bonbons de gelée décoratifs.

FRITZ BECKER
DAS KOCHBUCH AUS MECKLENBURG, POMMERN UND OSTPREUSSEN

Massepain de Lübeck

Lübecker Marzipan

Retirez le massepain du feu dès qu'il ne colle plus, sinon il rendrait son huile et ne serait plus homogène. Pour confire des fleurs, reportez-vous aux explications données page 49.

Pour 1 kg

Amandes mondées et finement pilées	500 g
Eau de fleur d'oranger	2 à 3 cuillerées à soupe
Sucre glace tamisé	600 g
Fleurs confites	
Ecorce d'orange confite	

Dans une petite casserole, faites cuire les amandes avec l'eau de fleur d'oranger et 500 g de sucre glace à feu doux, sans cesser de remuer, de 5 à 8 minutes environ, jusqu'à obtention d'une pâte qui ne colle plus aux doigts. Ne la laissez pas se dessécher davantage.

Posez cette pâte sur une planche que vous aurez saupoudrée avec un peu du reste de sucre glace et abaissez-la en la saupoudrant de sucre glace dessus et dessous au fur et à mesure. Vous pouvez donner à ce massepain la forme d'un grand gâteau ou le découper avec un emporte-pièce.

Faites-le sécher 15 minutes au four préchauffé à 130°C (½ au thermostat). Il ne doit pas durcir mais rester souple et blanc comme de la neige. Décorez-le de fleurs confites et d'écorce d'orange confite découpée en forme de fleurs.

HENRIETTE DAVIDIS
PRAKTISCHES KOCHBUCH

Bâtonnets aux amandes

Almond Sticks

Pour 1 kg environ

Pâte d'amandes *(page 167)*	250 g
Sucre glace	500 g
Jus de citron vert	2 cuillerées à café
Blancs d'œufs légèrement battus	3 ou 4
Amandes mondées, grillées et grossièrement hachées	250 g

Mélangez la pâte d'amandes avec le sucre glace et le jus de citron. Ajoutez une quantité suffisante de blancs d'œufs pour obtenir une pâte ferme et homogène que vous abaissez et que vous coupez en bâtonnets.

Roulez ces bâtonnets dans les amandes hachées et faites-les sécher au four préchauffé à 130°C (½ au thermostat), porte ouverte, de 1 heure à 1 heure 30 minutes environ.

MARY LAND
NEW ORLEANS CUISINE

Massepains

Menon, dont le prénom est inconnu, était chef cuisinier à la cour de Louis XIV. Il a écrit plusieurs livres de cuisine. Celui dont cette recette est extraite, La Cuisinière Bourgeoise, publié en 1746, est resté le plus célèbre en France pendant plus d'un siècle.

Vous pouvez également piler les amandes au mixeur et remplacer les fleurs d'orange confites par quelques gouttes d'eau de fleur d'oranger. Pour faire une pâte de fruits cuite, reportez-vous aux explications données à la page 50.

Pour 1,500 kg environ

Amandes mondées	500 g
Sucre en poudre	500 g environ
Blancs d'œufs	3
Marmelade d'abricots ou pâte de fruits cuite	150 g environ
Fleurs d'orange confites et pilées	1 cuillerée à soupe
Glaçage:	
Blancs d'œufs légèrement battus	6
Citron vert épépiné et haché menu	1
Sucre glace tamisé	350 g environ

Prenez les amandes douces que vous faites piler après les avoir échaudées, arrosez-les des blancs d'œufs en les pilant, vous les mêlez ensuite avec la marmelade d'abricots ou autres confitures qui ne soient point liquides, les fleurs d'orange confites et pilées. Quand le tout est bien mêlé, vous mettez vos amandes dans une casserole avec 250 g de sucre en poudre et les faites dessécher sur le feu.

Vous les mettez ensuite sur une table et les maniez avec du sucre fin, mettez-en jusqu'à ce que la pâte ne tienne plus dans vos mains. Vous la roulez ensuite pour en former des massepains de telles figures que vous voulez.

Vous avez les blancs d'œufs que vous fouettez à moitié, et y mêlez avec le citron vert haché, vous trempez dedans les massepains et les mettez après dans du sucre fin autant qu'ils peuvent en prendre. Dressez-les sur des feuilles de papier blanc que vous mettez sur des feuilles de cuivre et les faites cuire au four d'une chaleur douce (préchauffé à 130°C, ½ au thermostat pendant 20 minutes environ).

MENON
LA CUISINIÈRE BOURGEOISE

Confiserie au sucre blanc de Bagdad

Lowzina b'Shakar

En général, on confectionne cette délicieuse confiserie pour les mariages : la famille des mariés la décore de feuilles de papier d'or et l'envoie aux parents et aux amis.

Pour 400 g environ

Amandes mondées et pilées	150 g
Sucre cristallisé	250 g
Eau	12 cl
Jus de citron passé	½ cuillerée à café
Eau de rose	1 cuillerée à café
Graines de cardamome	2 ou 3
Cardamome pilée	1 pincée

Faites cuire le sucre avec l'eau à feu modéré de 7 à 8 minutes, jusqu'à ce que le sirop obtenu forme un long filet quand vous le faites couler d'une cuillère et ait atteint le stade du filet *[page 10]*. Ajoutez le jus de citron, laissez cuire encore 1 ou 2 minutes, versez l'eau de rose et faites reprendre l'ébullition. Hors du feu, remuez ce sirop avec une cuillère en bois jusqu'à ce qu'il soit presque froid. Ajoutez 100 g d'amandes pilées et les graines de cardamome et continuez à remuer jusqu'à ce que la préparation soit blanche.

Mélangez la cardamome pilée avec le reste d'amandes pilées et parsemez un plateau en couche fine de la moitié de ce mélange. Versez la masse blanche par-dessus et parsemez-la progressivement du reste de mélange en l'aplatissant uniformément jusqu'à obtention d'une couche de 1 cm d'épaisseur environ. Laissez refroidir et durcir cette confiserie 5 minutes environ puis découpez-la en forme de losanges de 2,5 cm au moins de long. Pour qu'ils restent mous et gardent leur parfum, conservez-les dans une boîte en fer hermétiquement fermée, au réfrigérateur.

DAISY INY
THE BEST OF BAGHDAD COOKING

Confiseries aux amandes

Mandelkonfeft

Pour préparer la glace au cacao, tamisez 250 g de sucre glace et 15 g de poudre de cacao dans une terrine. Délayez avec une quantité d'eau suffisante pour obtenir une glace épaisse qui nappe une cuillère en métal.

Pour 350 g environ

Sucre cristallisé	180 g
Eau	3 cuillerées à soupe
Amandes mondées, 75 g hachés menu et légèrement grillés, le reste finement pilé	130 g
Poudre de cacao tamisée	30 g
Sucre vanille	60 g
Sucre glace	
Glace au cacao (facultatif)	

Faites fondre le sucre dans l'eau à feu modéré, sans cesser de remuer. Portez le sirop obtenu à ébullition et laissez-le cuire au petit boulé *[page 10]*. Hors du feu, incorporez toutes les amandes, le cacao et le sucre vanillé. Mélangez bien.

Placez la pâte obtenue sur un plan de travail saupoudré de sucre glace et laissez-la tiédir. Abaissez-la et découpez-la en formes variées. Laissez sécher ces formes. Selon le goût, enrobez-les de glace au cacao.

MÁRIA HAJKOVÁ
MÚČNIKY

Les massepins ordinaires de pistaches

Pour monder et piler les pistaches, reportez-vous aux explications données à la page 12.

Pour 850 g environ

Pistaches décortiquées	500 g
Sucre en poudre	350 g
Eau	2 à 3 cuillerées à soupe
Sucre glace	275 g
Blanc d'œuf	1
Eau de fleurs d'oranger	

Échaudez les pistaches ; jetez-les dans de l'eau fraîche, égouttez-les (mondez-les) et vous les pilerez bien dans un mortier ; faites cuire le sucre dans l'eau jusqu'au petit boulé *[pages 10-11]*, et mettez-y les pistaches ; desséchez la pâte à petit feu (de 3 à 4 minutes), tirez-la de la poêle et faites-la refroidir sur une planche ; mettez un peu de sucre en poudre par-dessus, et quand elle sera froide, vous en ferez une abaisse (de 1 cm environ d'épaisseur) avec un rouleau ; vous la découperez avec des moules de fer blanc, façonnés ou unis.

Vous placerez vos massepains sur des plaques à four couvertes de papier sulfurisé que vous mettrez au four préchauffé à 130°C (½ au thermostat) pendant 20 minutes environ, jusqu'à ce que le dessus soit ferme au toucher. Vous ne les ferez cuire que d'un côté: quand ils seront cuits d'un côté, vous les laisserez refroidir (hors du four).

Vous ferez une glace royale (en battant le blanc d'œuf avec 250 g de sucre en poudre et quelques gouttes d'eau de fleurs d'oranger jusqu'à obtention d'un appareil ferme mais qui s'étale facilement). Vous glacerez les massepains du côté qu'ils ne sont pas cuits et vous les ferez cuire (10 minutes environ au four réglé à la même température).

PIERRE JOSEPH BUC'HOZ
L'ART DE PRÉPARER LES ALIMENTS

Massepain glacé

Recette extraite du Confiturier royal, *publié par Claude Prud'homme en 1732. Vous pouvez également passer les amandes au moulin à légumes; dans ce cas, ajoutez les blancs d'œufs après avoir incorporé les amandes au sirop. Pour faire du massepain glacé, reportez-vous aux explications données à la page 62. Les arômes et colorants alimentaires sont présentés à la page 58. Si vous voulez obtenir un massepain et une glace blancs comme la neige, passez le massepain 15 minutes environ au four préchauffé à 130°C (½ au thermostat) avant et après l'avoir glacé.*

Pour 3 kg environ

Amandes mondées et séchées	1,500 kg
Sucre cristallisé	750 g
Eau	15 cl
Blancs d'œufs	4 ou 5
Sucre en poudre	
Glace:	
Sucre fin en poudre	750 g
Eau de fleurs d'oranger	6 cuillerées à soupe

Pilez les amandes dans un mortier de marbre, en les arrosant de temps en temps de blanc d'œuf, afin qu'elles ne deviennent point en huile. Quand elles seront parfaitement bien pilées, vous ferez cuire le sucre dans l'eau à feu modéré au petit boulé *[pages 10-11]*; ensuite, vous jetterez vos amandes dedans et incorporerez le tout ensemble avec la gâche ou spatule, frottant au fond et partout avec soin, de peur qu'il ne s'attache à la poêle (lisez poêlon), quoique hors du feu. Vous connaîtrez que votre pâte sera faite, en touchant du revers de la main, si rien ne s'y attache.

Alors vous tirerez de la poêle et la mettrez sur une planche, y poudrant du sucre en poudre dessus et dessous et la laisserez reposer et refroidir. Pour la travailler vous en étendrez des abaisses d'une épaisseur raisonnable (2,5 cm environ), sur lesquelles vous découperez vos massepains avec des moules, les faisant bomber doucement avec le bout du doigt sur des feuilles de papier (sulfurisé), pour les faire cuire (5 minutes au four préchauffé à 200°C, 6 au thermostat, jusqu'à ce qu'ils soient secs).

Quand vos massepains ronds, longs, ovales ou frisés, sont cuits et colorés d'un côté, vous les détachez doucement de dessus le papier avec le couteau; puis vous les glacez du côté qui était en dessous de cette façon: vous prenez l'eau de senteur, soit de fleurs d'orange ou autre, ou bien des jus de marmelades, suivant la qualité que vous voulez donner à vos massepains et vous y mêlez peu à peu le sucre fin en poudre, délayant bien le tout ensemble, jusqu'à ce que cela soit épais comme de la bouillie; vous prenez de cette glace avec un couteau, et l'étendez proprement sur vos massepains; puis vous les remettez sur le papier (au four préchauffé à 200°C, 6 au thermostat, de 5 à 10 minutes environ) pour faire prendre la glace. Vous les fermez ensuite (dans une boîte en fer) pour vous en servir au besoin.

PROSPER MONTAGNÉ
NOUVEAU LAROUSSE GASTRONOMIQUE

Marrons à la hongroise

Kastanienkugeln

Pour peler et cuire les marrons, reportez-vous aux explications données à la page 56. Pour les réduire en purée, tamisez-les ou passez-les au moulin à légumes. Pour faire le glaçage au chocolat, tamisez 250 g de sucre glace et 15 g de poudre de cacao dans une terrine. Incorporez 1 ou 2 cuillerées à soupe d'eau chaude de façon à obtenir une glace suffisamment épaisse pour napper le dos d'une cuillère.

Pour 750 g environ

Marrons pelés et réduits en purée	600 g
Sucre en poudre	300 g
Eau	2 à 3 cuillerées à soupe
Sucre glace	
Glaçage au chocolat	

Dans une casserole, faites fondre le sucre avec l'eau à feu modéré et laissez cuire jusqu'au filet *[page 10]*. Incorporez la purée de marrons.

Façonnez cette masse en petites boules que vous roulez dans le sucre glace et que vous laissez sécher une nuit. Le lendemain, enrobez ces boules de glaçage au chocolat.

ELEK MAGYAR
KOCHBUCH FÜR FEINSCHMECKER

Boules de marron au sucre

Sugared Chestnut Balls

Pour 1,250 kg environ

Marrons	1 kg
Miel	150 g
Sucre glace	175 g
Cannelle en poudre	1 cuillerée à café

Incisez le côté plat de chaque marron en croix. Plongez-les dans de l'eau bouillante et faites-les cuire de 20 à 25 minutes au moins, jusqu'à ce que les écorces se fendent. Égouttez-les et laissez-les refroidir avant de les écorcer et de les peler avec un couteau pointu. Hachez-les ou passez-les au presse-purée. Mélangez-les avec le miel et façonnez la masse en petites boules. Mélangez le sucre glace et la cannelle, étalez cette préparation sur une assiette plate et roulez-y soigneusement les boules de marrons.

GLORIA BLEY MILLER
THE THOUSAND RECIPE CHINESE COOKBOOK

Massepain royal à l'espagnole

Pasta real

Au lieu de façonner le massepain avec les doigts, vous pouvez le découper avec des emporte-pièce.

Pour 750 g

Amandes mondées finement pilées	400 g
Sucre semoule	400 g
Eau	15 cl
Jaunes d'œufs	10
Sucre glace	

Faites fondre le sucre semoule dans l'eau à feu modéré et portez à ébullition. Ajoutez les amandes pilées en remuant avec une cuillère en bois. Laissez cuire 5 minutes environ, sans cesser de remuer. Enlevez du feu.

Lorsque la masse est tiède, incorporez les jaunes d'œufs et remettez-la sur le feu. Faites-la cuire sans cesser de remuer de 5 à 10 minutes environ, jusqu'à ce qu'elle se détache des parois de la casserole.

Laissez refroidir ce massepain sur une surface en bois. Quand il est froid, saupoudrez-vous les doigts de sucre glace et façonnez-le en formes décoratives (cœurs, étoiles, livres ou pains) que vous laisserez sécher au moins 12 heures ou une nuit. Rangez-les entre des feuilles de papier sulfurisé.

LUIS RIPOLL
NUESTRA COCINA

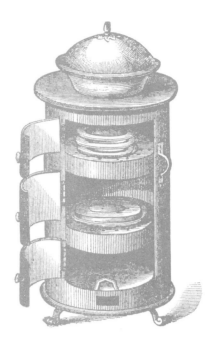

Mûres de pâte d'amandes persanes

Toot

La cuisinière iranienne rehaussera l'arôme de ses amandes en les faisant séjourner plusieurs jours dans des fleurs de narcisse. Selon le goût, vous pouvez conserver vos amandes dans un récipient hermétiquement fermé avec une gousse de vanille. Ces confiseries ne se conservent pas très longtemps car elles se dessèchent rapidement

Pour 350 g environ

Amandes pilées	200 g
Sucre glace	75 g
Eau de rose (ou 2 cuillerées à café d'extrait de vanille)	4 cuillerées à soupe
Sucre semoule	250 g
Pistaches effilées	45 g environ

Mélangez les amandes pilées avec le sucre glace. Ajoutez l'eau de rose ou l'extrait de vanille et remuez jusqu'à obtention d'une pâte homogène. Façonnez ce massepain en petites boules que vous allongez entre les paumes pour leur donner la forme grossière de mûres. Roulez ces mûres dans le sucre semoule et piquez une lamelle de pistache à une extrémité pour représenter la queue. Conservez-les dans une boîte en fer hermétiquement fermée.

NESTA RAMAZANI
PERSIAN COOKING

Boules aux marrons

Pour éplucher et faire cuire les marrons, reportez-vous aux explications données à la page 56. Pour les réduire en purée, passez-les au moulin à légumes ou tamisez-les.

Pour 350 g environ	
Purée de marrons	150 g
Chocolat à croquer	100 g
Crème fraîche épaisse	2 cuillerées à soupe
Beurre	30 g
Sucre glace	75 g
Extrait de vanille	
Vermicelles en chocolat	60 g

Faites fondre au bain-marie dans une petite casserole, le chocolat, la crème, le beurre. Quand le chocolat est bien fondu, remuez, pour obtenir une pâte très lisse.

Hors du feu, ajoutez le sucre glace, la vanille (quelques gouttes) et la purée de marrons. Laissez reposer 24 heures dans le réfrigérateur.

Formez des petites boules rondes, roulez-les dans les vermicelles de chocolat. Servez très frais, en caissettes de papier. Conservation: un jour.

JACQUELINE GÉRARD
BONNES RECETTES D'AUTREFOIS

Noix de coco confites

Raskara

Pour ouvrir et râper une noix de coco, reportez-vous aux explications données à la page 13. Vous pouvez remplacer le sucre cristallisé par de la mélasse ou de la cassonade, en en comptant deux fois moins que la noix de coco râpée.

Pour 1,500 kg environ	
Noix de coco de 500 g chacune environ	4
Sucre cristallisé	500 g
Capsules de cardamome, graines extraites	4

Huilez légèrement une plaque de marbre ou un plat plat. Cassez chaque noix de coco en deux, évidez-les et râpez la pulpe: vous devez en obtenir 1 kg environ. Mélangez-la avec le sucre et faites cuire à feu doux, sans cesser de remuer, pendant 30 minutes environ, jusqu'à obtention d'une pâte souple. Incorporez les graines de cardamome. Mettez la pâte sur la surface huilée. Quand elle a légèrement refroidi, façonnez-la en boules avec les mains.

MRS J. HALDAR
BENGAL SWEETS

Pâte indienne à la noix de coco

Coconut Barfi

Pour ouvrir une noix de coco, en extraire et râper la pulpe, reportez-vous aux explications données à la page 13.

Pour 350 g environ	
Noix de coco fraîchement râpée ou en poudre	125 g
Lait entier	60 cl
Sucre semoule	90 g
Colorant alimentaire rose	
Extrait de vanille	
Capsules de cardamome, graines extraites et pilées en pâte	4

Beurrez un moule de 20 cm de côté. Dans une casserole à fond épais, portez le lait à ébullition. Baissez le feu et laissez-le frémir de 10 à 12 minutes, en remuant de temps en temps pour qu'il ne déborde pas. Ajoutez la noix de coco, remuez et raclez les parois de la casserole. Ajoutez le sucre et continuez à remuer rapidement jusqu'à obtention d'une masse compacte qui se détache des parois de la casserole.

Hors du feu, ajoutez le colorant, quelques gouttes d'extrait de vanille et la pâte de cardamome. Étalez uniformément la masse obtenue dans le moule beurré, lissez la surface avec une lame de couteau et laissez refroidir. Quand il est froid et ferme, découpez-le en cubes que vous conservez dans un récipient hermétiquement fermé.

KAILASH PURI
RASOI KALA (COOKERY BOOK)

Bouchées aux noix

Pour 200 g environ	
Cerneaux de noix	100 g
Sucre glace	100 g
Beurre amolli	1 cuillerée à soupe
Café très fort	2 cuillerées à soupe
Sucre cristallisé	Quelques cuillerées à soupe

Broyez les noix et mélangez-les avec le sucre glace, le beurre amolli et le café. La pâte est assez épaisse pour être pétrie à la main. Formez-en des boulettes et roulez-les dans du sucre cristallisé. Mettez-les dans le réfrigérateur quelques heures avant de les consommer. Conservation: deux ou trois jours.

JACQUELINE GÉRARD
BONNES RECETTES D'AUTREFOIS

Tablettes coco

Pour extraire l'eau d'une noix de coco, l'ouvrir et en râper la pulpe, reportez-vous aux explications données à la page 13.

Pour 300 g environ

Noix de coco râpée (½ noix environ)	250 g
Sucre de canne ou sucre en poudre	150 g
Ecorce ou poudre de cannelle	1 cuillerée à café
Citron vert, zeste râpé	1
Essence de vanille et de noyaux (amandes amères)	
Eau de coco	3 à 4 cuillerées à soupe

Malaxer le coco râpé, le sucre, la cannelle, la peau râpée du citron, l'essence de vanille et de noyaux mélangée. Mettre le tout à feu doux en ajoutant l'eau de coco et en remuant sans cesse à la cuillère de bois, jusqu'à ce que la préparation prenne la couleur et la consistance du caramel [pages 10-11]. Retirer la casserole du feu et déposer, sans vous brûler, les «tablettes coco» en plaques sur un marbre ou à défaut sur du papier huilé.

CHRISTIANE ROY-CAMILLE ET ANNICK MARIE
LES MEILLEURES RECETTES DE LA CUISINE ANTILLAISE

Doigts à la cannelle
Paluszki cynamonowe

Pour 500 g environ

Noix pilées	140 g
Sucre semoule	140 g
Cannelle en poudre	1 cuillerée à café
Clous de girofle	3
Œuf battu	1
Sucre glace	

Glaçage au rhum et au citron:

Sucre glace	120 g
Rhum	1 cuillerée à soupe
Citron, jus passé	½

Foncez une plaque à four de papier sulfurisé. Mélangez les noix avec le sucre semoule, la cannelle et les clous de girofle. Liez avec l'œuf et pétrissez le tout sur une tranche jusqu'à obtention d'une pâte homogène. Saupoudrez un rouleau à pâtisserie de sucre glace et abaissez la pâte en un rectangle de 1 cm d'épaisseur environ. Coupez cette abaisse en bâtonnets ayant la forme de doigts.

Disposez ces doigts sur la plaque et faites-les sécher 10 minutes au four préchauffé à 130°C (½ au thermostat).

Pour le glaçage, mélangez le sucre avec le rhum et le jus de citron. Sortez les doigts du four et glacez-les.

MARJA DISSLOWA
JAK GOTOWAĆ

Rouleau polonais aux noix
Rolada orzechowa

Pour 850 g environ

Noix pilées	500 g
Chocolat râpé	200 g
Miel	2 cuillerées à soupe
Amandes mondées et hachées	125 g
Citron, zeste râpé et jus passé	
Sucre glace	

Huilez une plaque de marbre ou une planche en bois. Faites cuire le miel avec les noix et le chocolat, sans cesser de remuer, jusqu'à obtention d'une pâte épaisse et homogène. Ajoutez les amandes hachées, le zeste et le jus de citron.

Sur le marbre ou sur la planche, façonnez cette pâte en un rouleau de 2,5 cm de diamètre environ que vous enrobez de sucre glace. Enveloppez-le dans du papier sulfurisé et mettez-le au réfrigérateur. Quand il est dur, coupez-le en tranches diagonales ovales de 1 cm d'épaisseur environ.

JAN CZERNIKOWSKI
CIASTA, CIASTKA, CIASTECZKZA

Friandises aux pignons de Majorque

Pinyonat

Pour 560 g environ	
Pignons	100 g
Sucre cristallisé	400 g
Eau	
Blancs d'œufs battus en neige	4

Couvrez les pignons d'eau chaude et laissez-les tremper 1 heure environ, jusqu'à ce qu'ils blanchissent. Égouttez-les et épongez-les soigneusement. Couvrez quatre plaques à four de papier sulfurisé ou de papier de cuisson non adhésif.

Dans une casserole à fond épais, faites fondre le sucre avec 6 cuillerées à soupe d'eau à feu modéré et portez à ébullition sans cesser de remuer. Enlevez du feu et laissez tiédir. Incorporez progressivement les blancs en neige avec précaution pour ne pas les écraser puis ajoutez les pignons.

Faites couler la masse obtenue par cuillerées à café sur les plaques à four. Faites cuire ces friandises au four préchauffé à 150°C (2 au thermostat) de 50 minutes à 1 heure environ, jusqu'à ce qu'elles soient dorées.

LUIS RIPOLL
NUESTRA COCINA

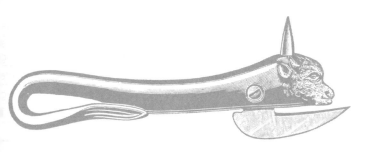

Coussins à la menthe poivrée

Pepermuntkussentjes

Pour 150 g	
Sucre glace tamisé	150 g
Extrait de menthe poivrée	
Blanc d'œuf légèrement battu	½

Incorporez une ou deux gouttes de menthe poivrée à 125 g de sucre glace. Ajoutez le blanc d'œuf et continuez à remuer jusqu'à obtention d'une pâte ferme.

Abaissez cette pâte sur une planche préalablement saupoudrée du reste de sucre glace. Coupez-la en barres de 2,5 cm d'épaisseur environ que vous découpez avec des ciseaux en forme de petits coussins. Laissez durcir au frais.

H. H. F. HENDERSON
HET NIEUWE KOOKBOEK

Petits pains au pralin

Pour obtenir du sucre vanillé, reportez-vous aux explications données à la page 15.

Pour 2 kg environ	
Amandes mondées et séchées 5 minutes à four doux	1,250 kg
Blancs d'œufs	3
Sucre en poudre	250 g
Farine tamisée	25 g
Pralin *(page 167)* pulvérisé	150 g
Sucre vanillé	1 cuillerée à soupe
Blancs d'œufs légèrement battus	3
Sucre glace tamisé	

Pilez les amandes au mortier très finement avec les blancs d'œufs. Ajoutez le sucre en poudre, la farine et le pralin. Amalgamez le tout au pilon, faites-en une pâte un peu ferme que vous parfumez avec la vanille en poudre.

Ramassez la pâte, placez-la sur le marbre légèrement saupoudré de sucre glace. Allongez la pâte en forme de petit boudin que vous découpez de la grosseur d'une noix ordinaire pour en former des boules que vous trempez dans les blancs d'œufs, que vous roulez dans le sucre glace. Dressez-les au fur et à mesure sur une plaque beurrée et farinée, en les distançant de 3 cm les unes des autres. Faites cuire à four très modéré (préchauffé à 130°C, ½ au thermostat), et aussitôt qu'elles sont crevassées (15 minutes), vous les laissez refroidir et les dressez dans des petites caisses en papier.

MME JEANNE SAVARIN (RÉDACTRICE)
LA CUISINE DES FAMILLES

Petits fours au poivre

Pepper Cakes

Recette extraite d'un ouvrage publié anonymement en 1747 et que l'on attribue généralement à Hannah Glasse.

Pour 300 g	
Sucre glace	300 à 330 g
Xérès doux	6 cuillerées à soupe
Grains de poivre blanc placés dans un nouet	1 cuillerée à café

Mettez le xérès et le nouet de poivre dans une petite casserole, couvrez et laissez frémir 15 minutes. Hors du feu, enlevez le nouet et incorporez une quantité suffisante de sucre glace pour obtenir une pâte. Mélangez intimement cette pâte, façonnez-la, mettez les formes obtenues sur des assiettes couvertes de papier sulfurisé et laissez-les sécher.

THE ART OF COOKERY MADE PLAIN AND EASY

Étoiles à la cannelle

Zimtsterne

Pour 300 g environ

Sucre glace tamisé	125 g
Blancs d'œufs battus en neige	2
Cannelle en poudre	1 cuillerée à café
Amandes pilées	125 g
Sucre cristallisé	30 g

Incorporez le sucre glace aux blancs en neige en remuant, jusqu'à ce que le mélange ait légèrement épaissi tout en restant mousseux. Réservez-en 3 cuillerées à soupe pour le glaçage. Ajoutez ensuite la cannelle et les amandes pilées et pétrissez le tout. Abaissez cet appareil sur un plan de travail saupoudré de sucre cristallisé, sur un doigt d'épaisseur. Avec un emporte-pièce, découpez-le en étoiles que vous faites sécher au moins 3 heures sur une plaque à four couverte de papier sulfurisé ou paraffiné.

Badigeonnez ces étoiles du mélange sucre glace — blancs en neige réservé et mettez-les au four préchauffé à 170°C (3 au thermostat) de 20 à 25 minutes, jusqu'à ce que le glaçage ait séché sans toutefois avoir pris couleur.

ELIZABETH SCHULER
MEIN KOCHBUCH

Bonbons crémeux à la mandarine

Tangerine Creams

Pour 175 g

Mandarines, zeste râpé et jus passé	2
Sucre glace	175 g
Jus de citron	1 cuillerée à café

Mélangez le zeste râpé avec le sucre et le jus de citron. Ajoutez une quantité suffisante de jus de mandarine pour obtenir une pâte ferme. Pétrissez cette pâte et coupez-la en petits morceaux que vous façonnez en boules ou en pépites.

THE KING'S COLLEGE HOSPITAL BOOK OF COOKING RECIPES

Truffes au café

Coffee Truffles

Pour faire les truffes, reportez-vous aux explications données à la page 64. Selon le goût, vous pouvez incorporer une cuillerée à café de rhum, de cognac ou de liqueur. Au lieu de façonner la pâte en boules, vous pouvez la coucher à la poche à douille sur des plaques beurrées ou encore dans des caissettes en papier plissé.

Pour 600 g

Chocolat noir fondu	250 g
Beurre	125 g
Sucre glace	175 g
Extrait de café	
Vermicelles en chocolat ou poudre de cacao	

Battez le beurre avec le sucre jusqu'à obtention d'une pâte. Laissez refroidir le chocolat fondu 5 minutes puis incorporez-le avec quelques gouttes d'extrait de café en travaillant la pâte jusqu'à ce qu'elle soit épaisse et tiède. Façonnez-la en boules que vous roulez dans les vermicelles en chocolat ou dans la poudre de cacao.

MARY NORWAK
TOFFEES, FUDGES, CHOCOLATES AND SWEETS

Truffes tchèques

Schokoladentrüffel

Pour 350 g environ

Chocolat noir râpé	200 g
Beurre	60 g
Jaunes d'œufs	2
Sucre glace	20 g
Poudre de cacao	70 g

Battez le beurre avec les jaunes d'œufs et le sucre jusqu'à ce que le mélange soit blanc et crémeux. Ajoutez le cacao et 175 g de chocolat râpé. Pétrissez cette pâte, façonnez-la en boules et roulez les truffes obtenues dans le reste de chocolat râpé.

JOZA BŘÍZOVA ET MARYNA KLIMENTOVÁ
TSCHECHISCHE KÜCHE

Boules au rhum

Rumkugeln

Pour 400 g environ

Chocolat noir râpé	50 g
Noisettes grillées, mondées et pilées	150 g
Sucre semoule	200 g
Blanc d'œuf	1
Rhum	2 cuillerées à soupe
Sucre brut	

Mélangez les noisettes avec le chocolat, le sucre semoule, le blanc d'œuf et le rhum. Humectez-vous les mains et pétrissez jusqu'à obtention d'une pâte homogène. Façonnez cette pâte en petites boules de 2,5 cm de diamètre environ. Roulez-les dans le sucre brut et laissez-les sécher 2 jours au chaud.

HEDWIG MARIA STUBER
ICH HELF DIR KOCHEN

Truffes à la vanille

Vanilla Truffles

Pour faire ce genre de truffes, reportez-vous aux explications données à la page 66. Vous pouvez également rouler ces boules de pâte dans de la poudre de cacao, du chocolat râpé, de la noix de coco râpée, du sucre glace ou un mélange de ces ingrédients et remplacer la vanille par 1 cuillerée à café de cognac, de rhum ou de liqueur.

Pour 350 g environ

Chocolat noir ou au lait cassé en morceaux	250 g
Crème fraîche épaisse ou fouettée	4½ cuillerées à soupe
Extrait de vanille	
Poudre de cacao	4 cuillerées à soupe
Sucre glace	1 cuillerée à soupe

Mettez le chocolat dans une terrine allant au feu ou dans une casserole que vous placez au-dessus d'une autre casserole d'eau chaude. Dans ce cas, si le fond du récipient utilisé ne touche pas l'eau, portez-la à ébullition, enlevez du feu et faites fondre le chocolat en remuant de temps en temps.

Dans une autre casserole, portez la crème à ébullition. Laissez-la tiédir puis ajoutez quelques gouttes d'extrait de vanille et incorporez ce mélange au chocolat fondu.

Laissez refroidir à température ambiante — 18°C environ —, en remuant de temps en temps, jusqu'à obtention d'une pâte assez épaisse mais pas ferme. Remuez cette pâte avec une cuillère en bois ou battez-la au fouet ou au mixeur jusqu'à ce qu'elle soit plus claire et plus légère. Cette opération est indispensable pour obtenir la consistance requise. Faites durcir la pâte au réfrigérateur.

Saupoudrez un plan de travail avec la poudre de cacao préalablement mélangée avec le sucre glace. Avec deux cuillères à café, prenez une quantité suffisante de pâte pour former des boules de 2 à 2,5 cm de diamètre. Disposez ces tas sur le plan de travail, à intervalles réguliers, jusqu'à épuisement de la pâte. Passez vos doigts dans un peu de cacao sucré et façonnez rapidement les tas de pâte en boules, en les remettant sur le plan de travail avant qu'elles ne fondent et ne soient collantes.

Remettez les truffes un moment au réfrigérateur pour les raffermir en surface. Si la pâte est très humide, attendez une journée environ pour que l'extérieur sèche et qu'une croûte légère se forme.

ALEC LEAVER
MAKING CHOCOLATES

Truffes au chocolat

Pour 250 g environ

Chocolat noir	125 g
Eau	1 cuillerée à soupe
Sucre semoule	1 cuillerée à soupe
Beurre	90 g
Jaune d'œuf	1
Poudre de cacao	

Faites fondre le chocolat au-dessus d'une casserole d'eau bouillante avec l'eau, le sucre et le beurre. Enlevez du feu, laissez légèrement tiédir et incorporez alors seulement le jaune d'œuf. Laissez refroidir à température ambiante pendant 5 heures et faites des boulettes de la grosseur désirée, que vous roulerez dans la poudre de cacao.

Ces truffes doivent être préparées la veille, en vue d'être dégustées le lendemain.

FERNAND POINT
MA GASTRONOMIE

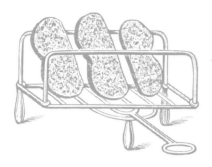

Truffes allemandes

Schokoladetrüffel

Pour 175 g environ

Chocolat noir râpé	125 g
Beurre	60 g
Rhum	1 cuillerée à soupe
Vermicelles en chocolat	

Battez le beurre jusqu'à ce qu'il mousse et incorporez-lui le chocolat râpé et le rhum. Laissez durcir cette pâte au frais de 1 à 2 heures. Façonnez-la ensuite en petites boules que vous enrobez de vermicelles en chocolat. Dressez ces truffes dans des caissettes en papier et laissez-les sécher de 2 à 3 heures.

ELIZABETH SCHULER
MEIN KOCHBUCH

Truffes au chocolat amer

Bitter Chocolate Truffles

Pour faire des truffes au cognac ou au rhum, l'auteur conseille de n'utiliser que 10 cl de crème fraîche et de remplacer l'extrait de vanille par 2 cuillerées à soupe de cognac ou de rhum.

Pour 750 g environ

Chocolat amer	90 g
Beurre ramolli	125 g
Œuf battu	1
Café noir	1 cuillerée à soupe
Sucre glace tamisé	500 g environ
Crème fraîche épaisse	12 cl
Extrait de vanille	1 cuillerée à soupe
Vermicelles en chocolat ou chocolat râpé	125 g

Mélangez le beurre et l'œuf. Faites fondre le chocolat avec le café au-dessus d'une casserole d'eau chaude.

Mettez 300 g de sucre glace dans une terrine. Ajoutez le beurre mélangé avec l'œuf, le chocolat fondu, la crème fraîche

et l'extrait de vanille. Mélangez intimement. Si la pâte obtenue n'est pas assez épaisse, ajoutez un peu de sucre glace. Façonnez cette pâte en boules de 1 cm de diamètre environ. Pour obtenir des truffes d'égale grosseur, prélevez toujours la même quantité de pâte avec la même cuillère à café. Roulez-les dans les vermicelles en chocolat ou dans le chocolat râpé pendant qu'elles sont encore molles. Mettez-les 2 heures environ au réfrigérateur, jusqu'à ce qu'elles soient fermes. Sortez-les du réfrigérateur et enveloppez-les dans du papier paraffiné ou dans du papier d'aluminium. Conservez-les dans des boîtes en fer-blanc.

MARION FLEXNER
OUT OF KENTUCKY KITCHENS

Truffes de Pâques

Paastruffels

Aux Pays-Bas, on prépare ces chocolats en forme de nids à Pâques. Si possible, parfumez la nonpareille à l'anis.

Pour 250 g environ

Poudre de cacao	30 g
Sucre glace tamisé	90 g
Beurre ramolli	60 g
Vermicelles en chocolat	30 g
Nonpareille rose et blanche	25 g

Battez le cacao avec le sucre glace et le beurre et laissez durcir pendant quelques heures au frais. Avec des mains froides, façonnez cette pâte en vingt petites boules environ que vous aplatissez légèrement. Avec le manche d'une cuillère en bois, creusez légèrement les truffes en forme de nids. Roulez-les dans les vermicelles en chocolat et saupoudrez le creux de nonpareille.

H.H.F. HENDERSON
HET NIEUWE KOOKBOEK

Truffes à la russe

Russian Truffles

Pour 350 g environ

Chocolat haché	90 g
Crème fouettée	15 cl
Sucre glacé tamisé	3 cuillerées à soupe
Rhum	1 cuillerée à café
Extrait de vanille	1 cuillerée à café
Chocolat noir supérieur	175 g
Vermicelles en chocolat ou chocolat râpé	

Faites fondre le chocolat haché, incorporez la crème fouettée et laissez refroidir. Incorporez le sucre glace et travaillez jusqu'à obtention d'une pâte. Ajoutez le rhum et la vanille et divisez la pâte en petites boules.

Faites fondre le chocolat supérieur et enrobez-en les truffes. Roulez-les dans les vermicelles ou dans le chocolat râpé avant qu'elles ne soient sèches.

SONIA AGNEW
SWEET-MAKING FOR EVERYWOMAN

Truffes fines hollandaises

Fijne Chocoladetruffels

Vous trouverez du beurre de coco (graisse de noix de coco solidifiée) dans les épiceries indiennes ou antillaises.

Pour 300 g environ

Chocolat noir cassé en petits morceaux	200 g
Lait ou café noir	1 cuillerée à soupe
Beurre ou beurre de coco	40 g
Œuf battu	1
Sucre glace tamisé	20 g
Sucre semoule mélangé avec	20 g
10 g de poudre de cacao ou	
30 g de vermicelles en chocolat	

Faites fondre le chocolat avec le lait ou le café au-dessus d'une casserole d'eau bouillante. Ajoutez le beurre ou le beurre de coco et laissez-le fondre, sans cesser de remuer. Enlevez du feu et laissez tiédir. Mélangez l'œuf avec le sucre glace et incorporez progressivement cet appareil au chocolat en filet mince, sans cesser de battre. Laissez refroidir et durcir. Façonnez la pâte obtenue en boules que vous roulez immédiatement dans le sucre mélangé avec le cacao ou dans les vermicelles en chocolat.

H.H.F. HENDERSON
HET NIEUWE KOOKBOEK

Truffes de Chambéry

Pour 200 g environ

Chocolat noir	125 g
Beurre	30 g
Sucre glace	1½ cuillerée à soupe
Jaunes d'œufs	2
Rhum	2 cuillerées à café
Poudre de cacao	

Faites fondre le chocolat au bain-marie. Incorporez le beurre préalablement battu avec le sucre glace, en remuant jusqu'à ce que le sucre ait fondu. Enlevez la casserole du bain-marie et incorporez les jaunes d'œufs un à un, sans cesser de remuer. Versez le rhum et mélangez intimement. Mettez cette pâte au frais — mais pas au réfrigérateur — pendant 12 heures. Divisez-la ensuite en boulettes que vous roulez dans le cacao. Laissez ces truffes durcir au moins 2 heures. Vous en obtiendrez très peu. Elles sont exquises.

ALICE B. TOKLAS
THE ALICE B. TOKLAS COOK BOOK

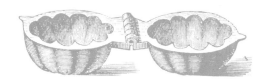

Truffes au chocolat Duc de Praslin

Chocolate Truffles Duc de Praslin

Pour 1 kg environ

Chocolat noir	200 g
Beurre frais	60 g
Miel	4 cuillerées à soupe
Pralin *(page 167)*	800 g
Poudre de cacao	75 g
Sucre glace tamisé	75 g
Cannelle en poudre	2 cuillerées à soupe

Mélangez le chocolat avec le beurre et le miel au-dessus d'une casserole d'eau bouillante jusqu'à obtention d'une pâte souple. Hors du feu, incorporez le pralin. Laissez refroidir la pâte et divisez-la en boules que vous roulez dans le cacao préalablement mélangé avec le sucre glace et la cannelle. Faites durcir les truffes obtenues au réfrigérateur. Conservez-les dans un récipient hermétiquement fermé.

JULIETTE ELKON
THE CHOCOLATE COOKBOOK

Truffes au chocolat

Je sais que ma recette de truffes a un inconvénient (très relatif). Comme elles contiennent pas mal de crème fraîche, elles restent molles et il faut les conserver au réfrigérateur jusqu'au moment de les déguster. Mais, à mon avis, cet inconvénient est largement compensé par la finesse de leur goût. Vous pouvez remplacer le rhum par l'alcool de votre choix ou bien pas d'alcool du tout.

Pour obtenir du sucre vanillé, reportez-vous aux explications données à la page 15.

Pour 500 g environ

Chocolat noir (qualité « bitter »)	300 g
Eau	2 cuillerées à soupe
Crème fraîche	15 cl
Sucre glace tamisé	125 g
Rhum	2 cuillerées à soupe
Sucre vanillé	1 paquet
Cacao en poudre	2 cuillerées à soupe

Remplissez à moitié d'eau un grand plat à gratin et posez-le sur feu moyen. Cassez le chocolat en morceaux, mettez-le dans un grand saladier, ajoutez 2 cuillerées à soupe d'eau et posez le saladier dans le plat à gratin à moitié rempli d'eau frémissante. Mélangez avec la cuillère en bois jusqu'à ce que le chocolat soit complètement fondu, ajoutez-y la crème fraîche, le sucre glace bien poudreux, le rhum et le sucre vanillé. Mélangez avec la cuillère en bois pour obtenir une pâte bien lisse, versez-la alors dans un saladier propre et mettez ce saladier au réfrigérateur pour au moins 2 heures.

Saupoudrez le fond d'une grande assiette avec le cacao en poudre et sortez le saladier du réfrigérateur (la pâte à truffes est devenue assez consistante). Prenez une belle cuillère à soupe de pâte à truffes et roulez-la dans le cacao en poudre avec le plat de la main. Recommencez jusqu'à épuisement de la pâte (environ 12 truffes) et mettez les truffes au réfrigérateur jusqu'au moment de les manger.

MICHEL OLIVER
MES RECETTES

Boules de chocolat au rhum

Bolitas de ron

Pour 800 g environ

Chocolat noir cassé en morceaux	525 g
Crème fraîche épaisse	25 cl
Rhum	15 cl
Noix hachées	200 g

Dans une casserole, faites bouillir la crème à feu modéré. Ajoutez 500 g de chocolat et laissez cuire, sans cesser de remuer avec une cuillère en bois, jusqu'à obtention d'une crème épaisse et homogène.

Enlevez du feu et laissez refroidir. Quand la crème est froide, ajoutez le rhum et les noix hachées. Remuez et laissez reposer jusqu'à obtention d'une pâte assez ferme que vous façonnez en boules grosses comme des noisettes. Râpez le reste de chocolat et roulez-y les boules au rhum.

MARIA DEL CARMEN CASCANTE
150 RECETAS DE DULCES DE FÁCIL PREPARACIÓN

Fudge au chocolat

Uncooked Chocolate Cream Fudge

Cette confiserie ressemble à une pâte à truffes. On peut également la façonner à la poche à douille.

Pour 600 g environ

Chocolat noir cassé en petits morceaux	100 g
Beurre	50 g
Crème fleurette	3 cuillerées à soupe
Extrait de vanille	1 cuillerée à café
Sucre glace tamisé	450 g

Mettez le chocolat dans une terrine et faites-le fondre au bain-marie avec le beurre, en remuant une ou deux fois.

Sortez la terrine du bain-marie et incorporez la crème fleurette et la vanille. Ajoutez progressivement le sucre glace avec une cuillère en bois et mélangez intimement. Versez cette préparation dans un moule beurré de 20 cm de côté et laissez-la durcir au frais pendant 3 heures environ. Découpez-la en une soixantaine de carrés de 2,5 cm de côté.

SONIA ALLISON
THE DIARY BOOK OF HOME COOKERY

Boules de chocolat fourrées

Gefüllte Schokoladenkugeln

Pour 350 g environ

Chocolat noir râpé	150 g
Blanc d'œuf	1
Sucre glace tamisé	100 g
Rhum	2 cuillerées à café
Noix pilées	60 g

Garniture au jaune d'œuf :

Jaune d'œuf dur tamisé	1
Sucre glace	1 cuillerée à café
Beurre	½ cuillerée à café
Rhum	

Mélangez le blanc d'œuf avec le sucre glace, 100 g de chocolat, le rhum et les noix et pétrissez jusqu'à obtention d'une pâte que vous divisez en petits morceaux d'égale grosseur puis façonnez en petites boules.

Mélangez le jaune d'œuf avec le sucre glace, le beurre et quelques gouttes de rhum. Mettez chaque boule dans une paume et pressez le dessus avec un doigt pour y imprimer un petit creux dans lequel vous déposez un peu de garniture. Refermez la boule et roulez-la dans le reste de chocolat.

JOZA BŘÍZOVÁ ET MARYNA KLIMENTOVÁ
TSCHECHISCHE KÜCHE

Pastilles au chocolat finlandaises

Choklad

Vous pouvez faire refroidir ces pastilles sur du papier d'aluminium, du papier sulfurisé ou du papier paraffiné.

Pour 250 g environ

Chocolat noir	175 g
Beurre	40 g
Petite orange, zeste râpé	1
Œuf battu	1

Faites fondre le chocolat avec le beurre à feu très doux. Incorporez progressivement au fouet cette préparation avec le zeste d'orange à l'œuf battu.

Disposez des cuillerées à café de cet appareil sur une plaque à four beurrée ou dans des caissettes en papier plissé et mettez-les au réfrigérateur jusqu'à ce qu'elles soient fermes. Détachez-les de la plaque avec un couteau. Vous obtiendrez ainsi de trente à quarante pastilles au chocolat.

GUNNEVI BONEKAMP
SCANDINAVIAN COOKING

Barres aux fruits et aux noix

Fruit and Nut Bars

L'auteur propose une variante de cette recette en suggérant d'utiliser n'importe quel assortiment des fruits énumérés ci-dessous ou une variété dans les proportions qui conviennent.

Pour 750 g environ

Abricots secs	125 g
Figues sèches	125 g
Dattes	125 g
Raisins de Smyrne	60 g
Raisins de Corinthe	30 g
Raisins de Malaga	30 g
Noix, amandes, noisettes, pistaches, etc., concassées	250 g
Papier de riz	

Passez deux fois tous les fruits au hachoir et pétrissez-les vigoureusement pour obtenir une masse compacte. Abaissez cette masse sur 2 cm d'épaisseur, en lui donnant une forme carrée. Couvrez-la d'une feuille de papier de riz et aplatissez-la fermement avec votre paume.

Retournez cette masse à l'aide de deux spatules sur un plan de travail propre ou sur une feuille de papier sulfurisé. Couvrez également cette face de papier de riz. Laissez reposer au moins pendant 3 heures, puis découpez cette friandise en barres de 10 cm sur 2,5 environ. Enveloppez chaque barre dans une feuille de cellophane dont vous tordrez les extrémités pour en chasser l'air.

ESMÉ GRAY BOOKER
SWEETS THAT HAVE TEMPTED ME

Pâte de fruits
Fruit Paste

Pour préparer de la pâte de fruits, reportez-vous aux explications données à la page 50.

Pour 1 kg environ

Pruneaux dénoyautés	350 g
Abricots ou pêches secs	350 g
Dattes dénoyautées	350 g
Miel	3 cuillerées à soupe
Sucre cristallisé et/ou 125 g de noix de coco en poudre ou râpée	175 g environ

Passez les fruits à la grille moyenne ou à gros trous du hachoir. Mélangez-les intimement avec le miel; ajoutez-en un peu si la pâte semble trop sèche. Divisez la pâte en parties égales que vous roulez entre vos paumes en boules de 2 à 2,5 cm de diamètre environ. Jetez ces boules dans le sucre ou la noix de coco, ou jetez-les dans le sucre puis roulez-les dans la noix de coco. Laissez-les sécher une nuit sur du papier paraffiné, du papier d'aluminium ou une grille à pâtisserie. Conservez-les entre des feuilles de papier paraffiné ou de papier d'aluminium dans des récipients bien fermés.

JAMES BEARD
JAMES BEARD'S AMERICAN COOKERY

Boules à la pomme
Apfelkugeln

Pour 500 g environ

Sucre cristallisé	250 g
Eau	4 cuillerées à soupe
Pommes pelées, évidées et hachées menu	250 g
Amandes mondées et hachées très finement	100 g
Citron, zeste râpé et jus passé	1
Sucre glace	60 à 90 g
Amandes pilées ou noix de coco râpée (facultatif)	30 g

Délayez le sucre cristallisé dans l'eau à feu modéré, sans cesser de remuer. Dès qu'il est dissous, cessez de remuer, mettez à feu plus vif et laissez cuire au petit boulé *[pages 10-11]*. Baissez le feu et ajoutez les pommes. Laissez cuire 10

minutes environ à feu très doux puis ajoutez les amandes hachées, le zeste et le jus du citron. Laissez cuire encore de 10 à 15 minutes, jusqu'à obtention d'une pâte épaisse. Placez cette pâte sur un plan de travail saupoudré de 60 g de sucre glace et laissez-la tiédir. Roulez-la en petites boules entre vos paumes puis roulez ces boules dans le reste de sucre glace et, selon le goût, les amandes pilées ou la noix de coco râpée. Dressez-les dans des caissettes en papier plissé.

MÁRIA HAJKOVÁ
MÚČNIKY

Confiserie aux fruits secs
Ovochevi Konfeti

Pour faire fondre du chocolat, reportez-vous aux explications données à la page 65.

Pour 500 g environ

Pruneaux trempés dénoyautés	125 g
Dattes dénoyautées	125 g
Raisins secs	125 g
Noix ou amandes mondées	125 g
Miel	1 cuillerée à soupe
Sucre glace (ou 60 g de chocolat)	90 g environ

Passez tous les fruits secs et les noix ou les amandes au moulin à légumes en utilisant la grille à gros trous. Ajoutez le miel puis façonnez cet appareil en petites boules que vous roulez dans le sucre glace.

Vous pouvez aussi foncer un moule de 17 cm de diamètre de papier paraffiné épais et y tasser fermement la préparation sur 2 cm d'épaisseur environ avant de la couvrir avec le chocolat que vous aurez fait fondre au bain-marie. Lorsque le chocolat a durci, découpez la confiserie en morceaux.

SAVALLA STECHISHIN
TRADITIONAL UKRAINIAN COOKERY

Pâtes de pommes en carrés

Apple Candy Squares

Pour 1 kg environ

Pommes à cuire évidées et émincées	600 g
Eau	4 cuillerées à soupe
Sucre semoule	500 g environ
Sel	1 pincée
Gélatine en poudre trempée dans 6 cuillerées à soupe d'eau froide	3 cuillerées à soupe
Noix hachées	125 g
Jus de citron	4 cuillerées à café
Sucre glace	

Beurrez un moule peu profond de 20 cm de côté. Faites cuire les pommes dans l'eau de 15 à 20 minutes environ, jusqu'à ce qu'elles soient tendres. Tamisez-les et mesurez la purée obtenue: vous devez en recueillir 50 cl environ. Mélangez-la avec le sucre semoule et ajoutez le sel. Faites-la cuire à feu modéré, sans cesser de remuer, pour qu'elle ne brûle pas, pendant 30 à 40 minutes, jusqu'à ce qu'elle épaississe. Ajoutez la gélatine ramollie et remuez jusqu'à ce qu'elle soit dissoute. Hors du feu, incorporez les noix et le jus de citron puis mettez le tout dans le moule. Laissez refroidir cette pâte entièrement puis mettez-la au réfrigérateur. Quand elle a durci, découpez-la en morceaux de 2,5 cm que vous laissez tiédir à température ambiante et roulez dans le sucre glace.

JUNE ROTH
OLD-FASHIONED CANDYMAKING

Pâtes de pomme

Apple Candy

Pour 1,500 kg environ

Pommes moyennes pelées, évidées et coupées en petits morceaux	8
Eau	12 cl
Cassonade fine	400 g
Gélatine en poudre	30 g
Noix hachées	125 g
Jus de citron	1 cuillerée à soupe
Sucre glace	75 g
Fécule de maïs	1 cuillerée à soupe

Humectez un moule de 30 cm sur 20 et de 3 cm de profondeur. Dans une casserole, faites cuire les pommes avec la moitié de l'eau de 20 à 25 minutes environ, jusqu'à ce qu'elles soient tendres. Tamisez-les et incorporez la cassonade. Faites cuire cette purée à feu doux, en remuant souvent, pendant 30 minutes environ, jusqu'à ce qu'elle épaississe. Incorporez la gélatine préalablement ramollie dans le reste d'eau et remuez jusqu'à ce qu'elle soit dissoute. Laissez refroidir un peu puis faites légèrement épaissir au réfrigérateur. Incorporez les noix et le jus de citron.

Versez cette pâte dans le moule sur 1 cm d'épaisseur environ. Remettez au réfrigérateur puis découpez la pâte en morceaux de 2,5 cm que vous roulez dans le sucre glace préalablement mélangé avec la fécule.

DEMETRIA TAYLOR
APPLE KITCHEN COOK BOOK

Pâte abricots-pommes

Pour 3 kg environ

Abricots bien mûrs	1 kg
Pommes	1 kg
Sucre en poudre	2 kg environ
Eau	50 cl
Huile d'amandes	
Sucre cristallisé	60 g

Lavez et dénoyautez les abricots, mettez-les dans une bassine avec 25 cl d'eau et faites cuire, en remuant sans arrêt, pour que les fruits soient très tendres. Passez au tamis et pesez la purée obtenue. Procédez de même avec les pommes, non épluchées, simplement coupées en petits morceaux. Faites-les cuire, puis écrasez-les et pesez la purée.

Mélangez purée de pommes et purée d'abricots à poids égal. Mettez le mélange dans une casserole à fond épais, avec le même poids de sucre en poudre que de purée de fruits.

Faites cuire à feu doux, en remuant constamment. L'eau s'évapore peu à peu; la pâte de fruits se dessèche et se détache en masse du fond de la casserole. Elle est cuite à ce moment-là. Huilez soigneusement des moules plats, couvercles de boîtes ou moules à gâteaux de 30 cm sur 20 et de 3 cm de profondeur. Saupoudrez-les de sucre cristallisé. Versez la pâte de fruits jusqu'à environ 1 cm d'épaisseur. Laissez refroidir et sécher dans un endroit frais et aéré, 4 ou 5 jours. Puis démoulez, découpez et roulez dans le reste de sucre cristallisé. Les pâtes de fruits se conservent longtemps dans des boîtes bien fermées, à l'abri de l'humidité.

JACQUELINE GÉRARD
BONNES RECETTES D'AUTREFOIS

Pâte de pêche et d'abricot

Persicata ed albicoccata

Pour 7 kg environ

Pêches et abricots dénoyautés	3 à 4 kg
Eau	1,5 litre
Sucre semoule	5 kg environ
Sucre cristallisé	3 kg

Mettez les fruits dans une casserole avec 1 litre d'eau, portez à ébullition et laissez-les frémir jusqu'à ce qu'ils soient tendres. Passez ce mélange au tamis, remettez-le sur le feu et portez à ébullition, sans cesser de remuer avec une spatule, jusqu'à ce que l'eau se soit évaporée. Pesez les fruits et prenez le même poids de sucre semoule.

Faites fondre le sucre semoule dans 30 cl d'eau à feu modéré et laissez cuire au grand boulé *[pages 10-11]*. Versez le sirop obtenu sur les fruits et laissez frémir jusqu'à obtention d'une pâte épaisse. Versez cette pâte dans des caissettes en carton sur un doigt d'épaisseur et laissez-la sécher plusieurs jours dans un endroit chaud et sec. Découpez-la ensuite en morceaux de 3 cm sur 2.

Faites fondre le sucre cristallisé dans le reste d'eau à feu modéré et laissez cuire au petit boulé *[pages 10-11]*. Enlevez ce sirop du feu et trempez-y les pâtes de fruits une à une. Roulez-les uniformément dans le reste de sucre cristallisé et laissez-les sécher. Conservez-les entre des feuilles de papier sulfurisé dans une boîte en fer fermant hermétiquement.

GUISEPPE SORBIATTI
LA GASTRONOMIA MODERNA

Papier d'abricot

Apricot "Paper"

Pour réussir cette recette, il vous faudra la promesse de trois jours consécutifs de soleil chaud !

Pour 2 feuilles de 30 cm sur 90

Abricots très mûrs dénoyautés et coupés en petits morceaux	1,250 kg
Sucre cristallisé	175 g

Dans une grande casserole à fond épais, faites cuire les abricots avec le sucre à feu doux, jusqu'à ce que le mélange soit sur le point de bouillir mais n'atteigne pas l'ébullition. Passez le tout au mixeur par petites quantités et laissez tiédir la purée obtenue.

Sortez une table à l'extérieur, à l'endroit le plus ensoleillé. Prenez deux feuilles de matière plastique très épaisses de 30 cm de large et disposez-les côte à côte sur la table, en mettant des poids sur les coins si besoin est. Quand la purée d'abricots est tiède, versez-en une petite mare au centre de chaque feuille de plastique et étalez-la avec une spatule sur 5 mm d'épaisseur environ. Pour que les mouches ne viennent pas sur les fruits, posez une bouteille au centre de la table et drapez un grand morceau d'étamine par-dessus que vous fixez sous les coins de la table avec du ruban adhésif.

Laissez la purée un jour au soleil. Elle sera alors assez ferme pour que vous puissiez glisser une plaque à four sous le plastique. Rentrez les feuilles d'abricots pendant la nuit. Le lendemain, remettez-les au soleil. Après trois jours de séchage au soleil, vous pourrez arracher le « papier » d'abricots du plastique. Roulez-le en cônes ou en cylindres que vous enveloppez dans un film de matière plastique. Pour manger cette confiserie, arrachez simplement des morceaux.

MIRIAM LOWENBERG
CREATIVE CANDY MAKING

Pâte à la banane

Kela Halva

Pour 850 g environ

Bananes mûres	6
Sucre cristallisé	125 g
Eau	30 cl
Ghî ou beurre fondu	125 g
Noix ou amandes mondées et hachées	60 g
Capsules de cardamome, graines extraites et concassées	3
Safran (facultatif)	2 pincées

Huilez ou beurrez légèrement un plat plat. Écrasez les bananes. Dans une casserole, faites fondre le sucre avec la pulpe obtenue et l'eau à feu doux, sans cesser de remuer, puis laissez cuire 5 minutes à feu vif. Hors du feu, incorporez progressivement le *ghî* ou le beurre fondu. Remettez sur le feu et faites cuire, sans cesser de remuer, de 10 à 15 minutes environ, jusqu'à ce que la masse forme une boule ferme dans la casserole. Incorporez les noix ou les amandes hachées, les graines de cardamome concassées et le safran, selon le goût. Versez cet appareil sur le plat et laissez-le tiédir avant de le découper en morceaux de 4 cm.

GOOD HOUSEKEEPING INSTITUTE (RÉDACTEUR)
GOOD HOUSEKEEPING'S WORLD COOKERY

Pâtes d'abricots sucrées

Inkoo Mish-Mush

Pour 750 g environ

Abricots secs hachés menu	500 g
Eau	12 cl
Sucre cristallisé	250 g
Amandes mondées	30 g

Dans une casserole, faites cuire les abricots avec l'eau à couvert de 20 à 30 minutes environ, jusqu'à obtention d'une pâte épaisse. Incorporez la moitié du sucre et laissez cuire encore 10 minutes. Enlevez du feu et laissez refroidir. Divisez ensuite la pâte refroidie en petites boules que vous aplatissez sur 1 cm d'épaisseur environ. Incrustez une amande au centre de chaque morceau de pâte d'abricots. Enrobez-les uniformément du reste de sucre et couvrez-les de papier paraffiné jusqu'au moment de servir.

HELEN COREY
THE ART OF SYRIAN COOKERY

Rouleau à l'abricot

Apricot Roll

Pour 1 kg

Sucre cristallisé	500 g
Lait	25 cl
Abricots secs hachés menu	350 g
Beurre	15 g
Noix de pécan ou noix ordinaires hachées	250 g
Extrait de vanille	1 cuillerée à café
Sel	

Délayez le sucre dans le lait, sans cesser de remuer, et laissez cuire jusqu'à ce que le sirop épaississe et que le thermomètre à sirop marque 113°C environ *[pages 10-11]*. Ajoutez les abricots et laissez-les cuire jusqu'à ce qu'ils fondent dans le sirop et que le thermomètre marque 110°C environ. Hors du feu, battez vigoureusement cette masse. Ajoutez le beurre, les noix, la vanille et une pincée de sel. Battez la masse jusqu'à ce qu'elle commence à durcir. Placez-la sur un linge humide et roulez-la en un long boudin.

Laissez refroidir ce rouleau et conservez-le au réfrigérateur. Pour servir, coupez-le en tranches fines.

JUNIOR LEAGUE OF JACKSON, MISSISSIPPI
SOUTHERN SIDEBOARDS

Boules d'abricots à l'orientale

Orientalische Aprikosenkugeln

Vous pouvez aussi fourrer ces boules d'abricots. Imprimez profondément un doigt dans chaque boule et remplissez le creux obtenu avec un mélange de pistaches hachées, d'amandes pilées et de sucre. Dressez-les ensuite dans des caissettes en papier, de sorte qu'elles ne puissent pas se renverser.

Pour 600 g environ

Abricots secs	500 g
Sucre glace tamisé	150 g environ
Pistaches mondées	90 g

Frottez les abricots avec un linge humide. Ne les faites pas tremper et ne les lavez pas car ils seraient trop humides. Hachez-les finement et mettez-les dans une terrine. Ajoutez au moins 125 g de sucre glace (selon votre goût et selon la douceur des abricots). Mouillez-vous les mains et pétrissez l'appareil jusqu'à obtention d'une pâte. Si besoin est, trempez-vous les mains dans de l'eau pendant que vous travaillez. Divisez cette pâte en petites boules que vous roulez dans le reste de sucre glace et que vous laissez sécher une nuit sur des grilles. Garnissez chaque boule avec une pistache.

MARGRET UHLE ET ANNE BRAKEMEIER
KONFEKT ZUM SELBERMACHEN

Boules d'orange

Pallottole d'aranci

Pour 500 g environ

Grosses oranges, écorce parée	6
Sucre cristallisé	250 g
Extrait de vanille	1 cuillerée à café
Sucre semoule	
Assortiment de noix, amandes, noisettes, pistaches, etc., hachées menu	125 g

Faites tremper les écorces d'orange 24 heures dans de l'eau froide. Égouttez-les et pesez-les: vous devez en avoir 250 g environ. Mettez-les dans une casserole, couvrez-les d'eau froide, portez à ébullition et laissez-les cuire 10 minutes environ, jusqu'à ce qu'elles soient tendres. Égouttez-les.

Hachez les écorces finement et mélangez-les avec le sucre cristallisé. Faites fondre le sucre à feu doux, sans cesser de remuer, et laissez cuire encore 10 minutes environ, jusqu'au petit boulé *[pages 10-11]*. Ajoutez l'extrait de vanille. Enlevez du feu et laissez refroidir. Façonnez cet appareil en boules grosses comme des noix que vous roulez dans le sucre semoule et que vous enrobez de fruits secs hachés.

MARIA LO PINTO ET MILO MILORADOVICH
THE ART OF ITALIAN COOKING

Pâte de fruit à la carotte

Pasta de pastanaga

Pour 750 g environ	
Carottes bien tendres pelées	1 kg
Sucre semoule	500 g
Mandarines, jus pressé et passé	3
Oranges, jus pressé et passé	2
Sucre cristallisé	125 g

Faire blanchir les carottes (à l'eau bouillante 30 minutes environ). Les laisser égoutter toute la nuit.

Le lendemain, passer ces carottes à la moulinette. Incorporer le sucre et les jus des mandarines et des oranges. Cuire doucement (30 minutes environ, en remuant souvent) jusqu'à épaississement de la pâte.

Laisser tiédir et faire de petites boules que l'on range dans le sucre cristallisé.

MARIE-THÉRÈSE CARRERAS ET GEORGES LAFFORGUE
LES BONNES RECETTES DU PAYS CATALAN

Boules à la carotte

Kulki z marchwi

Pour 1,500 kg environ	
Carottes finement râpées	1 kg
Sucre cristallisé	500 g
Eau	12 cl
Citron, jus passé et zeste râpé	1
Sucre semoule	

Huilez légèrement un plan de travail. Dans une casserole à fond épais, faites fondre le sucre cristallisé avec 3 cuillerées à soupe d'eau à feu modéré. Incorporez les carottes et laissez-les cuire sans remuer de 10 à 15 minutes environ, jusqu'à ce qu'elles soient tendres. Ajoutez le reste d'eau, le jus et le zeste de citron et laissez cuire jusqu'à obtention d'un appareil épais que vous mettez sur le plan de travail et laissez tiédir quelques minutes. Trempez-vous les mains dans de l'eau froide et façonnez-le en petites boules. Roulez-les dans le sucre semoule et dressez-les dans des caissettes en papier.

JAN CZERNIKOWSKI
CIASTA, CIASTKA, CIASTECZKA

Pâte de carotte indienne

Gajjar Barfi

Pour 500 g	
Carottes râpées	500 g
Beurre	125 g
Capsules de cardamome, graines extraites et concassées	4
Lait entier	60 cl
Sucre cristallisé	150 g
Amandes mondées coupées en 2, la moitié effilée	60 g
Pistaches hachées	30 g
Raisins de Smyrne	30 g

Beurrez un grand plat plat. Dans une casserole à fond épais contenant le beurre chaud, faites cuire les graines de cardamome à feu doux de 2 à 3 minutes, sans cesser de remuer. Ajoutez les carottes, couvrez et laissez-les cuire à feu modéré 15 minutes environ, jusqu'à ce qu'elles soient tendres et que tout le liquide se soit évaporé. Versez le lait et continuez à remuer pour qu'il ne déborde et n'attache pas, jusqu'à ce qu'il ait été entièrement absorbé. Ajoutez le sucre, les amandes effilées, les pistaches hachées et la moitié des raisins de Smyrne. Continuez à remuer en raclant les parois de la casserole, jusqu'à obtention d'un appareil très ferme que vous étalez ensuite uniformément sur le plat beurré en une couche de 1,5 cm d'épaisseur. Décorez cette pâte avec le reste d'amandes et de raisins de Smyrne et laissez-la refroidir avant de la découper en cubes.

KAILASH PURI
RASOI KALA (COOKERY BOOK)

Bonbon à la carotte

Carrot Sweetmeat

Pour 500 g environ	
Carottes fraîchement râpées	125 g
Lait	90 cl
Sucre cristallisé	150 g
Ghî ou beurre clarifié	90 g
Raisins de Smyrne lavés (facultatif)	2 cuillerées à soupe
Noix de coco desséchée	1 cuillerée à café
Assortiment de noix, noisettes, amandes, etc., finement émincées	2 cuillerées à soupe
Graines de cardamome écrasées ou muscade râpée	1 cuillerée à café

Dans une grande sauteuse en aluminium à fond épais, portez le lait et les carottes à ébullition à feu modéré. Laissez bouillir, en remuant souvent, 45 minutes environ, jusqu'à ce que le mélange épaississe. Ajoutez le sucre, continuez à remuer pendant 15 minutes puis ajoutez le *ghî*. Baissez le feu et laissez encore cuire en remuant 10 minutes au maximum, jusqu'à ce que presque toute la matière grasse ait été absorbée. Incorporez les raisins de Smyrne.

Versez l'appareil dans un plat ou un moule beurré de 20 cm de côté. Étalez-le en couche épaisse, décorez avec la noix de coco, les noix et la cardamome ou la muscade. Laissez refroidir avant de découper quinze carrés environ.

SAVITRI CHOWDHARY
INDIAN COOKING

Saucisse de pruneaux

Pflaumenwurst

Pour 500 g environ	
Pruneaux dénoyautés et hachés menu	150 g
Sucre glace	150 g
Amandes mondées et pilées	100 g
Fruits confits hachés menu	50 g
Jaune d'œuf	1
Rhum	1 cuillerée à soupe
Sucre vanillé (page 15)	1 cuillerée à soupe

Mélangez tous les ingrédients et travaillez-les pour obtenir une pâte. Saupoudrez le plan de travail de sucre glace et roulez la pâte dessus. Laissez sécher la saucisse obtenue pendant au moins 3 heures avant de la couper en tranches pour la servir.

MÁRIA HAJKOVÁ
MÚČNIKY

Conserve de cerises

Recette extraite d'un livre sur les confitures et les confiseries écrit en 1698 par le cuisinier de Louis XIV. Massialot donne une recette analogue de conserve de groseilles dans laquelle les fruits sont cuits, la pulpe égouttée et incorporée au jus. Il suggère également d'utiliser cette méthode avec des framboises. Au lieu de mettre ces pâtes de fruits dans des moules, vous pouvez les étaler sur un plan de travail froid, les saupoudrer de sucre glace et les laisser sécher avant de les découper en formes variées que vous devrez rouler dans du sucre avant de les conserver. Le premier procédé ci-dessous convient pour des cerises de début de saison, le second pour les griottes, plus juteuses. Le jus recueilli dans ce dernier cas peut être utilisé pour faire des bonbons de gelée (page 52).

Pour 1 kg environ	
Cerises dénoyautées	1 kg
Sucre cristallisé	500 g environ
Eau	3 cuillerées à soupe

Vous passerez les cerises sur le feu (doux), les écraserez et les dessécherez bien (de 20 à 30 minutes environ, puis ôterez le poêlon du feu). Ensuite faites cuire le sucre (dans l'eau) au petit cassé *[page 10]* et mettez-y votre marc de cerises, le délayant bien avec le sucre afin qu'il se mêle partout. Vous travaillez votre sucre tout autour du poêlon, jusqu'à ce qu'il fasse une petite glace par-dessus, et alors vous verserez votre conserve dans vos moules, et votre conserve sera faite. Cela est par la nouveauté des cerises.

Quand c'est dans leur grande saison, vous faites rendre leur eau aux cerises (à feu doux, 20 minutes environ), ensuite vous les jetez sur un tamis; quand elles seront égouttées, vous les pilerez dans un mortier, puis vous les repasserez sur le feu (10 minutes environ) pour les bien dessécher. Ensuite on fait cuire le sucre au petit cassé, comme ci-dessus, et y ayant mis votre marc de cerises, vous observerez la même chose qu'on a marqué ci-devant.

NOUVELLE INSTRUCTION POUR LES CONFITURES,
LES LIQUEURS ET LES FRUITS

Boules de figues

Bolas de figo

Pour 750 g environ

Figues sèches débarrassées du pédoncule	270 g
Amandes mondées et grillées	270 g
Lanière de zeste d'orange	7 cm
Chocolat noir cassé en morceaux	50 g
Sucre cristallisé	270 g
Eau	7 cuillerées à soupe
Sucre semoule	

Passez les figues, les amandes, le zeste d'orange et le chocolat au hachoir fin ou au mixeur. Délayez le sucre dans l'eau et faites-les cuire au petit boulé *[pages 10-11]*. Hors du feu, incorporez les ingrédients hachés.

Laissez refroidir l'appareil puis divisez-le en petites boules que vous roulez dans le sucre semoule.

CAROL WRIGHT
PORTUGUESE FOOD

Bonbons aux figues

Bomboms de Figo

Pour 400 g environ

Figues sèches humectées et hachées	250 g
Amandes mondées et grillées	90 g
Sucre cristallisé	125 g environ

Mélangez les figues avec les amandes. Du bout des doigts, détachez des morceaux de pâte et façonnez-les en seize boules environ de 2 à 2,5 cm de diamètre que vous roulez dans le sucre et laissez reposer de 10 à 15 minutes environ, jusqu'à ce qu'elles aient partiellement absorbé le sucre. Roulez-les encore dans le sucre et enveloppez-les dans du papier d'aluminium si vous le désirez.

SHIRLEY SARVIS
A TASTE OF PORTUGAL

Mûres, pâte

Pour 2 kg environ

Mûres	1 kg
Sucre semoule	1 kg environ
Eau	25 c
Sucre cristallisé (facultatif)	

Lavez les mûres à l'eau vinaigrée (pour bien éliminer les éventuels insectes puisque le fruit est incorporé à la préparation); triez-les une à une en retirant celles qui sont abîmées et en enlevant les petites queues qui restent; pesez les fruits. Passez-les au moulin-légumes dans la bassine à confitures, ajoutez le même poids de sucre et 25 cl d'eau par kilo de sucre, placez sur feu doux, laissez cuire en retirant avec l'écumoire les petites graines qui remontent à la surface.

Lorsque la préparation commence à épaissir, remuez sans cesse (40 minutes environ) jusqu'à ce qu'elle reste dans la position où vous la mettez avec la spatule, sans s'étaler.

Versez dans un moule à cake fortement huilé; couvrez avec un torchon, laissez refroidir pendant 48 heures. Démoulez; si vous désirez garder le pain tel quel, enveloppez-le d'aluminium ménager; sinon, coupez en morceaux, roulez chacun dans du sucre cristallisé, conservez en boîte hermétique.

.CÉLINE VENCE
ENCYCLOPÉDIE HACHETTE DE LA CUISINE RÉGIONALE

Pâtes de mûres

Conserva di more

Pour 750 g environ

Mûres	500 g
Raisins noirs	60 g
Sucre cristallisé	500 g
Eau	17 c

Foncez un moule de 38 cm de côté de papier sulfurisé huilé. Écrasez les mûres avec les raisins. Passez ces fruits dans un linge pour enlever les peaux et les pépins et mettez la pulpe recueillie dans une casserole. Faites-la réduire à feu modéré de 30 à 40 minutes pour que l'excès d'humidité s'évapore et que la purée ait la consistance d'une marmelade épaisse.

Délayez le sucre dans l'eau et faites-les cuire au grand cassé *[pages 10-11]*. Hors du feu, incorporez la purée de fruits et laissez cuire à feu doux, sans cesser de remuer, jusqu'à ce que la surface commence à se troubler. Mettez cette pâte dans le moule. Quand elle est presque dure, divisez-la en carrés de 2,5 cm de côté. Quand la pâte est froide, démoulez-la et séparez délicatement les carrés.

IPPOLITO CAVALCANTI, DUCA DI BUONVICINO
CUCINA TEORICO-PRATICA

Cuir de pêche

Peach Leather

Spécialité américaine de Charleston (Caroline du Sud). Faites sécher les bandes de pâte de fruits dans un endroit chaud et sec 12 heures ou toute une nuit avant de les rouler.

Pour 1,500 kg

Pêches séchées	500 g
Abricots secs	1 kg
Sucre glace	175 à 200 g

Passez deux fois les fruits secs au moulin à légumes, en utilisant la grille la plus fine. Mettez la pâte obtenue sur une planche préalablement saupoudrée d'une couche épaisse de sucre glace. Aplatissez-la et abaissez-la sur 3 mm d'épaisseur. Découpez-la en bandes de 3 cm sur 5 que vous roulez en cylindres serrés. Conservez dans une boîte bien fermée.

FANNIE MERRITT FARMER
THE FANNIE FARMER COOKBOOK

Caramels à la pêche

Peach Toffee

Cette confiserie est une pâte de fruits.

Pour 750 g

Pêches dénoyautées et réduites en purée	500 g
Sucre cristallisé	500 g
Amandes mondées et effilées	1 cuillerée à soupe
Capsules de cardamome, graines extraites et concassées	10
Ghî ou beurre clarifié	1 cuillerée à soupe

Beurrez un grand plat ou un moule de 20 cm de côté. Dans une casserole, faites chauffer la purée de pêches à feu doux jusqu'à ce que le jus commence à s'évaporer et la purée à épaissir. Incorporez le sucre, les amandes et les graines de cardamome et continuez à remuer jusqu'à obtention d'une pâte épaisse et homogène qui se détache des parois de la casserole. Ajoutez le *ghî* et mélangez intimement. Mettez cette pâte dans le plat ou dans le moule beurrés, aplatissez-la et laissez-la refroidir.

Découpez-la en morceaux de 2,5 cm que vous conservez dans un récipient hermétiquement fermé.

JACK SANTA MARIA
INDIAN SWEET COOKERY

Boules de dattes coréennes

Korean Date Balls

Pour 500 g environ

Dattes dénoyautées	36
Sucre cristallisé	3 cuillerées à soupe
Cannelle en poudre	1 cuillerée à café
Pignons finement écrasés	60 g

Faites cuire les dattes 20 minutes au-dessus d'une casserole d'eau bouillante. Hors du feu, écrasez-les ou tamisez-les. Incorporez le sucre et la cannelle et façonnez cet appareil en dix-huit boules que vous roulez dans les pignons écrasés.

WILLIAM HARLAN HALE ET LES RÉDACTEURS
DE HORIZON MAGAZINE
THE HORIZON COOKBOOK

Pâte de raisins noirs

Conserva di uva rossa

Pour 1 kg environ

Raisins noirs égrenés	750 g
Eau	35 cl
Sucre cristallisé	500 g

Foncez un moule de 38 cm de côté de papier sulfurisé huilé. Dans une casserole en cuivre contenant la moitié de l'eau, faites cuire les raisins 15 minutes environ, jusqu'à ce que leur jus commence à couler. Pressez la pulpe obtenue dans une chausse ou dans un tamis garni d'une mousseline pour enlever la peau et les pépins et remettez-la dans la casserole. Laissez-la cuire encore 15 minutes, jusqu'à ce qu'elle ait réduit à la consistance d'une confiture épaisse.

Pendant ce temps, faites fondre le sucre dans le reste d'eau et laissez cuire le sirop obtenu au grand cassé *[pages 10-11]*. Hors du feu, incorporez la pulpe passée en remuant, jusqu'à ce que la surface commence à se troubler. Mettez la pâte obtenue dans le moule. Quand elle est presque ferme, divisez-la en carrés de 2,5 cm de côté que vous séparerez quand ils seront froids.

IPPOLITO CAVALCANTI, DUCA DI BUONVICINO
CUCINA TEORICO-PRATICA

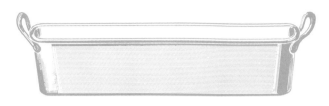

Pastilles de fruits

Pastilles of Fruit

Pour faire ce genre de pâtes de fruits, reportez-vous aux explications données à la page 50. Vous pouvez également utiliser des poires, des pommes, des abricots ou des framboises, entre autres. Si vous prenez des fruits tendres, ne les faites pas cuire avant de les réduire en purée.

Pour 1,500 g environ

Coings ou pommes coupés en 8	1,500 kg
Eau	30 cl
Sucre cristallisé	1 kg
Amandes, noisettes, noix ou pistaches hachées (facultatif)	100 g
Citron (ou 1 orange), zeste râpé	1½
Cannelle en poudre	½ cuillerée à café
Sucre glace	

Beurrez deux plaques à four, deux grands plats ou deux moules de 20 cm de côté. Dans une casserole contenant l'eau, faites cuire les fruits à couvert 30 minutes, jusqu'à ce qu'ils soient tendres. Laissez-les refroidir sans enlever le couvercle. Passez-les au tamis ou au moulin à légumes et mélangez la purée obtenue avec le sucre cristallisé dans une grande casserole peu profonde. Faites cuire à feu doux, sans cesser de remuer, jusqu'à obtention d'une pâte ferme et très épaisse qui se fendille quand vous en faites tomber un peu dans de l'eau glacée ou jusqu'à ce qu'une cuillère laisse une trace au fond de la casserole: de 30 minutes à 1 heure, selon la teneur en eau des fruits. Incorporez les noix, selon le goût, le zeste d'orange ou de citron et la cannelle.

Étalez cette pâte sur les plaques, dans les plats ou dans les moules en couche de 1 cm d'épaisseur. Mettez-la au réfrigérateur ou laissez-la durcir à température ambiante. Découpez-la en formes variées avec des emporte-pièce ou en une soixantaine de carrés environ de 2,5 cm de côté avec un couteau. Vous pouvez rouler les restes de pâte entre des feuilles de papier paraffiné et les découper en formes variées ou en carrés. Roulez les morceaux obtenus dans du sucre glace et conservez-les entre des feuilles de papier paraffiné dans un récipient hermétiquement fermé.

WILLIAM HARIAN HALE ET LES RÉDACTEURS
DE HORIZON MAGAZINE
THE HORIZON COOKBOOK

Pâtes de coings aux amandes

Lowzina mal Haiwah

Pour 4,500 kg environ

Gros coings	3 kg
Eau	12 cl
Sucre cristallisé	2 kg environ
Jus de citron	3 cuillerées à soupe
Amandes mondées et pilées	350 g
Cardamome en poudre (facultatif)	½ cuillerée à café

Lavez les coings sans les peler et coupez-les en tranches de 1 cm d'épaisseur. Évidez-les et rincez-les. Dans une grande casserole en inox à fond épais, faites-les cuire avec l'eau, à feu doux et à couvert, pendant 1 heure 30 minutes environ, jusqu'à ce qu'ils soient tendres, en remuant de temps en temps et en ajoutant de l'eau s'ils commencent à se dessécher. Enlevez la casserole du feu et remuez: il doit rester 2 kg environ de fruits. Couvrez la casserole et laissez-les macérer une nuit pour qu'ils deviennent rouge foncé (si vous faites la pâte immédiatement sans laisser macérer les coings, elle sera pâle et moins belle).

Le lendemain matin, tamisez les coings pour enlever les peaux. Pesez la pulpe obtenue et ajoutez le même poids de sucre. Faites cuire à feu doux de 2 heures 30 minutes à 3 heures, en remuant de temps en temps avec une cuillère en bois pour que la pâte n'attache pas et ne brûle pas. Quand elle épaissit et se détache facilement du fond de la casserole, mettez-en une cuillerée sur une assiette afin de vérifier qu'elle conserve sa forme et ne devient pas collante en refroidissant. Ajoutez le jus de citron et mélangez intimement 1 ou 2 minutes. Enlevez du feu et laissez refroidir presque entièrement en remuant de temps en temps.

Enduisez uniformément un plateau ou une plaque à four avec la moitié des amandes mélangées avec la cardamome, selon le goût. Posez la pâte de coings au centre et parsemez-la d'une poignée du reste d'amandes. Abaissez-la à la main ou au rouleau à pâtisserie sur 1 cm d'épaisseur environ, en ajoutant des amandes pour qu'elle ne colle pas. Étalez le reste d'amandes par-dessus, couvrez de papier paraffiné et laissez reposer pendant une nuit.

Le lendemain, découpez la pâte en forme de losanges de 1 cm de côté environ. Retournez ces losanges et laissez-les sécher complètement de 2 à 3 heures. Disposez-les dans des boîtes en fer-blanc, en séparant les couches de feuilles de papier paraffiné.

Fermez hermétiquement et conservez au réfrigérateur. Vous pouvez les garder un an au congélateur en enveloppant les boîtes dans des sacs en matière plastique.

DAISY INY
THE BEST OF BAGHDAD COOKING

Pâte de coings

Marmelada

Vous préparerez de la pâte de goyave de la même façon.

Vous pouvez également faire sécher cette pâte dans un endroit chaud et sec pendant 24 heures puis la découper et la saupoudrer de sucre glace ou de sucre semoule avant de la conserver, enveloppée dans du papier paraffiné.

Pour 3 kg environ

Coings pelés et évidés, pépins réservés	12
Citrons, jus passé	2
Sucre cristallisé	2 kg environ

Couvrez à peine les pépins de coings d'eau froide et laissez-les tremper. Dans une grande casserole à fond épais, couvrez les coings d'eau froide, ajoutez le jus de citron et faites-les cuire à couvert et à feu doux de 40 minutes à 1 heure environ, jusqu'à ce qu'ils soient tendres. Égouttez-les et tamisez-les.

Pesez la purée obtenue et ajoutez-y 750 g de sucre par livre de fruits ainsi que l'eau de trempage filtrée des pépins. Mélangez intimement et faites cuire à feu doux, sans cesser de remuer, jusqu'au petit boulé *[pages 10-11]*. A ce stade, enlevez la casserole du feu et battez la masse pendant 10 minutes. Laissez-la refroidir dans un moule humide de 30 cm sur 20 et de 3 cm de profondeur. Découpez la pâte obtenue et faites-la sécher au soleil. Vous conserverez les morceaux en les enveloppant dans du papier paraffiné.

CORA, ROSE ET BOB BROWN
THE SOUTH AMERICAN COOK BOOK

Bonbons aux coings

Pour 1,500 kg environ

Coings pelés, évidés et coupés en 4	1 kg
Eau	30 cl
Sucre cristallisé	850 g environ
Extrait de vanille ou d'amandes	1 cuillerée à café

Faites cuire les coings dans l'eau à feu doux de 20 à 30 minutes environ, jusqu'à ce qu'ils soient tendres. Tamisez-les et pesez la pulpe obtenue. Dans une casserole à fond épais, faites cuire cette pulpe avec le même poids de sucre, sans cesser de remuer, pour obtenir une masse assez épaisse qui se détache des parois de la casserole. Ajoutez l'extrait de vanille ou d'amandes et mettez la masse dans un moule beurré de 30 cm sur 20 et de 3 cm de profondeur. Faites-la durcir au four préchauffé à 130°C (½ au thermostat) 30 minutes environ. Découpez cette confiserie en bonbons de 1 cm de côté que vous enveloppez dans du papier paraffiné.

E. DONALD ASSELIN, M. D.
A PORTUGUESE-AMERICAN COOKBOOK

Les confiseries fantaisie

Figues farcies

Figos recheados

Pour 24 figues

Figues sèches trempées	24
Chocolat noir râpé	30 g
Amandes pilées	6 cuillerées à soupe

Détachez le pédoncule des figues d'un coup de ciseau et ouvrez-les délicatement pour former une cavité au centre. Remplissez ces cavités au maximum avec le chocolat préalablement mélangé avec les amandes et refermez les figues avec les doigts. Mettez-les sur une plaque à four et faites-les cuire 5 minutes au four préchauffé à 150°C (2 au thermostat). Retournez-les et faites-les cuire 5 minutes de l'autre côté. Sortez-les du four et laissez-les refroidir.

SHIRLEY SARVIS
A TASTE OF PORTUGAL

Figues fourrées

Stuffed Figs

Pour 560 g environ

Grosses figues sèches	250 g
Jus d'orange	12 cl
Sucre cristallisé	2 cuillerées à soupe
Jus de citron	1 cuillerée à café
Marasques coupées en 2	60 g
Noix de pécan ou noix ordinaires cassées en morceaux	60 g
Sucre semoule ou sucre glace	

Faites cuire les figues dans le jus d'orange préalablement chauffé avec le sucre cristallisé et le jus de citron à feu très doux pendant 40 minutes environ, en les retournant et en les arrosant souvent. Enlevez-les du feu et faites-les égoutter et refroidir sur une grille. Quand elles sont froides, fendez-les et fourrez-les avec les marasques et les noix. Refermez-les en pressant pour leur redonner leur forme et roulez-les dans le sucre semoule ou dans le sucre glace.

MRS SIMON KANDER (RÉDACTRICE)
THE SETTLEMENT COOK BOOK

Figues fourrées de Syrie

Teen mihshee

Pour 850 g environ

Figues sèches entières débarrassées du pédoncule	500 g
Jus d'orange	25 cl
Jus de citron	1 cuillerée à soupe
Zeste de citron râpé	1 cuillerée à soupe
Sucre cristallisé	150 g
Amandes ou noix de pécan mondées	150 g

Dans une casserole, mélangez le jus d'orange avec le jus et le zeste de citron et 3 cuillerées à soupe de sucre. Ajoutez les figues et portez à ébullition. Baissez le feu, couvrez et laissez-les cuire de 30 minutes à 1 heure environ, jusqu'à ce qu'elles soient tendres. Égouttez-les soigneusement et laissez-les refroidir. Avec un couteau pointu, percez-les du côté du pédoncule et fourrez-les avec une amande. Refermez-les en les pinçant et roulez-les dans le sucre qui reste. Faites-les sécher une nuit sur des grilles avant de les ranger dans un récipient étanche, entre des feuilles de papier paraffiné.

HELEN COREY
THE ART OF SYRIAN COOKERY

Confiseries « françaises »

French Candy

Très ancienne spécialité de Charleston, en Caroline du Sud.

Pour 750 g

Sucre glace	500 g
Extrait de vanille	1 cuillerée à café
Blancs d'œufs	2
Figues sèches coupées en gros morceaux	30 g
Dattes dénoyautées et coupées en 2	30 g
Pruneaux dénoyautés et coupés en 2	30 g
Assortiment de noix, noisettes, amandes etc., coupées en 2	60 g

Dans une terrine, mélangez le sucre glace avec l'extrait de vanille et les blancs d'œufs jusqu'à obtention d'une pâte ferme. Sur du papier paraffiné ou sur un plan de travail légèrement saupoudré de sucre glace, abaissez cette pâte sur 3 mm d'épaisseur environ et découpez-la en morceaux suffisamment grands pour envelopper un fruit ou une noix. Pincez délicatement les bords pour les souder autour du fruit ou de la noix. Vous conserverez ces confiseries une semaine entre des couches de papier paraffiné, dans une boîte bien fermée.

MORTON G. CLARK
FRENCH-AMERICAN COOKING

Boules aux noix

Noci al caramello

Pour faire la pâte d'amandes et le massepain, reportez-vous aux explications données respectivement aux pages 56 et 58. Selon le goût, vous pouvez parfumer le massepain. Pour faire des boules aux noix, reportez-vous aux explications données à la page 72.

Pour 1 kg

Noix coupées en 2	250 g
Pâte d'amandes ou massepain	500 g
Colorant alimentaire vert	
Sucre cristallisé	500 g
Eau	12 cl
Glucose liquide (ou 1 pincée de crème de tartre)	1 cuillerée à soupe

Huilez ou beurrez légèrement une feuille de papier sulfurisé ou une plaque à four. Incorporez quelques gouttes de colorant à la pâte d'amandes ou au massepain en pétrissant pour lui donner une teinte vert pâle. Façonnez cette pâte en petites boules grosses comme des cerises et incrustez une demi-noix de chaque côté des boules.

Dans une petite casserole à fond épais, faites fondre le sucre avec l'eau et le glucose ou la crème de tartre et laissez cuire au grand cassé ou jusqu'au stade du caramel *[pages 10-11]*. Hors du feu, trempez les boules aux noix une par une dans le sirop. Alignez-les sur le papier paraffiné ou sur la plaque et laissez-les sécher et refroidir complètement avant de les dresser dans des caissettes en papier plissé.

LUIGI CARNACINA
IL CARNACINA

Les pistaches en olive

Si vous n'avez pas de clayons (ou petites claies rondes de pâtissier), vous pouvez piquer les petits bâtons dans une pomme de terre, un morceau de mousse de polystyrène ou toute autre matière analogue qui les maintiendra fermement en place pendant que les pistaches sèchent.

Pour 625 g environ

Pistaches décortiquées	250 g
Sucre en poudre	375 g
Eau	2 à 3 cuillerées à soupe

Prenez les pistaches que vous émondez, jetez-les à mesure dans de l'eau fraîche, retirez-les et essuyez-les pour les piler très fin dans un mortier ; mettez-les dans une poêle avec 125 g de sucre en poudre ; faites-les dessécher au feu doux, en remuant et en travaillant avec une cuillère en bois, jusqu'à ce que la pâte ne se colle plus après les doigts ; vous les retirez ensuite de la poêle pour les mettre sur du papier avec du sucre en poudre ; vous en prendrez de petits morceaux que vous roulerez dans vos mains pour leur donner la forme d'olives ; mettez à chacun un petit bâton pour pouvoir les tremper dans un sucre au caramel (préparé en délayant 250 g de sucre dans l'eau et en remuant à feu modéré jusqu'à ce qu'il se dissolve [pages 10-11] puis en laissant bouillir à feu plus vif jusqu'à ce que le sirop commence à se caraméliser).

Vous les dressez sur un clayon, en mettant les petits bâtons dans la maille du clayon, afin que le caramel puisse sécher en l'air, et vous les dresserez sur une assiette de porcelaine garnie d'un rond de papier découpé.

PIERRE JOSEPH BUC'HOZ
L'ART DE PRÉPARER LES ALIMENTS

Pruneaux fourrés

Prugne farcite

Ne trempez pas les pruneaux dans une cuisine humide car le sirop de l'enrobage risquerait de fondre et de se ramollir.

Pour faire la pâte d'amandes et le massepain, reportez-vous aux explications données respectivement aux pages 56 et 58. Vous pouvez également confectionner un fourré avec 300 g de noix de coco fraîchement râpée et 175 g de fondant (page 166) en suivant les explications données page 72. Pour préparer le fondant, reportez-vous aux explications de la page 34.

Pour 2 kg environ

Pruneaux	36
Pâte d'amandes ou massepain	500 g
Sucre cristallisé	500 g
Eau	12 cl
Glucose liquide ou miel	½ cuillerée à soupe

Beurrez également deux bandes de papier paraffiné ou deux plaques à four. Incisez délicatement les pruneaux d'un côté, dans le sens de la longueur, dénoyautez-les et fourrez-les généreusement de pâte d'amandes ou de massepain en lissant la partie exposée avec le dos d'une cuillère humide.

Dans une grande casserole à fond épais, faites cuire le sucre avec l'eau et le glucose au grand cassé [pages 10-11]. Enlevez immédiatement la casserole du feu et placez-la dans un récipient d'eau bouillante pour arrêter la cuisson tout en gardant le sirop au chaud. Avec des pinces ou avec une fourchette huilée, trempez chaque pruneau dans le sirop. Alignez-les sur le papier paraffiné ou sur les plaques en veillant à ce qu'ils ne se touchent pas. Laissez-les refroidir 2 heures puis dressez-les dans des caissettes en papier plissé.

LUIGI CARNACINA
IL CARNACINA

Dattes et noix farcies

Pour 1,750 kg environ

Dattes	500 g
Noix coupées en 2	250 g

Pâte d'amandes :

Amandes mondées	500 g
Sucre en poudre	500 g
Rhum blanc	5 cuillerées à soupe
Colorant alimentaire vert ou rose	
Café fort	1 cuillerée à soupe

Préparer d'abord une pâte d'amandes de la façon suivante : les amandes sont préalablement débarrassées de leur peau qui se détache facilement après qu'elles ont été plongées dans l'eau bouillante. (On trouve dans le commerce des amandes toutes prêtes.) Passer les amandes à la moulinette à fromage et bien mélanger avec le sucre. Réduire le mélange en poudre fine, soit en le pilant au mortier, soit en le passant au moulin à café électrique. Dans ce cas, n'en prendre que 4 cuillerées à soupe à la fois et compter jusqu'à 20 en actionnant le moulin.

On rend cette poudre humide à l'aide d'un peu de rhum coloré en vert ou en rose, si l'on farcit des dattes, ou de café, si l'on farcit des noix.

Pour les dattes, retirer les noyaux et les remplacer par un petit boudin de pâte d'amandes. Pour les noix, faire une petite boule de pâte au café et coller un cerneau de chaque côté.

LOUIS GINIÈS
CUISINE PROVENÇALE

Délice aux fraises

Deser-e Toot Farangi

Pour 1,700 kg environ

Fraises non équeutées	1,200 kg
Sucre cristallisé	500 g
Eau	12 cl
Eau de rose (ou 2 cuillerées à café d'extrait de vanille)	2 cuillerées à soupe

Foncez deux ou trois plaques à four de papier paraffiné. Égouttez les fraises sur des serviettes en papier. Faites fondre le sucre dans l'eau à feu modéré, ajoutez l'eau de rose ou l'extrait de vanille, écumez et laissez cuire jusqu'au petit boulé [pages 10-11].

Étalez les fraises sur le papier paraffiné et nappez chacune d'elles d'une cuillerée à café du sirop obtenu. Laissez-les refroidir puis détachez-les avec la pointe d'un couteau.

NESTA RAMAZANI
PERSIAN COOKING

Abricots fourrés de pâte d'amandes

Albicocche marzapane

Pour monder et piler des amandes, reportez-vous aux explications données à la page 12.

Pour 1 kg environ

Abricots secs	500 g
Amandes pilées	250 g
Sucre glace	250 g
Extrait d'amandes (facultatif)	
Blanc d'œuf battu en neige	1
Jus de citron (facultatif)	
Sucre semoule	

Faites tremper les abricots dans de l'eau chaude toute une nuit. Le lendemain, faites-les cuire à feu très doux dans leur eau de trempage pendant 20 minutes environ, sans les laisser se désagréger. Égouttez-les et laissez-les refroidir.

Mélangez les amandes pilées avec le sucre glace et deux ou trois gouttes d'extrait d'amandes si vous voulez accentuer le goût d'amandes de cette pâte. Incorporez le blanc en neige. Si vous obtenez une pâte trop ferme, ajoutez quelques gouttes de jus de citron. Fourrez les abricots de pâte, roulez-les dans le sucre semoule et laissez-les sécher une nuit sur des grilles, dans un endroit frais.

BERYL GOULD-MARKS
THE HOME BOOK OF ITALIAN COOKERY

Marrons glacés

Kasztany w Cukrze

Ce glaçage ne tient pas plus de 24 à 48 heures. Préparez donc ces marrons pour la consommation immédiate.

Vous pouvez glacer de la même manière des noix, des noix du Brésil ou des amandes, sans les cuire au préalable. Pour écorcer et éplucher les marrons, reportez-vous aux explications données à la page 56.

Pour 750 g

Marrons blanchis, épluchés et cuits	500 g
Sucre cristallisé	500 g
Eau	12 cl

Beurrez deux plaques à four. Faites fondre le sucre dans l'eau à feu modéré et laissez cuire au grand cassé ou jusqu'à obtention d'un caramel clair *[pages 10-11]*. Piquez un bâtonnet dans chaque marron, trempez-les dans le sirop et plongez-les immédiatement dans une terrine d'eau glacée. Laissez-les sécher quelques minutes sur les plaques.

MARIA OCHOROWICZ-MONATOWA
POLISH COOKERY

Pruneaux farcis

Dans cette recette, on peut remplacer les pignons par 125 g de débris de marrons glacés.

Pour 750 g environ

Beaux pruneaux	1...
Pignons	50 g
Blanc d'œuf	1
Sucre semoule	50 g
Kirsch	2 cuillerées à soupe
Pistaches	1...
Sucre cassé à la main	150 g
Eau	12 cl

Fendez les pruneaux sur un côté, enlevez les noyaux sans les déformer. Pilez les pignons avec le blanc d'œuf, ajoutez le sucre, pilez, le kirsch, et mélangez en triturant avec le pilon. Chauffez cette pâte dans une petite casserole en la remuant avec soin; faites-la refroidir.

Faites quinze petites olives, mettez-en une dans chaque pruneau et une pistache mondée dans l'olive à moitié enfouie; elle doit se laisser voir.

Mouillez le sucre, faites-le cuire au grand cassé *[pages 10-11]*, trempez les pruneaux un par un en les tenant sur une fourchette; posez-les à mesure sur un marbre huilé; aussitôt froid, dressez-les dans des coquilles en papier frisé.

MME JEANNE SAVARIN (RÉDACTRICE)
LA CUISINE DES FAMILLES

Dattes glacées au caramel

Pour 500 g

Dattes ouvertes sur un côté et dénoyautées	250 g
Sucre glace	125 g
Amandes mondées	125 g
Kirsch	
Colorant alimentaire vert	
Sucre cristallisé	350 g
Eau	15 cl
Cassonade fine ou sucre glace tamisé	

Pilez le sucre glace avec les amandes en mouillant avec une quantité de kirsch suffisante pour obtenir une pâte assez ferme. Colorez cette pâte d'amandes en vert pâle et passez-la au tamis fin.

Fourrez chaque datte d'une noisette de pâte d'amandes et rapprochez les bords de manière à montrer une bande vert pâle de 5 mm le long de l'incision. Piquez un bâtonnet dans chaque datte fourrée. Faites fondre le sucre cristallisé dans l'eau pour obtenir un sirop que vous laissez cuire au grand cassé *[pages 10-11]*. Trempez les dattes dans ce sirop et faites-les sécher à l'air, en plantant les bâtonnets en diagonale dans une terrine remplie de cassonade ou de sucre glace tamisé, pour que les dattes s'égouttent hors de la terrine.

Quand les dattes sont sèches et refroidies, détachez-les des bâtonnets et placez-les dans des caissettes ovales en papier.

JULES GOUFFÉ
THE BOOK OF PRESERVES

Noix glacées

Sugared Walnuts

L'auteur suggère également d'enrober les noix de chocolat fondu avant de les glacer. Dans ce cas, ne les faites pas dorer au four mais laissez-les sécher dans un endroit chaud et sec. Pour enrober des noix de chocolat, reportez-vous aux explications données à la page 74.

Pour 250 g environ

Cerneaux de noix coupés en 2 et mondés	18
Sucre glace	125 g environ
Blanc d'œuf légèrement battu	1

Mettez les demi-noix sur une feuille de papier sulfurisé et faites-les sécher 20 minutes environ au four préchauffé à 130°C (½ au thermostat) en laissant la porte ouverte.

Mélangez le sucre glace avec le blanc d'œuf jusqu'à obtention d'une glace qui nappe à peine le dos d'une cuillère. Trempez-y les noix et posez-les ensuite sur une plaque à four couverte de papier sulfurisé. Faites-les légèrement dorer au four à 180°C (4 au thermostat) de 5 à 10 minutes environ. Sortez-les du four et laissez-les refroidir avant de les détacher du papier. Dressez-les en pile sur une assiette en verre.

OSCAR TSCHIRKY
"OSCAR" OF THE WALDORF'S COOK BOOK

Quartiers d'orange glacés

Spicchi di arance canditi

Ne servez pas ces fruits glacés plus de 3 à 4 heures après les avoir trempés dans le sirop car l'humidité ferait fondre le glaçage. Pour la même raison, ne les conservez pas au réfrigérateur. Ces quartiers d'orange accompagnent à la perfection la glace à la vanille.

Les oranges Temple ou tangerines, croisement d'orange et de mandarine, sont importées d'Israël et du Maroc. Vous en trouverez entre décembre et mars.

Pour 1, 250 kg environ

Oranges Navel, mandarines ou oranges Temple pelées, séparées en quartiers et débarrassées de la membrane blanche	4
Sucre cristallisé	750 g
Eau	25 cl
Glucose liquide	½ cuillerée à soupe

Huilez légèrement une plaque à four. Placez les quartiers d'orange ou de mandarine sur une assiette. Dans une casserole à fond épais, faites fondre le sucre avec l'eau et le glucose à feu modéré, sans cesser de remuer. Laissez cuire ce sirop jusqu'à ce qu'il soit presque caramélisé et que le thermomètre à sirop indique 143°C. Enlevez la casserole du feu et mettez-la dans une casserole plus grande remplie d'eau bouillante pour arrêter la cuisson tout en gardant le sirop chaud et liquide. Avec une fourchette, trempez un à un les quartiers d'orange ou de mandarine dans le sirop chaud, en les enduisant généreusement. Alignez-les sur la plaque huilée. Servez dès que le glaçage a durci et refroidi.

LUIGI CARNACINA
IL CARNACINA

Pommes d'amour

Toffee Apples

Vous pouvez faire des pommes d'amour avec n'importe quelle variété de caramel cuit au grand cassé, notamment avec celui qui est présenté à la page 30.

Pour 8 pommes environ

Pommes	750 g
Cassonade en gros cristaux	500 g
Mélasse	250 g
Beurre	125 g
Vinaigre	1 cuillerée à soupe

Beurrez une plaque à four ou une feuille de papier paraffiné. Faites fondre la cassonade avec la mélasse, le beurre et le vinaigre à feu modéré, sans cesser de remuer. Laissez cuire jusqu'au grand cassé *[pages 10-11]*.

Enfoncez des bâtonnets dans le cœur des pommes, à la place de la queue. Trempez les fruits dans le caramel, faites-les tourner quelques secondes puis sortez-les et laissez-les refroidir sur la surface beurrée.

LIZZIE BOYD (RÉDACTEUR)
BRITISH COOKERY

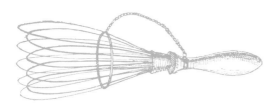

Cerises déguisées

Bien que cette recette utilise des cerises à l'eau-de-vie, vous pouvez aussi déguiser des cerises fraîches. Dans ce cas, remplacez l'eau-de-vie par du sirop de sucre cuit au filet [page 10] ou par de l'eau. Quelle que soit la variété de cerises que vous utilisez, leur peau doit être parfaitement sèche avant d'être plongées dans le fondant, sinon ce dernier n'adhérerait pas. Pour tremper des fruits dans du fondant, reportez-vous aux explications données à la page 70. Les cerises enrobées peuvent être trempées dans du sucre semoule dès que l'excès de fondant s'est égoutté. Pour faire des cerises à l'eau-de-vie, mettez les cerises non équeutées dans un bocal en verre. Ajoutez 50 cl d'eau-de-vie et 75 g de sucre en poudre et fermez hermétiquement. Attendez 4 ou 5 mois avant de les consommer, en secouant le bocal une fois par semaine environ.

Si vous n'avez pas de caissettes, déposez les cerises sur une feuille d'aluminium saupoudrée de sucre glace. Vous pouvez réaliser cette recette avec d'autres fruits à l'eau-de-vie ou à l'alcool. S'ils n'ont pas de queue, enfoncez-y un bâtonnet.

Pour 500 g environ

Cerises à l'eau-de-vie non équeutées	50 g
Fondant (page 166)	250 g
Eau-de-vie des cerises	1 à 2 cuillerées à soupe
Colorant alimentaire rose	3 ou 4 gouttes

Égouttez les cerises (en prenant grand soin de ne pas détacher les queues). Faites-les sécher sur une grille à pâtisserie sans qu'elles se touchent, pendant quelques heures. Disposez des caissettes de papier plissé les unes à côté des autres sur la table de travail.

Mettez le fondant dans une petite casserole, sur feu très doux. Ajoutez 1 cuillerée de l'eau-de-vie des cerises, le colorant (avec un compte-gouttes) et remuez. Le fondant devient très fluide en chauffant. Ne chauffez pas au-delà de 40 à 45°C. Si le fondant n'est pas assez fluide à ce moment, ajoutez encore 1 cuillerée d'eau-de-vie.

Retirez du feu. En saisissant une par une chaque cerise par la queue, plongez-les dans le fondant pour les enrober complètement. Travaillez sans précipitation, et déposez délicatement les cerises dans les caissettes. Laissez refroidir.

JACQUELINE GÉRARD
BONNES RECETTES D'AUTREFOIS

Cerises glacées au caramel

Pour préparer des cerises à l'eau-de-vie, mettez-les dans un bocal avec 50 cl d'eau-de-vie et 75 g de sucre en poudre. Fermez hermétiquement le bocal et secouez-le une fois par semaine. Attendez de 4 à 5 mois avant de les consommer.

Pour 1 kg environ

Sucre cristallisé	600 g
Cerises à l'eau-de-vie	500 g
Cochenille	

Égouttez les cerises. Faites dissoudre 250 g de sucre dans 1 cuillerée à soupe d'eau et faites cuire le sirop obtenu au filet [page 10]. Laissez refroidir. Mettez les cerises dans une terrine contenant le sirop froid. Enlevez-les et égouttez-les encore. Rangez-les sur des grilles, de façon qu'elles ne se touchent pas, et laissez-les sécher dans un endroit sec et chaud comme une armoire chauffante.

Faites cuire le reste de sucre et 15 cl d'eau au grand cassé [pages 10-11]. Hors du feu, ajoutez quelques gouttes de cochenille. Piquez un bâtonnet dans chaque cerise et trempez-les une à une dans le sirop en les tenant par le bâtonnet. Placez-les sur une plaque à four légèrement huilée et laissez-les sécher pendant 10 minutes au moins.

Quand elles sont froides et sèches, enlevez les bâtonnets et mettez-les dans des caissettes en papier.

JULES GOUFFÉ
THE BOOK OF PRESERVES

Bouchées aux framboises

Raspberry Brandies

Pour faire des framboises à l'eau-de-vie, mettez les fruits dans un bocal avec 60 g de sucre cristallisé et couvrez-les de 60 cl environ d'eau-de-vie. Fermez hermétiquement et laissez macérer de 4 à 6 semaines avant d'ouvrir. Pour faire ces bouchées, reportez-vous aux explications données à la page 86. Les auteurs conseillent de les conserver de 4 à 5 jours avant de les consommer pour que le centre soit bien imprégné d'eau-de-vie.

Pour 500 g

Framboises à l'eau-de-vie	24
Chocolat noir supérieur	250 g
Fondant (page 166)	175 g
Eau-de-vie des framboises	2 cuillerées à café

Égouttez soigneusement les framboises. Faites fondre le chocolat et versez-le dans 24 coupes en papier d'aluminium à l'aide d'une cuillère à café. Tournez ces coupes pour les enrober uniformément et jetez l'excès de chocolat en les renversant au-dessus d'une terrine. Laissez durcir pendant quelques minutes.

Faites fondre le fondant avec l'eau-de-vie dans une terrine placée au-dessus d'une casserole d'eau chaude. Avec la cuillère à café, versez une petite quantité de fondant dans chaque coupe de façon à n'en remplir que le tiers. Ajoutez une framboise et remplissez la coupe jusqu'au bord avec le reste de fondant. Laissez durcir 5 minutes. Avec la cuillère à café, versez une quantité suffisante de chocolat fondu pour masquer totalement le fondant. Faites tourner pour que le chocolat masque également les bords du fondant et laissez durcir. Servez les bouchées dans les coupes.

L.M. RAITH
HAND-MADE CONTINENTAL CHOCOLATES AND PRALINES

Crottes de chocolat
à l'eau-de-vie ou à la liqueur

Crystallized Brandy Liqueurs

Vous pouvez préparer de cette façon des chocolats avec n'importe quelle eau-de-vie ou liqueur. Quelle que soit celle que vous utiliserez, prenez-en exactement 8 cl par livre de sucre employé pour le sirop. Vous pouvez tremper les bonbons deux fois dans le chocolat pour les durcir.

Le matériel et les techniques à utiliser pour le coulage dans l'amidon et l'enrobage de chocolat sont présentés aux pages 80 à 83. Il est recommandé de procéder au moulage dans l'amidon avant de remplir les moules. Après chaque série de chocolats, l'amidon doit être réchauffé et tamisé à nouveau sur le plateau.

Pour 750 g

Chocolat supérieur	250 g
Eau-de-vie ou liqueur	8 cl
Sucre cristallisé	500 g
Fécule de maïs	3,500 à 4,500 kg
Eau	12 cl

Étalez la fécule sur un plateau et laissez-la dans un endroit chaud, comme un four à veilleuse ou une armoire chauffante. Faites les moules en amidon en collant des formes cylindriques de mêmes dimensions à intervalles réguliers sur une baguette de bois.

Délayez le sucre dans l'eau et portez à ébullition selon la technique habituelle de confection du sirop *(pages 8-9)*. Quand le sucre est parfaitement dissous, portez rapidement le sirop à 108°C *[pages 10-11]*. Dès que cette température est atteinte, trempez le fond de la casserole dans de l'eau froide pour arrêter la cuisson et laissez tiédir le sirop 5 minutes environ avant d'incorporer l'eau-de-vie ou la liqueur. Couvrez avec un linge humide puis avec un couvercle et laissez tiédir jusqu'à 49°C environ. Selon le goût, vous pouvez remettre le fond de la casserole dans de l'eau froide quelques minutes.

Faites un plateau à amidon avec une boîte ou un moule de 4 cm de profondeur au maximum. Tamisez une quantité suffisante de fécule en tas au centre du plateau pour qu'il soit rempli complètement une fois que le tas aura été égalisé. Aplatissez la fécule avec le dos des moules en amidon ou avec une règle en veillant à ce que la surface soit parfaitement plane. Réservez au chaud le reste de fécule. Pressez les moules dans le plateau à intervalles réguliers et soulevez-les rapidement et à la verticale pour former des cavités nettes. Quand vous imprimez une série de moules dans la fécule, veillez à ne pas déformer les cavités précédentes. Pour cela, vous pouvez utiliser deux séries de moules et en laisser une dans la fécule pendant que vous faites d'autres cavités «à saute-mouton» avec l'autre.

Prenez un entonnoir épais en métal en forme de V auquel vous adaptez le manche d'une cuillère en bois. Versez-y le sirop refroidi avec lequel vous remplissez les cavités obtenues dans l'amidon, goutte à goutte, en réglant le débit avec le manche placé dans l'entonnoir. Couvrez entièrement la surface du plateau d'une couche de 3 mm de fécule réservée et chaude. Laissez reposer sans toucher pendant 6 heures. Une croûte cristalline doit s'être formée à la base des bonbons et sur une partie des côtés, mais pas du tout à la surface. Il faut donc renverser les bonbons de manière à favoriser la formation de la croûte tout autour. Ceci doit être fait rapidement, avec une fourchette à tremper ou une fourchette ordinaire. Laissez encore les bonbons au moins 6 heures dans l'amidon, jusqu'à ce qu'ils soient entièrement enveloppés d'une croûte. Vous pouvez même les laisser plus longtemps.

Faites fondre le chocolat dans une terrine, au bain-marie. Enlevez les bonbons du plateau un par un, essuyez-les délicatement avec un pinceau à pâtisserie et trempez-les dans le chocolat fondu en veillant à ce que la croûte des bonbons ne se casse pas car cela gâcherait le chocolat et vous ne pourriez plus vous en servir pour enrober d'autres bonbons.

ALEC LEAVER
MAKING CHOCOLATES

Truffes de Montmorency

Montmorency Truffles

Pour enrober des truffes avec du chocolat, reportez-vous aux explications données à la page 78.

Pour 3 kg environ

Chocolat noir grossièrement haché	1,500 kg
Crème fraîche	60 cl
Gousse de vanille	1
Beurre ramolli	125 à 175 g
Chocolat en poudre ou sucre glace	
Kirsch	
Chocolat supérieur fondu	750 g environ

Portez la crème à ébullition avec la vanille, puis enlevez celle-ci et incorporez le chocolat noir. Remuez jusqu'à obtention d'une pâte homogène que vous mettez au réfrigérateur jusqu'à ce qu'elle commence à durcir. Incorporez le beurre au fouet, jusqu'à ce que la pâte soit légère et mousseuse. Avec une poche à douille, couchez des morceaux de pâte de mêmes dimensions sur des feuilles de papier sulfurisé. Laissez-les légèrement durcir puis saupoudrez-les de chocolat en poudre ou de sucre glace et roulez-les en boules.

Laissez ces boules durcir et enrobez-les à la main de chocolat supérieur. Ajoutez quelques gouttes de kirsch à ce chocolat et trempez-y encore les truffes. Placez-les dans un tamis grossier. Dès que l'enrobage commence à prendre, roulez-les uniformément sur elles-mêmes pour obtenir la surface en zigzag caractéristique des truffes.

WALTER BACHMANN (RÉDACTEUR)
CONTINENTAL CONFECTIONERY

Caramels au chocolat

Chocolate Chips

Pour faire fondre du chocolat, reportez-vous aux explications données à la page 17.

Pour 300 g environ

Cassonade fine	175 g
Mélasse raffinée	12 cl
Beurre	15 g
Extrait de vanille	1½ cuillerée à café
Chocolat supérieur	125 g

Beurrez une plaque de marbre ou un plan de travail. Dans une casserole, faites fondre la cassonade avec la mélasse et le beurre à feu doux, sans cesser de remuer. Portez à ébullition et laissez cuire au grand cassé *[pages 10-11]*. Hors du feu, parfumez avec 1 cuillerée à café d'extrait de vanille.

Versez le caramel obtenu sur la plaque de marbre ou sur le plan de travail. Quand il est tiède, tirez-le en plusieurs longues bandes fines que vous coupez en petits morceaux. Laissez-les refroidir. Faites fondre le chocolat et incorporez le reste d'extrait de vanille. Trempez-y les caramels et laissez-les refroidir pour qu'ils durcissent sur la plaque de marbre ou sur le plan de travail avant de les conserver.

MARY M. WRIGHT
CANDY-MAKING AT HOME

Rochers de Locarno

Locarno Rocks

Pour faire du massepain, reportez-vous aux explications données à la page 58.

Pour 350 g environ

Massepain *(page 167)*	175 g
Gingembre confit haché menu	125 g
Sucre glace tamisé	1 à 2 cuillerées à soupe
Noix de coco râpée	60 g
Chocolat noir fondu	30 g

Mélangez le massepain avec le gingembre. Si la pâte est trop collante, incorporez tout ou partie du sucre glace. Enveloppez la pâte et laissez-la reposer 24 heures au frais.

Roulez la pâte en boudins de 2,5 cm de long que vous coupez en tranches ou roulez-la en petites boules, ou encore, abaissez-la et coupez-la en carrés, en triangles, en losanges ou en barres. Mélangez la noix de coco avec le chocolat fondu. Enduisez les rochers de ce mélange et faites-les sécher et refroidir sur du papier paraffiné.

SONIA AGNEW
SWEET-MAKING FOR EVERYWOMAN

Les eugénies

On peut préparer ces douceurs à l'avance et les conserver parfaitement 8 jours au réfrigérateur, en les laissant dans le plat d'enrobage, soigneusement recouvertes de cacao.

Pour confire des écorces de fruits et enrober des confiseries de chocolat, reportez-vous aux explications données aux pages 49 et 74. Vous pouvez aussi servir les oranges sans enrobage de chocolat et les peler en une seule spirale. Les zestes de fruits confits peuvent également sécher dans un four mis en veilleuse pendant 3 heures.

Pour 175 g

Oranges de 200 g pièce	2
Eau	3,5 litres
Sucre semoule	650 g
Chocolat noir « couverture »	150 g
Cacao amer en poudre non sucré	60 g

Peler les oranges : à l'aide d'un petit couteau d'office bien tranchant, décalotter les oranges aux deux extrémités pour pouvoir les maintenir convenablement debout sur la planche de travail. Puis, enlever de haut en bas des rubans de peau de 3 cm de largeur, en prenant soin de ne point trop laisser de peau blanche attachée à l'intérieur des zestes obtenus. L'orange ainsi pelée peut être récupérée pour un autre usage, jus ou salades de fruits. Détailler ces zestes rubans en carrés assez réguliers de 3 à 4 cm de côté.

Confire les oranges : mettre 1 litre d'eau à bouillir dans une casserole, y plonger et blanchir 3 minutes les carrés d'oranges. Répéter cette opération 2 fois encore, en renouvelant l'eau bouillante à chaque fois, ceci pour éliminer au maximum l'amertume de la peau d'orange. Ces préliminaires terminés, égoutter les zestes dans un égouttoir à pieds.

Verser dans la casserole vidée et rincée, les 50 cl d'eau et le sucre. Porter à ébullition en remuant bien à la fourchette, y plonger les carrés d'oranges égouttés, et laisser cuire pendant 3 heures à feu doux ; la surface du sirop doit frémir imperceptiblement.

Égoutter les carrés d'oranges à l'écumoire à manche, et les déposer sur une grille à pâtisserie pour laisser s'écouler l'excédent de sirop. Les laisser sécher ainsi à l'air libre pendant 3 heures. Enrober les oranges : couper le chocolat au couteau, en petits morceaux. Le faire fondre doucement dans une seconde casserole au bain-marie (environ 30 °C) tout en le remuant à la spatule en bois pour le rendre bien lisse. A l'aide d'une fourchette, soulever, sans les piquer, les carrés d'oranges confits et les tremper complètement, un par un, dans le chocolat fondu.

Les déposer d'abord sur la grille, pour laisser « prendre » légèrement le chocolat puis, quelques minutes plus tard, dans un plat creux rempli de cacao amer ; les rouler soigneusement dedans pour les en enrober complètement. Les y laisser refroidir et les sortir à la main, en les secouant légèrement pour en enlever l'excès de cacao.

Les dresser en couronne sur un plat rond nappé de dentelle et les offrir pour accompagner le café avec raffinement.

MICHEL GUÉRARD
LA CUISINE GOURMANDE

Chocolats aux noix milanais

Milan Nut Chocolates

Pour enrober des confiseries de fondant et de chocolat, reportez-vous aux explications données respectivement aux pages 70 et 74.

Pour 1 kg environ

Sucre cristallisé	850 g
Eau	30 cl
Glucose liquide	125 g
Amandes finement pilées	175 g
Noix finement pilées	175 g
Kirsch	6 cuillerées à soupe
Fondant *(page 166)*	750 g
Noix ou amandes mondées et coupées en 2	125 g
Chocolat noir supérieur fondu	175 g

Faites cuire le sucre avec l'eau et le glucose au grand boulé, 122 °C *[pages 10-11]*. Hors du feu, incorporez les amandes et les noix pilées jusqu'à obtention d'un massepain assez mou que vous faites refroidir sur une plaque de marbre. Lorsqu'il a refroidi, il doit être assez dur. Écrasez-le avec un rouleau à pâtisserie et mélangez la poudre obtenue avec 3 à 4 cuillerées à soupe de kirsch jusqu'à obtention d'une pâte ferme. Abaissez-la sur 8 mm d'épaisseur et découpez-la en ovales.

Faites fondre le fondant à feu doux avec le reste de kirsch. Quand il est chaud et liquide, enlevez-le du feu et trempez-y les massepains dans lesquels vous incrustez immédiatement une demi-noix ou une demi-amande.

Quand le fondant a durci, trempez la moitié inférieure de chaque forme dans le chocolat noir supérieur.

WALTER BACHMANN (RÉDACTEUR)
CONTINENTAL CONFECTIONERY

Nougats au miel enrobés de chocolat

Honey Nougat Chocolates

Bien que l'auteur appelle sa confiserie « nougat », le résultat évoque davantage un caramel. Les règles à caramel sont présentées à la page 19.

Pour 1,500 kg environ

Miel	900 g
Glucose liquide	12 cl
Crème fraîche épaisse	50 cl
Amandes mondées, effilées et légèrement grillées	625 g
Chocolat noir supérieur fondu	750 g
Amandes coupées en 2 et grillées (facultatif)	500 g

Dans une casserole en cuivre, faites cuire le miel avec le glucose et la crème fraîche au moyen boulé *[pages 10-11]*. Ajoutez les amandes grillées et versez ce nougat sur une plaque de marbre huilée, entre des règles à caramel. Quand le nougat est presque froid, découpez-le en petits triangles que vous trempez dans le chocolat fondu. Vous pouvez les décorer avec une demi-amande.

WALTER BACHMANN (RÉDACTEUR)
CONTINENTAL CONFECTIONERY

Délicieuse

Les règles à caramel sont présentées à la page 19.

Pour 1,500 kg environ

Crème fraîche épaisse	20 cl
Sucre cristallisé	350 g
Jaunes d'œufs	6 ou 7
Beurre ramolli	250 g
Oranges, jus passé	3
Zeste d'orange finement râpé	1 cuillerée à café
Chocolat noir grossièrement haché	1 kg
Chocolat supérieur au lait fondu	750 g à 1 kg

Faites chauffer la crème. Mélangez intimement le sucre avec les jaunes d'œufs et ajoutez le beurre. Incorporez cette préparation à la crème chaude avec le jus et le zeste d'orange. Portez à ébullition, sans cesser de remuer.

Incorporez le chocolat noir et versez cet appareil sur une feuille de papier sulfurisé en le maintenant avec des règles à caramel. Laissez refroidir. Quand il a durci, coupez-le avec un emporte-pièce en ronds de 2,5 cm de diamètre que vous trempez dans le chocolat supérieur au lait fondu.

WALTER BACHMANN (RÉDACTEUR)
CONTINENTAL CONFECTIONERY

Préparations de base

Fondant

Pour faire des confiseries avec ce fondant *(pages 34 à 37)*, laissez cuire le sirop jusqu'à ce que le thermomètre indique 116°C. Pour l'utiliser comme enrobage, laissez-le cuire jusqu'à 113°C. Les arômes et les colorants alimentaires convenant pour le fondant sont présentés à la page 14.

Pour 350 g environ

Sucre cristallisé	500 g
Eau	15 cl
Glucose liquide	1 cuillerée à soupe

Humectez une plaque de marbre ou un grand plat avec de l'eau. Dans une casserole à fond épais, en cuivre non étamé de préférence, faites fondre le sucre avec l'eau et le glucose à feu modéré, sans cesser de remuer et en enlevant les cristaux qui se forment sur les parois avec un pinceau à pâtisserie humide. Vous pouvez également couvrir la casserole pendant 1 minute pour que la vapeur dégagée par le sirop en nettoie les parois. Dès que le sucre est parfaitement dissous, arrêtez de remuer et mettez un thermomètre à sirop dans la casserole. Portez à ébullition à feu vif et laissez cuire jusqu'au petit boulé *[pages 10-11]*. Enlevez la casserole du feu et trempez-en rapidement le fond dans de l'eau froide pour arrêter la cuisson.

Versez le sirop sur la plaque de marbre ou dans le plat et laissez-le tiédir quelques minutes. Avec une spatule en métal humide, ramenez les bords de l'appareil vers le centre pour qu'il refroidisse uniformément. Dès qu'il est jaune et visqueux, travaillez-le avec une spatule en métal ou en bois en décrivant des huit, jusqu'à ce qu'il soit complètement opaque et friable. Humectez-vous les mains et roulez ce fondant en boule ferme que vous pétrissez pendant 10 minutes environ, jusqu'à ce qu'elle soit homogène, blanche et élastique. Pour façonner le fondant plus facilement, laissez-le « mûrir » une nuit sous un linge humide.

Vous pouvez l'envelopper dans du papier paraffiné ou dans un film de matière plastique. Vous le conserverez très longtemps au réfrigérateur, dans un récipient bien fermé.

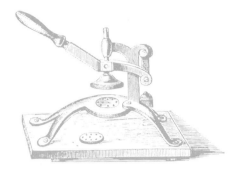

Pralin

Vous pouvez faire du pralin avec des amandes, des cacahuètes, des noix de pécan, des noix ordinaires, des pistaches, etc., grillées ou telles quelles, mondées ou avec leur peau, hachées, coupées en deux ou entières. Si vous voulez réduire le pralin en poudre, utilisez des amandes mondées.

Pour 750 g environ

Sucre cristallisé	500 g
Eau	15 cl
Noix ou amandes, noisettes, pistaches, etc.,	350 g

Faites sécher les noix sur une plaque au four préchauffé à 180°C (4 au thermostat) pendant 5 minutes. Huilez ou beurrez généreusement une plaque de marbre ou deux moules de 30 cm sur 20 et de 3 cm de profondeur.

Dans une casserole à fond épais, faites fondre le sucre avec l'eau à feu modéré, sans cesser de remuer. Enlever les cristaux qui se forment sur les parois avec un pinceau à pâtisserie humide ou couvrez la casserole un petit moment pour qu'ils retombent sous l'action de la vapeur. Dès que le sucre est dissous, arrêtez de remuer et mettez un thermomètre à sirop dans la casserole. Portez à ébullition à feu vif et laissez cuire jusqu'à ce que le sirop prenne la coloration du caramel clair et que le thermomètre indique entre 160°C et 170°C. Enlevez la casserole du feu et trempez-en aussitôt le fond dans de l'eau froide pour arrêter la cuisson.

Incorporez immédiatement les noix chaudes très délicatement et versez la masse sur la plaque ou dans les moules. Laissez ce pralin refroidir avant de le casser en morceaux.
Pralin en poudre : mettez les morceaux de pralin dans un sac en matière plastique et écrasez-les en poudre fine avec un rouleau à pâtisserie.
Nougat : vous pouvez également confectionner du nougat avec les mêmes ingrédients, en comptant 250 g de fruits secs mondés pour 350 g de sucre. Pour faire ce genre de nougat, versez la masse sur une plaque huilée ou beurrée. Étalez-la uniformément avec une spatule huilée et laissez-la légèrement tiédir. Enduisez-vous les mains d'huile ou de beurre et tirez délicatement les bords qui se solidifient jusqu'à obtention d'une feuille fine. Laissez ce nougat refroidir avant de le casser en morceaux.

Pâte de base

Vous pouvez préparer cette pâte avec des amandes, des noisettes, des pistaches, des noix du Brésil, des noix de pécan et/ou des noix ordinaires mondées et pilées mais ni avec de la noix de coco, ni avec des cacahuètes ni avec des amandes de terre. Les pâtes exclusivement à base d'amandes sont parfois appelées massepain. Vous pouvez varier les proportions de sucre par rapport aux fruits secs selon le goût et aller jusqu'à deux fois plus de sucre que de fruits. On utilise parfois la même quantité de fruits secs pilés et de cassonade fine.

Pour lier cette pâte et la rendre plus riche et plus foncée, vous pouvez remplacer les blancs d'œufs par des jaunes ou par des œufs entiers. Vous pourrez l'aromatiser, entre autres, avec de la vanille, du cognac, du rhum, de la liqueur ou 1 cuillerée à café de zeste d'orange finement râpé. Les arômes et les colorants alimentaires sont présentés à la page 14.

Pour 1 kg environ

Sucre glace tamisé	500 g
Amandes mondées et pilées	250 g
Noisettes mondées et pilées	250 g
Blancs d'œufs légèrement battus	2 ou 3
Arôme et colorant alimentaire (facultatif)	

Dans une terrine, mélangez le sucre avec les fruits pilés et liez progressivement et sans cesser de remuer avec une quantité suffisante de blancs d'œufs pour obtenir une pâte humide et compacte. Pétrissez délicatement cette pâte jusqu'à ce qu'elle soit épaisse et homogène. Enveloppez-la soigneusement dans plusieurs couches de papier paraffiné ou de matière plastique et mettez-la au réfrigérateur: vous la conserverez 2 mois.

Pour aromatiser et colorer la pâte, mettez-la sur une surface froide saupoudrée de sucre glace tamisé. Incorporez quelques gouttes de l'arôme et du colorant de votre choix, en pétrissant. Si la pâte est trop humide, ajoutez un peu de sucre glace; si elle se dessèche pendant que vous la pétrissez, ajoutez un petit blanc d'œuf légèrement battu.

Pour utiliser la pâte en confiserie, abaissez-la avec un rouleau à pâtiserie saupoudré de sucre glace puis découpez-la en formes diverses ou façonnez-la à la main.

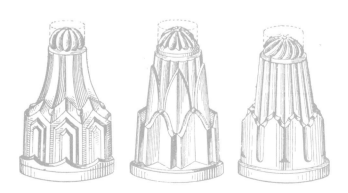

Index des recettes

Toutes les recettes sont classées par ordre alphabétique; elles ont aussi été regroupées par catégorie (berlingots, bonbons, caramels, fondants, etc.) ou selon l'ingrédient principal utilisé. Les titres des recettes étrangères figurent en italique.

Index général/Glossaire

Vous trouverez dans cet index la définition de plusieurs termes culinaires employés dans ce livre. Les définitions sont en italique. Les recettes de l'Anthologie font l'objet d'une liste séparée page 168.

ources des recettes

sources des recettes qui figurent dans cet ouvrage
t énumérées ci-dessous. Les références indiquées
re parenthèses renvoient aux pages de l'Anthologie
vous trouverez les recettes.

new, Sonia, *Sweet-Making for Everywoman*. Édité
1936 par Herbert Joseph Ltd., Londres. Traduit
c l'autorisation de Herbert Joseph (pages 89, 145
164).

son, Sonia, *The Dairy Book of Home Cookery*. ©
k Marketing Board of England and Wales 1977.
té par le Milk Marketing Board, Thames Ditton,
rey. Traduit avec l'autorisation de Milk Marketing
ard (pages 89, 90, 106 et 146).

erican Heritage, Les Rédacteurs de, *The American
ritage Cookbook*. Copyright © 1964 American
ritage Publishing Co., Inc. Édité par American
ritage Publishing Co., Inc., New York. Traduit avec
torisation d'American Heritage Publishing Co., Inc.
ges 102, 103 et 109).

sdale, May B. Van et Emellos, Ruth Parrish Casa,
ndy Recipes & Other Confections. Édité par Dover
lications, Inc., New York, en 1975. Première
tion en 1941 par M. Barrows & Company, Inc. sous
titre « Our Candy Recipes & Other Confections ».

Traduit avec l'autorisation de Dover Publications, Inc.
(pages 96, 112, 119 et 122).
Art of Cookery, Made Plain and Easy, The, By a
Lady. Londres, 1747 (page 141).
Artusi, Pellegrino, *La Scienza in Cucina e l'Arte di
Mangiar Bene*. Copyright © 1970 Giulio Einaudi
editore S.p.A., Torino. Édité par Giulio Einaudi
editore S.p.A. (page 92).
Asselin M. D., E. Donald, *A Portuguese-American
Cookbook*. Copyright au Japon, 1966, The Charles E.
Tuttle Company, Inc. Édité par The Charles E. Tuttle
Company, Inc., Tokyo. Traduit avec l'autorisation de
The Charles E. Tuttle Company, Inc. (page 157).
Bachmann, Walter (Rédacteur), *Continental Confec-
tionery*. Première édition en 1955. Édité par Maclaren
& Sons Ltd., Londres (pages 164, 165 et 166).
Beard, James, *James Beard's American Cookery*.
Copyright © 1972 James A. Beard. Première édition
par Little, Brown and Company, Boston. Édité en 1974
par Hart-Davis MacGibbon Ltd./Granada Publishing
Ltd., St. Albans, Hertfordshire. Traduit avec l'autorisa-
tion de Little, Brown and Company (page 148).
Becker, Fritz, *Das Kochbuch aus Mecklenburg, Pom-
mern & Ostpreussen*. Copyright © 1976 Verlagsteam
Wolfgang Hölker. Édité par Verlag Wolfgang Hölker,
Münster. Traduit avec l'autorisation de Verlag Wolfgang Hölker (page 134).

Bellin, Mildred Grosberg, *The Jewish Cook Book*.
Copyright 1941 Bloch Publishing Co., Inc. Édité par
Bloch Publishing Co., Inc., New York, 1947. Traduit
avec l'autorisation de Bloch Publishing Co., Inc. (pages
96, 110 et 117).
Blanquet, Mme Rosalie, *Le Pâtissier des ménages*.
Librairie de Théodore Lefèvre et Cie./Émile Guerin,
Éditeur, Paris, 1878 (page 100).
Bonekamp, Gunnevi, *Scandinavian Cooking*. Copy-
right © 1973 Spectator Publications Ltd., Londres.
Édité par Spectator Publications Ltd. Traduit avec
l'autorisation de Spectator Publications Ltd. (pages 98,
147).
A Book of Famous Old New Orleans Recipes. Copy-
right Peerless Printing Co., Inc. New Orleans. Édité
par Peerless Printing Co., Inc. Traduit avec l'autorisa-
tion de Peerless Publishing Co., Inc. (pages 94, 114 et
127).
Booker, Esmé Gray, *Sweets that have Tempted me*. ©
Esmé Gray Booker 1959. Édité par Mills & Boon Ltd.,
Londres. Traduit avec l'autorisation de Mills & Boon
Ltd. (pages 109, 132 et 147).
Bookmeyer, Mary B., *Candy and Candy-Making*.
Édité par Chas. A. Bennett Co., Inc., c. 1930. Traduit
avec l'autorisation de The University of Nebraska
Foundation, Lincoln, Nebraska (page 124).
Borer, Eva Maria. *Die Echte Schweizer Kuche*. Édité

par Mary Hahn's Kochbuchverlag, Berlin W., 1963. Traduit avec l'autorisation de Mary Hahn's Kochbuchverlag, Munich *(page 111)*.

Boyd, Lizzie (Rédactrice), *British Cookery*. © 1976 British Tourist Authority and British Farm Produce Council. Édité par Croom Helm Ltd., Londres. Traduit avec l'autorisation de British Tourist Authority, Londres *(page 161)*.

Břízová, Joza et Klimentová, Maryna, *Tchechische Küche*. Édité par PRÁCE, Prague et Verlag für die Frau, Leipzig, 1977. Traduit avec l'autorisation de DILIA, agence littéraire, Prague, pour les auteurs *(pages 142, 147)*.

Brown, Cora, Rose et Bob, *The South American Cook Book*. Première édition par Doubleday, Doran & Company, Inc. en 1939. Repris en 1971 par Dover Publications, Inc., New York *(pages 111, 114 et 157)*.

Buc'hoz, J.-P., *L'Art de préparer les aliments*. Deuxième édition. Édité par l'auteur, Paris, 1787. *(pages 136, 158)*.

Buckeye Cookbook: Traditional American Recipes, The, Édité par Buckeye Publishing Company en 1883. Réédité en 1975 par Dover Publications, Inc., New York *(page 97)*.

Byron, May (Rédactrice). *Puddings, Pastries, and Sweet Dishes*. Édité en 1929 par Hodder & Stoughton Ltd., Londres. Traduit avec l'autorisation de Hodder & Stoughton Ltd. *(pages 88, 100)*.

Calera, Ana Maria, *Cocina Catalana*. © Ana Maria Calera 1974. Édité en 1974 par Editorial Bruguera, S.A., Barcelone. Traduit avec l'autorisation de Editorial Bruguera S.A. *(pages 115, 125)*.

Carnacina, Luigi, *Il Carnacina*. Rédigé par Luigi Veronelli. © 1961 Garzanti Editore. Édité par Aldo Garzanti Editore, Milan. Traduit avec l'autorisation d'Aldo Garzanti Editore S.p.A. *(pages 158, 159 et 161)*.

Carréras, Marie-Thérèse et Lafforgue, Georges, *Les Bonnes Recettes du Pays Catalan*. © Presses de la Renaissance, 1980. Édité par les Presses de la Renaissance, Paris. Reproduit avec l'autorisation des Presses de la Renaissance *(page 152)*.

Cascante, Maria del Carmen, *150 Recetas de Dulces de Fácil Preparación*. © Editorial De Vecchi, S.A., 1975. Édité par Editorial De Vecchi, S.A., Barcelone. Traduit avec l'autorisation d'Editorial De Vecchi, S.A. *(page 146)*.

Cavalcanti, Ippolito, Duca di Buonvicino, *Cucina Teorico-Pratica*. Tipografia di G. Palma, Naples. Deuxième édition, 1839 *(pages 154, 155)*.

Chenoweth, Walter W., *How to Make-Candy*. Copyright, 1936, The Macmillan Company. Édité en 1936 par The Macmillan Company, New York *(pages 107, 118)*.

Chowdhary, Savitri, *Indian Cooking*. Copyright © Savitri Chowdhary 1954, 1975. Première édition en 1954 par André Deutsch Ltd., Londres. Texte corrigé repris par Pan Books Ltd., Londres, 1975. Traduit avec l'autorisation d'André Deutsch Ltd. *(page 153)*.

Clark, Morton G., *French-American Cooking*. Copyright © 1967 Morton G. Clark. Traduit avec l'autorisation de Harper & Row, éditeur, Inc. New York *(page 158)*.

Colquitt, Harriet Ross (Rédactrice), *The Savannah Cook Book*. © 1933 Harriet Ross Colquitt. © 1960 Harriet Ross Colquitt. Huitième édition en 1974 par les éditions Colonial, Charleston, South Carolina. Traduit avec l'autorisation des éditions Colonial *(page 115)*.

Corey, Helen, *The Art of Syrian Cookery*. Copyright © 1962 Helen Corey. Édité par Doubleday & Company Inc., Garden City, New York. Traduit avec l'autorisation de Doubleday & Company, Inc. *(pages 151, 158)*.

Czernikowski, Jan, *Ciasta, Ciastka, Ciasteczka*. Édité par Wydawnictwo Przemysłu Lekkiego i Spożywczego, Warsaw, 1958. Traduit avec l'autorisation d'Agencja Autorska, Warsaw, pour le compte des héritiers de l'auteur *(pages 95, 140 et 152)*.

Davidis, Henriette, *Praktisches Kochbuch*. Nouvelle édition revue par Luise Holle. Édité à Bielefeld et Leipzig, 1398. *(pages 127, 135)*.

Denison, Grace E. (Rédactrice), *The New Cook Book by The Ladies of Toronto and Other Cities and Towns*. Nouvelle édition revue en 1960. Édité par Rose Publishing Co., Toronto *(page 106)*.

Disslowa, Marja, *Jak Gotować*. Édité par Wydawnictwo Polskie R. Wegnera, Poznań, 1938. Traduit avec l'autorisation d'Agencja Autorska, Warsaw, pour le compte de l'auteur *(page 140)*.

Elkon, Juliette, *The Chocolate Cookbook*. Copyright © 1973 Juliette Elkon. Édité par The Bobbs-Merrill Co., Inc. Traduit avec l'autorisation de The Bobbs-Merrill Co., Inc. *(pages 95 et 145)*.

Farmer, Fannie Merritt, *The Fannie Farmer Cookbook*. Onzième édition, revue par Wilma Lord Perkins. Copyright 1896, 1900, 1901, 1902, 1903, 1904, 1905, 1906, 1912, 1914 Fannie Merritt Farmer. Copyright 1915, 1918, 1923, 1924, 1928, 1929 Cora D. Perkins. Copyright 1930, 1931, 1932, 1933, 1934, 1936, 1941, 1942, 1946, 1951 Dexter Perkins. Copyright © 1959, 1965 Dexter et Wilma Lord Perkins. Édité par Little, Brown & Company, Boston. Traduit avec l'autorisation de The Fannie Farmer Cookbook Corporation *(pages 93, 155)*.

Firth, Grace, *A Natural Year*. Copyright © 1972 Grace Firth. Édité par Simon & Schuster, New York. Traduit avec l'autorisation de Simon & Schuster, un département de Gulf & Western Corporation *(page 132)*.

Flexner, Marion, *Out of Kentucky Kitchens*. © Copyright 1949 Marion Flexner. Édité par Bramhall House, un département de Clarkson N. Potter, Inc., avec l'accord de Franklin Watts, Inc., New York. Traduit avec l'autorisation de Franklin Watts, Inc. *(pages 105, 108, 114 et 144)*.

Gaspero, Josh (Rédactrice), *Hershey's 1934 Cookbook*. Copyright © 1971 Hershey Foods Corporation. Édité par Hershey Foods Corporation, Hershey, Pennsylvanie. Traduit avec l'autorisation de Hershey Foods Corporation *(pages 113 et 116)*.

Gérard, Jacqueline, *Bonnes Recettes d'autrefois*. © Librairie Larousse, 1980. Édité par la Librairie Larousse, Paris. Reproduit avec l'autorisation de la Société Encyclopédique Universelle, Paris *(pages 139, 149 et 162)*.

Gillette, Mrs F. L. et Ziemann, Hugo, *The White House Cookbook*. (Nouvelle édition revue et complétée par Frances R. Grossman) copyright © 1976 David McKay Company, Inc. Édité par David McKay Company, Inc., New York. Traduit avec l'autorisation de Frances R. Grossman *(page 104)*.

Giniés, Louis, *Cuisine Provençale*. Sixième édi[tion]. Édité par U.N.I.D.E., Paris, 1976. Reproduit [avec] l'autorisation de U.N.I.D.E. *(pages 92, 159)*.

Good Housekeeping Institute (Rédacteur), *Good [Hou]sekeeping's Picture Cookery*. Édité par la Nati[onal] Magazine Company Ltd., Londres. Édition revue [en] 1954. Traduit avec l'autorisation de la National Ma[ga]zine Company Ltd. *(page 88)*.

Good Housekeeping Institute (Rédacteur), *Good [Hou]sekeeping's World Cookery*. © The National Ma[ga]zine Company Limited, England 1962. Édité [par] Octopus Books Limited, Londres, 1972. Traduit [avec] l'autorisation de la National Magazine Comp[any] Limited *(page 150)*.

Gouffé, Jules, *The Book of Preserves*. Tradu[ction] anglaise de « Le Livre de Conserves » par Alph[onse] Gouffé. Édité par Sampson, Low, Son, and Mars[ton], Londres, 1871. *(pages 160, 162)*.

Gould-Marks, Beryl, *The Home Book of Italian Coo[ke]ry*. © Beryl Gould-Marks 1969. Édité par Fabe[r &] Faber Ltd., Londres. Traduit avec l'autorisation [de] Faber & Faber Ltd. *(pages 122, 124 et 160)*.

Graham, Winifred, *Chocolates and Candies for P[lea]sure and Profit*. Copyright © Winifred Graham 19[..] Édité par White Lion Publishers Limited, Lond[res]. Traduit avec l'autorisation de Severn House Publis[hers] Ltd., Londres *(pages 90, 133)*.

Groot, Roy Andries de, *The Auberge of the Flowe[ring] Hearth*. Copyright © 1973 Roy Andries de Gr[oot]. Édité par The Bobbs-Merrill Company, Inc., Indi[ana]polis/New York. Traduit avec l'autorisation de Ro[..] Cornfield, agent littéraire, New York *(page 93)*.

Guérard, Michel, *La Cuisine Gourmande*. © Édit[ions] Robert Laffont S.A., Paris 1978. Édité par les Édit[ions] Robert Laffont S.A. Reproduit avec l'autorisation [des] Éditions Robert Laffont S.A. *(page 165)*.

Haitsma Mulier-van Beusekom, C.A.H. (Rédacte[ur]), *Culinaire Encyclopedie*. Édité par Elsevier 1957. [Édi]tion revue en 1971 par Elsevier Nederland B.V. [par] E.H.A. Nakken-Rövekamp. Traduit avec l'autoris[ation] d'Elsevier Nederland B.V. *(page 90)*.

Hajková, Mária, *Múčniky*. © Mária Hajková 19[..] Édité par PRÁCA, Bratislava et Verlag für die Fr[au] Leipzig. Traduction allemande « Backbuch » © 1[..] PRÁCA, Bratislava, CSSR et Verlag für die Fr[au] DDR-701 Leipzig. Traduit avec l'autorisation de L[..] agence slovaque, Bratislava *(pages 136, 148 [et] 153)*.

Haldar, Mrs J., *Bengal Sweets*. Cinquième éditi[on]. Édité par Industry Publishers Ltd., Calcutta, 19[..] *(page 139)*.

Hale, William Harlan et les rédacteurs de Hori[zon] Magazine, *The Horizon Cookbook*. © 1968 Ameri[can] Publishing Co., Inc. Édité par American Herit[age] Publishing Co. Inc., New York. Traduit avec l'autori[sa]tion d'American Heritage Publishing Co. Inc. *(pa[ges] 131, 155 et 156)*.

Hall, Dorothy, *The Book of Herbs*. © Dorothy H[all] 1972. Première édition en 1972 par Angus & Rob[ert]son Publishers, Londres. Édité en 1976 par Pan Bo[oks] Ltd., Londres. Traduit avec l'autorisation de Angu[s &] Robertson (UK) Ltd. *(page 88)*.

Heaton, Nell (Rédacteur), *Home-made Sweets*. Éd[ité] par Faber & Faber Ltd., Londres, 1949. Traduit a[vec] l'autorisation de Faber & Faber Ltd. *(page 101)*.

Henderson, H.H.F. *Het Nieuwe Kookboek*. © 19[..]

Zomer & Keuning - Wageningen. Édité par
er & Keuning — Wageningen. Traduit avec
orisation de Zomer & Keuning B.V., Ede (pages
144 et 145).

tt, Jean, The New York Times Southern Heritage
kbook. Copyright © 1972 et 1976 The New York
s Company. Édité par G. P. Putnam's Sons, New
. Traduit avec l'autorisation de Curtis Brown Ltd.,
York (page 129).

ath, Maria, Balkan-Küche. Copyright © 1963
elm Heyne Verlag, München. Édité par Wilhelm
e Verlag, Munich. Traduit avec l'autorisation de
elm Heyne Verlag (page 126).

to Make Candy. Édité par N. P. Fletcher and
pany, Hartford, Conn., 1875 (page 102).

on, D. F. et Bode, E. M., Simple Sweetmaking.
. F. Hutton et E. M. Bode 1965. Édité par Faber
Faber Limited, Londres, 1965. Traduit avec
orisation de Faber and Faber Limited (pages 89,
122 et 129).

Daisy, The Best of Baghdad Cooking. Copyright
976 Daisy Iny. Édité par Saturday Review Press/E.
Dutton & Co. Inc., New York. Traduit avec
orisation de Jean V. Naggar, agent littéraire,
le compte de l'auteur (pages 95, 136 et 156).

, Florence, The Cookin' Woman. Édité par Oliver
Boyd, Londres, 1949. (page 96).

me, Helen, Sweet-making for All. Édité par
nas Nelson & Sons Ltd., Londres 1955. Traduit
l'autorisation de Thomas Nelson & Sons Ltd.
ges 120, 134).

or League of Jackson, Mississippi, Southern Side-
rds. Copyright © 1978 Junior League of Jackson,
issippi. Comprenant des recettes de The Southern
or League Cookbook © 1977 Junior League of
son, Mississippi. Traduit avec l'autorisation de
or League of Jackson (pages 91, 116, 121 et
).

or League of New Orleans, The, The Plantation
kbook. Copyright © 1972 The Junior League of
Orleans, Inc. Édité par Doubleday & Company,
Garden City, New York. Traduit avec l'autorisa-
de Doubleday & Company, Inc. (page 112).

der, Mrs Simon (Rédactrice), The Settlement Cook
k. Copyright © 1965, 1976 The Settlement Cook-
k Company. Traduit avec l'autorisation de Simon &
uster, un département de Gulf & Western Corpora-
, New York (pages 100, 157).

dan, Sara, Love and Kishkes. Édité en Angleterre
Arco Publications Ltd., Londres, 1957. Édité pour
remière fois aux États-Unis sous le titre « Love and
hes » par Vanguard Press, Inc., New York. Copy-
t © 1956 par Sara Kasdan. Traduit avec l'autori-
on de Curtis Brown Ltd., New York (pages 91, 94
5).

g's College Hospital Book of Cooking Recipes,
, (Collection de recettes constituée par les amis de
pital). Édité par Longmans, Green and Co.,
dres, 1911. Traduit avec l'autorisation des amis du
g's College Hospital (pages 99, 133 et 142).

list, E.J., French Pastry, Confectionery and Sweets.
é par Cassell & Company Ltd., Londres 1929
ges 127, 133).

d, Mary, New Orleans Cuisine. © 1969 A.S.
nes & Co., Inc. Édité par A. S. Barnes & Co., Inc.,
th Brunswick et New York. Traduit avec l'autorisa-

tion de A.S. Barnes & Co., Inc., San Diego (pages
117, 135).

Leaver, Alec, Making Chocolates. © 1975 Alec
Leaver. Édité par Michael Joseph Ltd., Londres. Traduit avec l'autorisation de Michael Joseph Ltd. (pages
143, 163).

Leyel, Mrs C. F., et Hartley, Miss Olga, The Gentle
Art of Cookery. Copyright par les exécuteurs testa-
mentaires de Mrs C. F. Leyel 1925. Édité par Chatto &
Windus Ltd., Londres, 1925. Traduit avec l'autorisation de Chatto & Windus Ltd. (page 107).

Lowenberg, Miriam, Creative Candy Making. Copyright © 1979 Ottenheimer Publishers, Inc. Édité par
Weathervane Books avec l'autorisation des éditions
Ottenheimer, Inc. Traduit avec l'autorisation des éditions Ottenheimer, Inc., Baltimore (pages 94, 103,
108 et 150).

Magyar, Elek, Kochbuch für Feinschmecker. © Dr
Magyar Bálint. © Dr Magyar Pál. Édition originale en
1967 sous le titre « Az Inyesmester Szakácskönyve »
par Corvina, Budapest. Traduit avec l'autorisation de
Artisjus, agent littéraire, Budapest (page 137).

Manders, Beatrice et Millner, E. M., The Art of
Sweet-Making, Quatrième édition, largement revue et
complétée. Éditée par la Confectionery and Cookery
School, Londres, 1923 (page 102).

Mathiot, Ginette, La Pâtisserie pour Tous. © 1938
Albin Michel, Éditeur, Paris. Albin Michel, Éditeur.
Reproduit avec l'autorisation des Éditions Albin Michel
(page 131).

McBride, Mary Margaret, Harvest of American Cooking. © 1956, 1957 Mary Margaret McBride. Édité
par G. P. Putnam's Sons, New York. Traduit avec
l'autorisation de G. P. Putnam's Sons (pages 104,
110).

McCormick, Spices of the World Cookbook. Copyright
© 1979 McCormick & Co., Inc. Édité par McGraw-
Hill Book Company, New York. Traduit avec l'autorisation de McCormick & Co., Inc., Maryland (page
116).

Menichetti, Piero Luigi, et Panfili, Luciana Menichetti,
Vecchia Cucina Eugubina. Édité par Tipolotografia
Rubini & Petruzzi, Città di Castello, 1976. Traduit avec
l'autorisation de Piero Luigi Menichetti, Gubbio (page
128).

Menon, La Cuisinière Bourgeoise. Édité par Guillyn,
Paris, 1746 (page 135).

Meyer, Carolyn, Lots and Lots of Candy. Text copyright © 1976 Carolyn Meyer. Édité par Harcourt
Brace Jovanovich, Inc., New York. Traduit avec l'autorisation de Joan Daves, New York, pour l'auteur
(pages 121 et 130).

Miller, Gloria Bley, The Thousand Recipe Chinese
Cookbook. Copyright © 1966 Gloria Bley Miller.
Édité par Grosset & Dunlap, Inc., New York, 1970.
Traduit avec l'autorisation de l'auteur (page 138).

Montagné, Prosper, Nouveau Larousse Gastronomique. © 1967, Augé, Gillon, Hollier-Larousse,
Moreau et Cie. Édité par la Librairie Larousse, Paris.
Reproduit avec l'autorisation de la Société Encyclopédique Universelle (page 137).

Nichols, Nell B. (Rédacteur), Homemade Candy.
Copyright © 1970 Farm Journal, Inc. Édité par Barnes
& Noble Books, un département de Harper & Row,
éditeur, avec l'accord de Doubleday & Co., Inc.,
1974. Traduit avec l'autorisation de Farm Journal,

Inc., Philadelphia (pages 106, 108, 109 et 112).

Norberg, Inga (Rédactrice), Good Food from Swe-
den. Édité par Chatto & Windus, Londres, 1935.
Traduit avec l'autorisation de Curtis Brown Ltd.,
Londres, agent de l'auteur (page 90).

Norwak, Mary, Toffees, Fudges, Chocolates and
Sweets. © Mary Norwak 1977. Édité par Pelham
Books Ltd., Londres, 1977. Traduit avec l'autorisation
de Macdonald — Futura Publications, Londres (pages
107 et 142).

Nostredame, Michel de, Excellent & Moult Utile Opuscule. Édité par Antoine Volant, Lyons, 1556 (page
115).

Nouvelle Instruction pour les Confitures, les Liqueurs
et les Fruits. Attribué à Massialot. Deuxième édition,
Paris, 1968 (pages 128 et 153).

Ochorowicz-Monatowa, Marja, Polish Cookery. Tra-
duit par Jean Karsavina. © 1958 Crown Publishers,
Inc. Reproduit avec l'autorisation de Crown Publishers,
Inc., New York. Traduit avec l'autorisation de Crown
Publishers, Inc. (pages 130 et 160).

Oliver, Michel, Mes Recettes. © Plon, 1975. Édité par
la Librairie Plon, Département des Presses de la Cité,
Paris. Reproduit avec l'autorisation de la Librairie Plon
(page 146).

Petits Propos Culinaires 6, Octobre 1980. © Prospect
Books 1980. Édité par Prospect Books, Londres et
Washington D.C. Traduit avec l'autorisation de l'édi-
teur (page 97).

Philippou, Margaret Joy, 101 Arabian Delights.
Copyrigts © Margaret Joy Philippou. Édité en 1969
par Clifton Books, Brigton et Londres (page 94).

Picayune's Creole Cook Book, The, Copyright, 1900,
The Picayune, New Orleans (pages 92, 112, 127 et
128).

Pinto, Maria Lo, Miloradovich, Milo, The Art of Italian
Cooking. Copyright 1948 Doubleday & Company,
Inc. Traduit avec l'autorisation de McIntosh & Otis,
Inc., New York (page 151).

Point, Fernand, Ma Gastronomie. © 1969 Flammarion, Paris. Édité par Flammarion et Cie., Paris,
Reproduit avec l'autorisation des Éditions Flammarion
et Cie (page 143).

Puri, Kailash, Rasoi Kala (Cookery Book). Première
édition 1959. Édité par Hind Publishers Ltd., Jullundur,
Punjab, Inde. Traduit avec l'autorisation de l'auteur
(pages 139, 152).

Raith, L. M., Hand-made Continental Chocolates and
Pralines. Traduit de l'original par l'équipe de « The
British Baker ». Traduit avec l'autorisation de Applied
Science Publishers Ltd., Londres (page 162).

Ramazani, Nesta, Persian Cooking. Copyright ©
1974 Nesta Ramazani. Édité par Quadrangle/The
New York Times Book Company, New York. Traduit
avec l'autorisation de l'auteur (pages 99, 138 et
159).

Rattray, Mrs M. E., Sweetmeat-Making at Home. Édité
par C. Arthur Pearson, Ltd., Londres 1904. Traduit
avec l'autorisation de The Hamlyn Publishing Group
Ltd., Feltham, Middx. (page 111).

Ripoll, Luis, Nuestra Cocina. 600 recetas de Mallorca,
Menorca, Ibiza y Formentera. © Luis Ripoll. Édité par
Editorial H. M. B., S.A., Barcelone, 1978. Traduit
avec l'autorisation de l'auteur (pages 138 et 141).

Roth, June, Old-Fashioned Candymaking. Copyright
© 1974 June Spienwak Roth. Édité par Henry Regnery

Company, Chicago. Traduit avec l'autorisation de Toni Mendez, Inc., New York, pour l'auteur (page 149).
Roy-Camille, Christiane et Marie, Annick, *Les Meilleures Recettes de la cuisine antillaise.* © Jean-Pierre Delarge, Éditions Universitaires, 1978. Jean-Pierre Delarge, Éditeur, Paris. Reproduit avec l'autorisation de Jean-Pierre Delarge, Éditeur (page 140).
Santa Maria, Jack, *Indian Sweet Cookery.* © Jack Santa Maria 1979. Édité par Rider & Co., Londres. Traduit avec l'autorisation de Rider & Co. (pages 114 et 155).
Sarvis, Shirley, *A Taste of Portugal.* Copyright © 1967 Shirley Sarvis. Édité par Charles Scribner's Sons, New York. Traduit avec l'autorisation de l'auteur (page 154).
Savarin, Mme Jeanne (Rédactrice), *La Cuisine des familles (Revues).* 16 juillet, 1905, 9 février 1908, 8 mars 1908 (pages 130, 141 et 160).
Schuler, Elizabeth, *Mein Kochbuch.* © copyright 1948 Schuler-Verlag, Stuttgart-N. Traduit avec l'autorisation de Schuler Verlagsgesellschaft mbH., Herrsching (pages 117, 142 et 144).
Skuse's Complete Confectioner. Dixième édition. Édité par W. J. Bush & Co., Ltd., Londres, c. 1920 (page 99).
Sorbiatti, Giuseppe, *La Gastronomia Moderna.* Deuxième édition. Édité par Tip. Boniardi-Pogliadi di Ermenegildo Besozzi, Milan, 1866 (page 150).
Southern Living Magazine, Les Rédacteurs de, *The Cookies and Candy Cookbook.* Copyright © 1976 Oxmoor House, Inc. Édité par Oxmoor House, Inc., Birmingham, Alabama. Traduit avec l'autorisation de Oxmoor House, Inc. (page 120).
Stechishin, Savella, *Traditional Ukrainian Cookery.* Copyright 1957, 1959 Savella Stechishin. Dixième édition, 1979. Édité par Trident Press Ltd., Winnipeg, Canada. Traduit avec l'autorisation de Trident Press Ltd. (pages 92, 122 et 148).
Stuber, Hedwig Maria, *Ich helf dir kochen.* © BLV

Verlagsgesellschaft mbH, München, 1976. Édité par BLV Verlagsgesellschaft mbH., Munich. Traduit avec l'autorisation de BLV Verlagsgesellschaft mbH. (page 143).
Szathmáry, Louis (Rédacteur), *Fifty Years of Prairie Cooking.* Copyright © 1973 Arno Press Inc. Édité par Arno Press Inc., une branche du New York Times, New York, 1973. Traduit avec l'autorisation d'Arno Press Inc. (pages 113 et 120).
Taylor, Demetria, *Apple Kitchen Cook Book.* Copyright © 1966, 1971 International Apple Institute. Édité par Popular Library, The Fawcett Books Group of CBS Inc., New York. Traduit avec l'autorisation de The Fawcett Books Groups of CBS Inc. (page 149).
Tibbott, S. Minwel, *Welsh Fare.* © National Museum of Wales, Welsh Folk Museum. Édité par le National Museum of Wales, Welsh Folk Museum, St. Fagans, Cardiff, 1976. Traduit avec l'autorisation du National Museum of Wales, Welsh Folk Museum (pages 104, 105).
Toklas, Alice B., *The Alice B. Toklas Cook Book.* Copyright 1954 Alice B. Toklas. Traduit avec l'autorisation d'Edward M. Burns, représentant des héritiers d'Alice B. Toklas. (page 145).
Toupin, Elizabeth Ahn, *Hawaii Cookbook and Backyard Luau.* © 1964, 1967 Elizabeth Ahn Toupin. © 1967 Silvermine Publishers, Inc. Édité par Bantam Books, 1967, avec l'accord des éditions Silvermine Inc. Traduit avec l'autorisation des éditions Silvermine, Inc., Norwalk, Conn. (page 132).
Tschirky, Oscar, *« Oscar » of the Waldorf's Cook Book.* Édité en 1973 par Dover Publications, Inc., New York. Première édition dans The Werner Company en 1896 sous le titre « The Cook Book by « Oscar » of the Waldorf » (pages 125 et 161).
Turkbas, Ozel, *The Turkish Cookbook.* Copyright © Ozel Turkbas 1977. Édité par Nash Publishing, New York. Traduit avec l'autorisation d'Edward J. Acton, Inc. (page 126).

Uhle, Margret et Brakemeier, Anne, *Konfekt Selbermachen.* © Droemersche Verlagsanstalt Knaur Nachf., München/Zürich 1976. Traduit l'autorisation de Droemersche Verlagsanstalt Th. K Nachf. GmbH & Co., Munich (pages 118, 12 151).
Vence, Céline, *Encyclopédie Hachette de la cu régionale.* © Hachette 1979. Édité par Hach Paris. Reproduit avec l'autorisation des Édi Hachette (pages 93, 111 et 154).
Wannée, C. J. (Rédacteur), *Kookboek van de Am damse Huishoudschool.* Édité par H. J. W. Be Uitgevers Mij., Amsterdam. Traduit avec l'autoris de H. J. W. Becht's-Uitgevers-Mij. B.V. (pages 118 et 119).
Widenfelt, Sam (Rédacteur), *Favorite Swedish F pes.* Édité par Dover Publications, Inc., New Y 1975. Traduit avec l'autorisation de Dover Publi tions, Inc. (pages 97 et 102).
Woman's Day Collector's Cook Book. (Conçu rédigé par les rédacteurs de Woman's Day). Copyr © 1970, 1973 Fawcett Publications, Inc. Édité Simon & Schuster, New York. Traduit avec l'autor tion des publications CBS, New York (pages 98, 121 et 123).
Woodroof, Ph. D., Jasper Guy, *Coconuts: Produc Processing Products.* © copyright 1970 The Avi F lishing Co., Inc., Westport, Connecticut. Édité par Avi Publishing Co., Inc., 2e édition, 1979. Tra avec l'autorisation de The Avi Publishing Co., (page 110).
Wright, Carol, *Portuguese Food.* © Texte, Co Wright, 1969. Édité par J. M. Dent & Sons L Londres. Traduit avec l'autorisation de Debo Rogers Ltd., agent littéraire (page 130).
Wright, Mary M., *Candy-Making at Home.* Copyr 1915 The Penn Publishing Company. Édité par Penn Publishing Company, Philadelphie, 1915 (p 164).

Remerciements et sources des illustrations

Les rédacteurs de cet ouvrage tiennent à exprimer leurs remerciements à Werner Krattiger, Londres; Ann O'Sullivan, Deya, Majorque et Dr R.H. Smith, Aberdeen.

Ils remercient également les personnes et organismes suivants: Mary Attenborough, Chelmsford, Essex; Gérard Beaufort, pâtissier-confiseur, Paris; The British Sugar Bureau, Londres; Butterfield Laboratories Ltd., King's Lynn, Norfolk; CEDUS, Paris; Brigitte Chu-Van, Paris; Lesley Coates, Ilford, Essex; Emma Codrington, Richmond, Surrey; Meyla Freeman, Londres; Fritzsche Dodge & Olcott (UK) Ltd., Wellingborough, Northamptonshire; Annie Hall, Londres; Mary Harron, Londres; Maggi Heinz, Londres; International Flavours & Fragrances (GB) Ltd., Haverhill, Suffolk; Béatrice Jurisic, Paris; Pippa Millard, Londres; Sonya Mills, Canterbury, Kent; Wendy Morris, Londres; Michael Moulds, Londres; Elizabeth Pickford, Long Ashton Research Station, Bristol; Madame Sartiaux, centre technique des

Unions de Chocolaterie-confiserie, Paris; Sylvia Robertson, Surbiton, Surrey; Baker Smith (Cake Decorations) Ltd., Farnham, Surrey; Fiona Tillett, Londres; Tina Walker, Londres; Williams (Hounslow) Ltd., Hounslow, Middlesex.

Photographies de Tom Belshaw: 8 à 10, 11 — en haut au milieu et à droite et en bas, 12, 13, 15 — en haut et en bas à droite, 16 — à droite, 17 — en haut et au milieu en bas, 18 — en haut et en bas à droite, 19, 23 — en haut à gauche, 24 — en haut à gauche, 26 à 31, 37 — en haut, 38, 39 — en haut et en bas à gauche, 40, 41, 42 — en haut à gauche, 46 — en haut à gauche et en bas à droite, 47 — en haut à gauche, 49 — en haut, 50 — en haut à gauche et en bas, 51 — en bas, 52, 53, 58, 59, 60 — en haut, 61, 64 à 68, 70 — en bas à gauche, 71 — en haut à droite et en bas à gauche, 72 à 77, 78 — en bas, 79 — en bas à gauche, 80 à 84, 85 — en haut, en bas à gauche et à droite, 86.

Les autres photographes (par ordre alphabétique) Alan Duns: couverture, 15 — en haut à gauche e au milieu, au centre, en bas à gauche et au milieu 16 — à gauche et au milieu, 17 — en bas à gauche et à droite, 18 — en bas à gauche, 20, 34 à 36, 39 — en bas à droite, 44, 46 — en ba à gauche, 47 — en bas à droite, 48 — en haut, en bas à gauche et au milieu, 71 — en haut à gauche, 79 — en bas à droite. John Elliott: 11 — en haut à gauche, 78 — en haut, 79 — en haut, 85 — en bas au milieu. Louis Klein: 2. Bob Komo 4, 22, 23 — en haut au milieu et à droite et en bas, 24 — en haut à droite et en bas, 25, 32, 33, 37 — en bas, 42 — en haut à droite et en bas, 43, 46 — en haut à droite, 47 — en haut au milieu et à droite et en bas à gauche, 48 — en bas à droite, 49 — en bas, 50 — en haut à droite, 51 — en haut, 54 à 57, 60 — en bas, 62, 63, 70 — en haut à droite et en bas à droite 71 — en bas à droite.

Tous les dessins proviennent de la photothèque de Mary Evans et de sources privées.

Quadrichromies réalisées par Gilchrist Ltd.—Leeds, Angleterre
Composition photographique par Photocompo Center, Bruxelles, Belgique
Imprimé et relié par Brepols S.A. Turnhout, Belgique.